目　录

引论　民族复兴与爱国主义教育 …………………………………… 1

第一章　新中国成立以来我国中小学生爱国主义教育的历史经验 ………………………………………………… 14
　一、新中国成立以来我国中小学生爱国主义教育的发展历程 ……………………………………………… 14
　二、新中国成立以来我国中小学生爱国主义教育的经验与启示 …………………………………………… 40

第二章　中小学生爱国主义教育的现实境遇 ……………………… 51
　一、经济全球化背景下我国中小学生爱国主义教育的机遇和挑战 ……………………………………………… 51
　二、社会主义市场经济条件下我国中小学生爱国主义教育的机遇和挑战 ………………………………………… 58
　三、信息化背景下我国中小学生爱国主义教育的机遇和挑战 …………………………………………………… 63
　四、应试教育条件下我国中小学生爱国主义教育的矛盾和困惑 ……………………………………………………… 68

第三章　中小学生爱国主义教育的指导思想和原则 ……………… 72
　一、新时期我国中小学生爱国主义教育的指导思想 …………… 72
　二、新时期我国中小学生爱国主义教育的基本原则 …………… 97

第四章　中小学生爱国主义教育的目标体系 ……………………… 103

一、中小学生爱国主义教育的目的…………………………… 103
二、中小学生爱国主义教育的培养目标…………………………… 114
三、中小学生爱国主义教育的课程目标和教学目标………… 135

第五章　中小学生爱国主义教育的课程体系……………………… 141
一、中小学生爱国主义教育课程的内涵和特点………………… 141
二、当前我国中小学生爱国主义教育课程概况及评价……… 144
三、中小学生爱国主义教育课程体系的重新构建…………… 149

第六章　中小学生爱国主义教育的评价体系……………………… 184
一、构建中小学生爱国主义教育评价体系的目的和意义…… 184
二、中小学生爱国主义教育评价的原则与方法……………… 186
三、中小学生爱国主义教育评价的标准体系………………… 191
四、中小学生爱国主义教育评价体系的模式………………… 202

第七章　中小学生爱国主义教育的途径与方法创新…………… 207
一、中小学生爱国主义教育的传统途径与方法及其困境…… 207
二、文化认同：中小学生爱国主义教育的文化引导路径…… 210
三、情感满足：中小学生爱国主义教育的心理诱导路径…… 219
四、体验教育：中小学生爱国主义教育的实践探索路径…… 235
五、借鉴国外经验：中小学生爱国主义教育的综合
构建路径…………………………………………………… 247

附录一　关于我国中小学生爱国主义教育现状的调查报告…… 258

附录二　中小学生爱国主义教育调查问卷……………………… 291

参考文献………………………………………………………… 297

后记……………………………………………………………… 304

本书为国家社科基金青年项目“新时期我国中小学生爱国主义教育创新研究”
（项目编号：2007CKS009）成果

本书出版得到中国地质大学（武汉）马克思主义学院学术著作出版基金资助

新时期
我国中小学生
爱国主义教育创新研究

朱桂莲　著

WUHAN UNIVERSITY PRESS
武汉大学出版社

图书在版编目(CIP)数据

新时期我国中小学生爱国主义教育创新研究/朱桂莲著. —武汉：武汉大学出版社,2016.7

ISBN 978-7-307-18208-0

Ⅰ.新…　Ⅱ.朱…　Ⅲ.爱国主义教育—教学研究—中小学
Ⅳ.G631.4

中国版本图书馆 CIP 数据核字(2016)第 144989 号

责任编辑:程牧原　　责任校对:汪欣怡　　版式设计:韩闻锦

出版发行：**武汉大学出版社**　(430072　武昌　珞珈山)
(电子邮件：cbs22@whu.edu.cn　网址：www.wdp.com.cn)
印刷:虎彩印艺股份有限公司
开本：720×1000　1/16　印张:19.25　字数:279 千字　插页:2
版次:2016 年 7 月第 1 版　2016 年 7 月第 1 次印刷
ISBN 978-7-307-18208-0　定价:39.00 元

作者简介

朱桂莲，1972年8月出生，女，汉族，湖北荆州人，中国地质大学（武汉）马克思主义学院副教授。2006年6月毕业于武汉大学，获马克思主义理论专业法学博士学位，主要研究方向为思想政治教育。自1999年硕士毕业以来，一直在高校从事思想政治理论教育教学工作。主持国家社科基金青年项目“新时期我国中小学生爱国主义教育创新研究”、湖北省教育厅项目“思想政治教育目标研究”、中国地质大学马工程项目“传媒多样化与大学生思想教育”等课题研究，作为重要成员参与中央高校基金团队项目“大学生马克思主义理论教育”等十多个课题。出版专著《爱国主义教育研究》（中国社会科学出版社2008年版），并以第一作者在《毛泽东思想研究》《中国青年研究》《宁夏大学学报（社会科学版）》《湖北社会科学》《思想理论教育》等核心杂志发表学术论文30多篇。

引论 民族复兴与爱国主义教育

一

自古以来，中国就是一个统一的多民族国家。中国人民在生活中共同创造了中华民族悠久的历史和灿烂的文化。在长期农耕生活中，中国人所形成的“天圆地方”的空间意识及东亚大陆农耕疆域的相对封闭性，使中国人自古以来就以“天下”之中心自居，具有强烈的民族优越感和自豪感。然而，1842 年鸦片战争结束后，在中英政府签订的以割让香港和赔款为内容的《南京条约》及以后的帝国主义对中国的多次侵略战争和割地赔款中，中华民族这种延续几千年的优越感和自豪感随之逐渐凋零。陷入半殖民地半封建社会的中国人回过神后，开始意识到了自己的落后，并开始了寻求富民强国、实现民族伟大复兴的漫漫长路。

实现中华民族伟大复兴，其基本前提是民族独立和主权完整。没有民族的独立，没有政治的民主，民族复兴的一切努力，也都无从谈起。正如毛泽东在《论联合政府》中所说：“在一个半殖民地的、半封建的、分裂的中国里，要想发展工业，建设国防，福利人民，求得国家的富强，多少年来多少人做过这种梦，但是一概幻灭了。”① 在 19 世纪中叶到 20 世纪中叶的 100 年间里，中华民族的复兴之路都是围绕争取民族独立和维护国家主权完整。可以说，当时中国社会各阶层的人民，都以其强烈的民族自尊心，卷入了近代这场救亡图存的民族独立战争中。继林则徐、魏源等第一代睁眼看

① 《毛泽东选集》第 3 卷，人民出版社 1991 年版，第 1080 页。

世界的中国人发出“师夷长技以制夷”的呼声后，又有轰轰烈烈的代表农民阶级的太平天国运动，代表大地主阶级的洋务运动，代表资产阶级的戊戌变法和辛亥革命，代表无产阶级的新民主主义革命。但是，20世纪世界革命的历史背景和中国特殊的国情，决定了中国革命的艰难与沧桑。从林则徐到孙中山，为了民族独立、国家富强和人民幸福，付出了毕生的精力甚至宝贵的生命的志士仁人无数，却没能从根本上改变国家和民族的命运，对于中华民族的真正复兴来说，都只能抱着终天之恨。直到1921年中国共产党成立并以感天地、泣鬼神的爱国主义精神，勇敢肩负起民族独立、人民解放，国家富强、人民幸福的神圣使命，带领中国人民进行艰苦卓绝的新民主主义革命并最终建立新中国，才标志着中国人民从此摆脱帝国主义和封建主义的双重压迫，中华民族作为主权完整的国家已经屹立于世界民族之林，具备了实现民族伟大复兴的前提条件。

毋庸置疑，在争取民族独立和维护国家主权完整，实现中华民族伟大复兴的历史进程中，爱国主义精神始终是不断开辟新征程、开创新未来的不竭精神动力。深陷帝国主义、封建主义双重压迫的中华民族近代百年苦难史，也是一部中国人民奋起反抗、仁人志士积极探索救亡强国道路的爱国主义历史。在这一段历史中，感人的事迹呼吁人们投入争取民族独立的伟大斗争，崇高的为国献身精神激励人们为民族独立而坚强奋斗，可以说是风起云涌，前仆后继。从虬髯长者到英姿少年，从封疆大吏、朝廷命官到劳苦农工，从文盲到思想家，到处都有民族英雄的身影。林则徐、裕谦、刘步蟾、谭嗣同、邹容、徐锡麟、秋瑾、黄花岗七十二烈士、宋教仁、李大钊、鲁迅、孙中山、瞿秋白、刘胡兰、向警予、杨靖宇、狼牙山五壮士、红色娘子军等众多的个人英雄和集体英雄，都是这一时期中华民族的脊梁和为后人所效仿的楷模。在新民主主义革命中形成的以爱国主义为核心的革命精神，如蕴含坚定信念、艰苦奋斗、实事求是和勇于创新精神的井冈山精神，蕴含坚韧不拔、自强不息和勇往直前精神的长征精神，体现自力更生、艰苦创业精神的延安精神，体现敢于斗争、敢于胜利的进取精神，依靠群众、人民参与的民主精神以及保持谦虚、谨慎、不骄、不躁和艰苦奋斗作风的西柏坡精神等，既是中华民族爱国主义优良传统在新的历史条件下的发展与创新，是马列主义普遍原理与中国革命具体实践相结合的产物，也是中国革命能够取得胜利的重要精神支柱和力量源泉。

中国共产党领导的新民主主义革命，注定了要将中国的历史推向更先进的社会主义。从20世纪50年代中国社会主义制度建立以来，中国人民就在中国共产党的领导下，以极大的热情投入到了中国实现社会主义现代化的民族伟大复兴的历史进程中。在这一段征程中，中国人民更是以热爱祖国、为社会主义事业贡献全部力量为最大光荣，而以损害社会主义祖国的利益和尊严为最大耻辱，坚持祖国荣誉、集体荣誉高于个人荣誉，自觉地维护祖国荣誉和集体荣誉，必要时甚至牺牲个人荣誉来维护祖国荣誉、集体荣誉，在沿着中国特色社会主义道路实现中华民族复兴的伟大征程中，把自己的爱国之情、报国之志凝集成了建设社会主义的实际行动，谱写了一曲曲感人至深的爱国赞歌。如抗美援朝的英雄、王进喜、钱学森、时传祥、焦裕禄、雷锋、老山英雄、孔繁森、中国女排姑娘、在改革浪潮中始终站在时代前列的弄潮儿，以及由包括他们在内的人民共同铸写的抗美援朝精神、铁人精神、焦裕禄精神、雷锋精神、女排精神、孔繁森精神、抗洪精神、抗击非典精神、青藏铁路精神、载人航天精神等，始终都是响彻这一时代的最强音。

不可否认，中国共产党自1921年成立以来，团结带领全国各族人民，艰苦奋斗，已经把贫穷落后的旧中国变成了日益走向繁荣富强的新中国。在进入21世纪的时候，中华民族伟大复兴已经站在了全面建设小康社会的新的历史起点上。经过21世纪头十年的发展，我国社会生产力、经济实力、科技实力、人民生活水平、居民收入水平、社会保障水平、综合国力、国际竞争力、国际影响力都迈上了一个大台阶，国家面貌发生了新的历史性变化。目前，我国经济总量排在世界第二，出口额排在世界第一。我们成功地举办了北京奥运会、残运会、上海世博会，胜利抗击了特大洪灾、SARS病毒、南方冰雪灾、汶川特大地震等一系列严重自然灾害并顺利进行了灾后恢复重建，妥善处置了西藏“3·14”事件、新疆“7·5”事件等一系列重大突发事件，三峡大坝、青藏铁路、航天航空科技等重大项目也频传捷报。在2009年的世界金融危机中，世界看美国，美国看中国，中国看自己，“中国模式”成为西方社会热议的话题，更是让世界看到了中国的成功和实力。在这样一个新的历史起点上，追逐国家富强、民族振兴、人民幸福的民族复兴梦想，无疑有了更现实的条件。但是，这并未改变我国仍处于并将长期处于社会主义初级阶段的基本国情。我国仍然是世界上最大的发展中国家，人民日益增长的物质文化需要同落后的社会生产之间的矛盾依然是社会的主要矛盾。在前进道路上，实现政治、经济、文化、社会和生态五位一体全面发展的目标，实现经济增长方式的转变，谋求经济发展、生态良好、生活富裕的发展道路，实现经济与环境、人口与资源的可持续和协调发展，增强自主创新能力，提升国家核心竞争力，实现由中国制造向中国创造的转变，维护国家经济、政治、文化主权，每一步都任重而道远。那些在发展中所积累的问题和矛盾，如城乡差距、区域差距、贫富差距、社会管理的落后所带来的社会与政府之间的对立、经济领域的道德失范、政治领域的公权力腐败、社会生活领域的阶层分化、思想领域中的价值多元，就业、医疗、教育、养老、住房、分配、物价等一系列问题，多发的群体性事件及官方话语与民间表达的不一致、公开表达和私下非议的不一致，等等，都无不关系到社会的稳定，考验着中国共产党的执政能力，成为横亘在中华民族伟大复兴路上的巨石。而伴随中国和平崛起的步伐，还有更加复杂的国际环境。在发达国家刻意制造的贸易摩擦和中国“威胁”的论调中，在周边国家的军事戒备和充满敌意的警惕中，中国该如何维护本国的民族利益而实现复兴的梦想，无疑需要更加慎重且周全的决策。因此，在新的历史条件下，凝聚全国各族人民的共识，发动全社会的力量建成全面小康社会，实现民族的伟大复兴，中国仍然一刻也不能忽视爱国主义。

二

民族的伟大复兴离不开爱国主义，而爱国主义是一个历史的具体的范畴，不仅具有历史的传承性，而且具有十分鲜明的时代特点。它总是伴随着时代和历史前进的步伐而不断丰富其内容，向人们提出新的要求，并在不同的历史阶段表现出不同的内涵和特点。纵观中国历史，每个时代的爱国主义总是同祖国当时的历史使命紧紧联系在一起，比如春秋战国时期，周天子名存实亡，大国争霸并通过争霸建立统一的封建王朝是这一时代的政治主题。围绕着这一时代的政治主题，爱国主义也“并不表现为对某一具体诸侯国利益的维护，而表现为促进整个民族融合和重新建立稳定统一的民族国家”①。而从1840年鸦片战争到1919年五四运动期间，爱国主义则是在继承古代爱国主义教育优良传统的基础上，弘扬了反帝反封这一时代的精神，而具体表现为维护国家主权和民族独立，抵抗外国列强侵略，推翻腐败的封建专制制度。而随着马克思主义在中国的广泛传播并与工人运动相结合、工人阶级的先锋队中国共产党的成立，中华民族爱国主义传统在五四运动之后，开始了与社会主义、国际主义相结合的新篇章。

总的来说，对爱国主义的内涵至少应该从以下三个层面来理解：一是个人对国家的热爱，既包括基于爱国而产生的情感和意识，也包括基于爱国情感而发生的爱国行为。这种情感和行为可能表现为暂时的冲动和激情，也可能是一种持久而稳定的行为习惯。它是爱国主义最基本的层面。二是作为观念体系的爱国主义，它是由国家及国家代表的政治的、道德的价值观念所激发出来的。在政治上，它要求人们把热爱并保卫祖国作为自己的政治义务加以执行；在道德上，它要求人们把爱国、报国、强国、兴国、救国等作为最崇高的美德加以推崇；作为民族关系的纽带，它要求人们把尊重民族信仰、风俗、习惯和维护民族团结作为自己的责任。三是作为价值取向的爱国主义精神，它是以关心国家和民族同胞的共同福祉的形式表现出来，是为祖国、民族的繁荣发展而发挥自己聪明才智的奉献精神。它不是朴素的爱国情感，也不是单纯的感情冲动，

---

① 胡克森：《略论中国奴隶社会的爱国主义》，载《北京大学学报》1992年第1期。

更不是不切实际的过激言论和行为，而是一种坚定的民族自尊心、自信心和自豪感，是一种情感、信念、使命及责任感的相融相合。它是界定什么是真正爱国主义的标准。

在当代中国，改革开放是时代的特征，建设中国特色社会主义是时代的主题。我们谈论爱国主义，发扬爱国主义精神，就是要爱社会主义的新中国，为中国特色社会主义现代化作贡献。邓小平曾严肃地诘问“不爱社会主义并不等于不爱国”的观点：“难道祖国是抽象的吗？不爱共产党领导的社会主义的新中国，爱什么呢？”①所以，在当代中国，爱国主义与社会主义在本质上是一致的。因为只有社会主义才能救中国，中国特色社会主义才能发展中国，这不仅是中国人民百年来在长期的革命、改革和建设的实践中做出的历史选择，也关系到全体中国人的福祉命运。对此，邓小平曾多次回顾历史。他指出，鸦片战争之后，中国沦落半殖民地半封建社会，中国人成为世界知名的“东亚病夫”。从那时近一个多世纪里，我国包括孙中山在内的有识之士都在寻求救国之路。开始时孙中山想学西方资本主义，后来觉得行不通，又提出“以俄为师”，学习俄国十月革命，开始国共合作，取得北伐战争的胜利。孙中山去世后，国民党的统治没能改变中国半殖民地半封建的社会性质，日本侵华致使大片国土沦陷，中国在帝国主义、封建主义和官僚资本主义的压迫下，仍旧贫穷落后。这段历史告诉我们，中国除了走社会主义道路，别无选择。一旦中国抛弃社会主义，就要回到半殖民地半封建社会，不要说实现小康，就连温饱也没法保证②。可见，在当代中国，不能离开社会主义空洞地谈论爱国主义。

作为动员和鼓舞人民团结奋斗的旗帜和推动社会历史前进的巨大力量，爱国主义的实质始终表现为个人和国家间的价值关系，要求个人把关心和维护祖国的荣誉、利益，以及把推进祖国文明的进步、献身祖国人民的幸福，作为自己的政治选择和道德取向。今天我们谈论爱国主义，仍然需要强调在任何情况下都要把维护国家利

① 《邓小平文选》第 2 卷，人民出版社 1994 年版，第 392 页。
② 《邓小平文选》第 3 卷，人民出版社 1993 年版，第 205~206 页。

益作为行动的指向标，即要“以自己的国家利益为最高准则来谈问题和处理问题”①。因为即便是在许多东西都被打破国界的经济全球化时代，国家利益依然是民族国家生存发展的前提条件。所谓国家利益，是指所有能够满足国家的生存、独立和发展需要，并在整体上对国家有好处的事物。在国家利益中，那些关乎国家存亡的，或者说不能进行交易或退让的重大战略利益，如国家的政权稳定、政治体制、主权领土完整等，都被界定为国家核心利益。世界各国都有自己的国家核心利益。我国国务院新闻办公室在2011年9月6日发表的《中国的和平发展》白皮书中，也规定了我国国家核心利益。其内容主要有国家主权，国家安全，领土完整，国家统一，中国宪法确立的国家政治制度和社会大局稳定，经济社会可持续发展的社会保障六个方面。因为国家核心利益事关国家生死、民族兴衰，所以，爱国不仅要维护国家正当利益，更要坚决维护国家核心利益。对此，习近平指出，我们“要坚持走和平发展道路，但决不能放弃我们的正当权益，决不能牺牲国家核心利益”②。自觉维护国家利益，一要自觉维护国家的主权独立、领土完整和民族尊严。对于我国来说，国家主权的独立，经济、政治、文化的安全和领土的完整是中华民族得以生存、独立和发展的最基本的条件。只有国家主权独立、国家安全、领土完整，才能保证我国在经济全球化中维护民族尊严，自主选择适合本国的发展道路，化解发展中的各种威胁和风险，保障经济社会可持续发展和社会大局稳定，提高本国的综合国力和人民的生活水平。正因为如此，新中国成立以来，中国几代领导人始终强调，在任何时候、任何情况下，“国家的主权、国家的安全要始终放在第一位”③，“对中国人民而言，没有什么比维护国家主权和领土完整更为重要”④。二要维护中国

---

① 《邓小平文选》第3卷，人民出版社1993年版，第330页。

② 习近平：《走和平发展道路决不能牺牲国家核心利益》，人民网《时事7日》第307期。

③ 《邓小平文选》第3卷，人民出版社1993年版，第348页。

④ 胡锦涛：《中美应推动国际体系更公正》，载《广州日报》2010年5月25日。

宪法确立的国家政治制度和社会发展的稳定大局。社会发展进步和稳定，是中国人民安居乐业、生活幸福的前提条件，也是中国人民的最高利益之所在。中国宪法确立的国家政治制度，是最适合中国国情和实际的政治制度，也是中国经济社会可持续发展、进步的根本制度基础。只有在维护中国宪法确立的国家政治制度的前提下，积极稳妥地推进政治体制改革，使这个政治制度更加有效地为人民服务，避免社会出现大动荡，才是对中国国家命运和人民福祉真正地负责任的表现，才是真正理性地爱国。三要树立民族自尊心和自豪感。民族自尊心和自豪感是一个国家、民族和个人必不可少的精神，是爱国主义深厚感情的集中反映，表现为一种强烈的民族尊严意识。只有树立了强烈的民族自尊心和自豪感，一个国家才能自立于民族之林，一个人才能真正以国家利益高于一切的精神，毫不保留地奉献自己的智慧和力量，去维护国家的尊严和荣誉，为国家利益献身。

在世界尚存在民族国家分别的条件下，把维护民族国家的利益作为理性爱国的向度，是明智且正确的选择。因为本国本民族的命运，直接关系到本国本民族每一个人的命运。但是，爱国主义不是狭隘的民族主义。坚持爱国主义对本国本民族利益的特殊关切，并不意味着必须排斥对其他国家及其居民的关切，或者必须排斥其他国家及其居民对本国的热爱。中国历史上的爱国主义，从来就是与世界主义连在一起的。早在春秋战国时期，各派思想家们顺应大一统封建国家形成的历史趋势，超越地域限制而奔走号呼于各诸侯国之间；而在封建社会的鼎盛时期，中国的爱国主义也表现为与世界文化的融合、商贸的互利往来，体现出和平友好、协和万邦的国际主义特征。只是在鸦片战争之后的百年近代史中，中国的爱国主义才表现出强烈的民族主义倾向，而这种民族主义是以抵抗外来侵略、维护国家主权为基本特征的，在深层意义上也还是主张和平、与世界相融相合的爱国主义。新中国成立后，奉行的是马克思主义的爱国主义，这种爱国主义一贯主张与国际主义相结合。当前在全球化背景下，随着世界联系的日益紧密，越来越多的问题如环境、能源、疾病、恐怖主义等成为世界共同课题，以至于任何一个国家都不可能孤立地解决这些问题，需要加强合作。在这样一种情势之下，我们谈论爱国主义，更应该注重与国际主义相结合。

爱国主义是人们对生养自己的祖国所持有的积极的、肯定的情感、观念和行为，主要取决于人们对自己祖国的价值体验和认识。因此，在中国谈论爱国主义，必须有正确的历史观、祖国观和利益观。历史观不仅涉及一个国家、一个民族如何看待自己的历史，如何看待历史事件和人物等具体的问题，还体现了不同时代的国家、民族在是非、善恶、美丑等评价体系方面的价值取向。而且，对历史、历史事件和历史人物的评价，也会直接影响对当代社会相关人物和事件的价值评判，特别是对现行国家领导人和国家制度的认同感。因此，没有正确的历史观，也就不可能有积极理性的爱国情感。树立正确的历史观，一要加强历史教育，特别是中国近现代历史教育，使人们清楚地知道，中国用革命的手段推翻帝制，走上社会主义现代化建设道路，是在近代中国的仁人志士们真心诚意地学习西方的经验和模式都没成功的情况下做出的选择。二要增强人们对中国特色社会主义经济制度、政治制度、文化制度和社会制度的认同感，使他们明白这些制度是在中国长期的革命、改革和建设中形成的，是最符合中国国情的制度。三要使人们明白，历史事实是客观存在的，但历史判断的背后却有着特定的阶级立场和意识形态。要特别警惕那些别有居心地刻意忽略或歪曲历史真相的历史虚无主义言论和思潮。

祖国观是指一个国家的人民对自己祖国所持的基本观点和立场，它决定一个人对自己祖国的情感、观念和行为。爱国主义是祖国观最核心的内容。没有正确的祖国观，也不可能有爱国的情感、观念和行为。树立正确的祖国观，需要在马克思主义国家学说的指导下，运用辩证唯物主义和历史唯物主义的世界观和方法论，对祖国的历史、经济、政治、文化、民族、社会等进行认识和理解。首先，自古以来中国就是一个统一的多民族国家，在长期的民族融合和共同生活中，中国各族人民不仅共同缔造了伟大的祖国，创造了灿烂辉煌的中华民族文化，而且形成了把维护国家的主权独立、领土完整、统一和民族团结视为最高利益的爱国主义传统，推动着祖国历史的发展。在当代中国，继承和发扬爱国主义传统，仍然需要把祖国统一视为各族人民的最高利益，自觉地维护国家的主权独立、领土完整和民族团结。其次，国家是人类社会发展的产物，走中国特色社会主义道路，实现各民族共同繁荣发展，是中国人民在长期的革命、改革和建设实践中做出的历史选择。在当代中国，爱国与爱社会主义具有一致性，要以高度的道路自信、理论自信、制度自信，坚持和维护中国特色社会主义道路，中国特色社会主义理论体系，中国特色社会主义制度，为中国特色社会主义事业而努力奋斗。

作为个人和国家价值关系的表现，理性爱国主义要求人们用正确的利益观去认识和处理个人和人民、国家、民族、集体利益的辩证关系。首先，要正确处理个人和人民、国家、集体利益的关系。在我国，人民利益、国家利益、集体利益和个人的利益在根本利益上是一致的。人民是世界历史的创造者，人民利益是压倒一切的利益所在。国家利益代表着人民的根本利益、长远利益和整体利益，是集体利益、个人利益的源泉和保证。只有在国家富强、经济发展的前提下，集体才能富裕，人民生活才能有所改善。因此，当个人利益与人民利益、国家利益和集体利益发生矛盾时，应无条件服从人民利益、国家利益、集体利益的需要。正如邓小平同志所指出："在社会主义社会中，国家、集体和个人的利益在根本上是一致的，如果有矛盾，个人的利益要服从国家和集体的利益。"① 其次，要正确处理各民族利益和各族人民利益的关系。中国各族人民有着共同的根本利益，各族人民的根本利益高于各个民族的特殊利益。祖国统一、国家富强、民族振兴、人民幸福，是中国各族人民的共同梦想和根本利益之所在，各民族应该反对民族分裂主义，发扬爱本民族与爱中国、保卫祖国与保卫家园一致的爱国主义精神，维护祖国统一，维护各族人民根本的共同利益。

---

① 《邓小平文选》第2卷，人民出版社1994年版，第337页。

三

实现中华民族的伟大复兴，需要培养和造就千千万万具有高尚思想品质和良好道德修养的合格建设者和接班人。中小学生是一群年满6周岁至18周岁，正在接受小学、初中义务教育和普通高中或中等职业教育的特殊群体，他们是祖国未来的建设者和接班人。他们的思想品德，直接关系到中华民族的整体素质，关系到国家的前途和命运。因此，把培养中小学生的思想品德作为教育的终极目标，几乎是全社会的共识。爱国主义是中小学思想品德的重要内容和基本要素，培养中小学生的思想品德，最重要的一个方面，就是要使他们具有爱国的思想、爱国的情感、爱国的精神、爱国的行动，就是要引导他们发扬爱国主义精神，提高民族自尊心、自信心和自豪感，以热爱祖国、报效人民为最大光荣，以损害祖国利益、民族尊严为最大耻辱，并在爱国主义的旗帜下，凝聚智慧和力量，统一思想和行动，积极投身于建设有中国特色社会主义的伟大事业，为实现中华民族的伟大复兴而不懈奋斗。

在党和国家的高度重视下，新时期特别进入21世纪以来，在抗击南方雨雪冰冻灾害、反对“藏独”分裂活动、抗震救灾、举办奥运会等一系列重大事件中，中华民族的爱国意识发展到了一个新阶段。首先，人们的民族自尊心、自信心和自豪感普遍增强。民族自尊心、自信心和自豪感是人们对自己祖祖辈辈孕育生息的地域和国度的一种骄傲和满足之情，是对自己所处民族国家的一种肯定的、积极的自我认识和自我评价，也是对自己民族和国家生存和发展能力的确信及对祖国的前途和命运的自信。如果说近代中国人，因为国家经济落后、国力衰微及由此决定的其在国际关系中的屈辱地位，其民族自尊心、自信心和自豪感，始终带有一种以弱抗强的悲壮心态的话，那么，今天的中国人民和海外华人，则随着祖国的经济发展和国际地位的日益强大，其民族自尊心、自信心和自豪感也大大增强。他们大多能以振奋和自豪的心态看待中国的发展，并寄托着更为美好的期盼。其次，人们的爱国自觉性也大大增强。如果说以往的爱国运动，更多是由政党或政治团体组织和发动的话，那么，2008年拉萨的“3·14”暴力事件和奥运圣火传递受阻事件发生时，中国人民空前团结和行动起来，揭露外媒谎言，表达支持奥运、期望祖国繁荣富强的强烈意愿。2009年新疆乌鲁木齐“7·5”事件发生后，中国人民再次表现出高度的自觉性和责任意识，维护祖国统一、维护国家利益和民族尊严。这都是中国人民通过几十年的发展和建设，对国家民族前途所产生的充分自信和自觉的选择。再次是人们的爱国理性更趋于成熟。爱国主义作为维护祖国利益的旗帜，需要激情的支撑，更需要理性地表达。经过30多年的改革开放，中国人民在认识世界的同时，也在与其他国家的比较中增强了自信，开阔了视野，对中国的发展道路和方向也产生了共识。虽然不同年龄段的人们对爱国主义的表达方式有所不同，但他们大多能认同建设富强的社会主义国家，坚持走中国特色社会主义道路，维护国家根本利益，更加自信、理性、平和地观察国际事务，表达爱国之情，维护民族国家利益和国家形象，维护世界和平。这些爱国主义的新表现，无疑为新时期我国中小学生的爱国主义教育创设了更加良好的社会氛围。

但是，我国中小学生的爱国主义品德还存在一些令人担忧的状况。比如，2007年有媒体报道称，复旦大学社会学系教授于海主持的《大中小学民族精神调查》结果显示，1152名上海中学生在面对“假如给你一个选择国籍的机会，答案是什么”这一提问时，有相当一部分中学生选择想做外国人。550名接受调查的人当中，36.9%的人选择“加入美国籍”，还有14.9%的人选择“加入日本籍”；在602名接受调查的初中生中，59%选择中国，13.1%选择美国，选择日本的比率是6.8%，选择其他国家的比率是11.5%，想做外国人的初中生竟然占三成①。大河网也曾报道小学生拿国旗

① 张婧：《香港媒体称三成上海中学生想入日美籍》，腾讯新闻频道，2007年1月19日。

擦鼻子称是红布的事情①，一些网民发表评论说：时代在发展，爱国主义教育确实今不如昔；爱国，应该就是那种希望能够为国家做点事情的热情。现在的人，除了爱自己，不爱周围的人，也不爱国，太漠然了；咱中国的爱国教育流于形式而且有点神经质②。这些无疑都反映了中小学生爱国主义教育存在的某些问题。另外一些相关主题的调查结果，也从侧面反映出我国中小学生爱国主义品德方面的不足。比如，江苏省建湖县第一中学的一份关于传统文化的调查中，中学生最喜欢过的节日除了儿童节便是圣诞节，只有33%的孩子喜欢过春节，14%的孩子喜欢过中秋节③。而我们在上海、湖北、湖南、安徽、吉林、山西、深圳、海南、银川、南京等地，针对农村和城市的小学三年级到高中三年级学生进行的问卷调查，以及针对教师、家长的问卷和访谈相结合的调研中，也得出了类似的结论④。尽管造成中小学生爱国主义教育问题的缘由很多，但学校作为对中小学生进行爱国主义教育的主要场所，应该承担主要的责任。因此，本课题不试图解决所有的问题，而是主要从学校教育的视角，考察新中国成立以来我国中小学生的爱国主义教育历史，吸取经验教训，并在此基础上探讨我国改革开放的新时期，特别是中华民族伟大复兴走向全面小康社会建设的新的历史阶段，我国中小学生的爱国主义教育的指导思想和原则、目标、课程、评价、方法途径等。

---

① 《震惊：小学生拿国旗擦鼻子“这不就是块红布吗”》，腾讯教育频道，2006年9月26日。

② 《9月27日校园话题：学生拿国旗擦鼻子称是红布》，腾讯教育频道，2006年9月27日。

③ 夏智华：《对中学生哈韩、哈日现象的解读》，http：//www. jsjhyz. com。

④ 具体情况参见本书附录《关于我国中小学生爱国主义教育现状的调查报告》。

第一章　新中国成立以来我国中小学生爱国主义教育的历史经验

中小学生爱国主义教育就是为了把中小学生培养成为有民族自尊心、自信心和自豪感的，有理想、有道德、有文化、有纪律的社会主义公民，把社会主义、共产主义事业继承和发展下去，并为实现四化、振兴中华的共同理想而奋斗而进行的思想教育。新中国成立以后，在党和政府的重视和关怀下，我国中小学生爱国主义教育在长期教育实践中，不仅取得了一系列的成就，也积累了非常丰富的经验。总结这些历史经验，既是对我国中小学生爱国主义教育传统的继承和发扬，也是对新时期我国中小学生爱国主义教育进行创新研究的需要。它们是新时期我国中小学生爱国主义教育创新研究的逻辑起点和历史前提。

一、新中国成立以来我国中小学生爱国主义教育的发展历程

伴随着新中国的成长，我国中小学生爱国主义教育走过了一段不平凡的历程。六十多年来，无论社会如何变迁，爱国主义教育都是学校德育一个永恒的主题。作为思想教育的重要内容，爱国主义教育在培养“四有”社会主义建设者和接班人、增强党的凝聚力、促进国家经济社会发展等各个方面发挥了重要作用。同时，爱国主义教育又是一个具有鲜明时代特点的范畴，是与民族国家发展的具体阶段相适应的。以十一届三中全会为分水岭，我国经济社会发展可以划分为两个不同阶段：一是巩固国家政权和探索社会主义道路的时期，二是社会主义建设和改革开放的新时期。在这两个不同阶

段的具体实践上，我国中小学生爱国主义教育既有共通之处，也有差异。

（一）巩固国家政权和探索社会主义道路时期（1949年10月—1976年10月）

从1949年新中国的成立到1977年以邓小平为核心的中央领导集体形成之前，是新中国巩固国家政权和探索社会主义道路的重要时期。在这一时期，中国不仅胜利地完成了从新民主主义社会向社会主义社会的过渡，为社会主义建设道路做了有益的探索，而且完成了中小学教育的社会主义转变。尽管如此，由于历史的原因，新中国的学校教育基础还比较薄弱，再加上这一时期整个社会发展所表现出来的群众运动性较强，中小学生爱国主义教育也带有很强的社会教育特性。因为这一段历史时间跨度比较大，为了更好地表述这一时期我国中小学生爱国主义教育的概况，我们把这一时期又细分为三个时期，即新中国成立初期、十年曲折发展时期和“文化大革命”时期。

1. 新中国成立初期（1949年10月—1956年9月）

新中国的中小学教育是在一个经济落后、文化教育很不发达的基础上发展起来的。新中国成立之前，国统区的全国适龄儿童的入学率通常在20%左右。在农村私塾比较多，而私立学校大多受外国津贴支持。中学大多设在县级以上的城镇，在农村很少。有些县无中学，有些乡无小学①。1949年中华人民共和国成立初期，全国中小学的数量非常少，儿童的入学率很低。以当时贵州省小学生的情况为例，该地区入学儿童数仅为学龄儿童数的33.4%，失学儿童占66.6%。如果把贵阳市排除在外，则全省八个专区的入学儿童数仅为学龄儿童数的25.77%，失学儿童达到74.23%。其中

① 《中国教育年鉴》编辑部:《中国教育年鉴》(1949—1981年)，中国大百科全书出版社1984年版。

毕节专区的入学儿童只占全区学龄儿童的5.9%，失学儿童高达94.1%①。1949年9月，《中国人民政治协商会议共同纲领》提出，中华人民共和国的文化教育为新民主主义的，即民族的、科学的、大众的文化教育。人民政府的文化教育工作，应该以提高人民的文化水平，培养国家建设人才，肃清封建的、买办的、法西斯主义的思想，发展为人民服务的思想为主要任务。以此精神为依据，以毛泽东为核心的党中央确定，实施“教育为国家建设服务，教育向工农开门”的教育方针，对原国民党统治区的公立学校、外资津贴学校和私立学校进行接收和改造。此后，各地纷纷响应，建立工农速成中学。到1952年下半年时，全国私立中小学校全部由政府接办，改为公立，一些少数民族地区也改变了没有学校教育的历史。伴随着全国开展改造旧教育、建设新教育的工作，中小学德育体系也在坚持《中国人民政治协商会议共同纲领》中新教育建设指导原则的基础上，在继承革命老区的德育传统、吸收苏联的德育经验的过程中得到了创建，结合当时社会的主要任务进行的爱国主义教育也卓有成效。

（1）围绕抗美援朝开展的爱国主义教育。

1950年6月25日，南北朝鲜之间爆发内战。随即美国总统杜鲁门发表声明，命令美军开入朝鲜，并在10月越过“三八线”，向我国边境进犯。为了打击帝国主义的嚣张气焰，抗美援朝、保家卫国，中国人民志愿军在彭德怀司令员的指挥下，于10月19日跨过鸭绿江同朝鲜人民军并肩作战，开始了具有伟大历史意义的抗美援朝战争。与志愿军赴朝作战、保家卫国的行动相适应，国内也开展了轰轰烈烈的抗美援朝的爱国运动。1950年10月到1951年2月，中共中央两次发出指示，要求在全国各阶层人民中，广泛进行时事教育，开展蔑视、鄙视、仇视美帝国主义与提高民族自信心、自尊心的运动。1950年11月4日，中国共产党和各民主党派发表联合声明，指出中国人民支援朝鲜人民抗美战争不只是出于道义上

① 伍小涛、彭蓓蕾：《建国初期的贵州省民族教育工作研究》，载《高校理论战线》2009年第1期。

的责任，这和我国全体人民的切身利害有着密切的联系，救邻即是自救，保卫祖国必须支援朝鲜人民，中国人民要用自愿的行动为抗美援朝、保家卫国的神圣任务而奋斗。

随着全国抗美援朝、保家卫国运动的兴起，中国教育工会全国委员会、中华全国学生联合会分别发表宣言，拥护11月4日中国共产党和各民主党派发表的联合声明，号召全国教育工作者和学生奋起参加抗美援朝、保家卫国的伟大爱国运动。1950年12月，教育部也分别发出指示，在学校和农民业余教育中，有计划地进行抗美援朝的爱国主义教育。在1951年第一次全国中等教育会议上，政务院文委秘书长胡乔木向会议作了爱国主义教育的报告，会议专门讨论了向学生进行爱国主义教育的问题。同年5月，马叙伦部长在政务院第八十五次政务会议上所作的《关于教育工作的方针和任务的报告》提出：1951年全国教育工作的任务是，各级各类学校通过各科教学，并配合各种课外活动，普遍进行抗美援朝爱国主义教育。同时，通过各级和各类学校的学员对全国广大群众进行宣传，协同各方完成使每一处每一人都受到这种教育的任务。并在上述思想教育的基础上，完成在全国范围内号召一批青年学生自觉地参加国防建设的任务。同年11月，教育部也发出指示，再次强调该年全国各地的冬学均应普遍深入地向农民群众进行抗美援朝爱国主义教育，推进增产节约和爱国公约运动。与此形势相适应，当时中小学各级学校都纷纷展开以抗美援朝为主题的爱国主义教育。根据《人民教育》上的一篇署名老孙的文章，从1950年10月起，五个月内在全国各级学校及社会教育机关内，约有6000万人受到抗美援朝的时事教育。①

中小学关于抗美援朝的爱国教育，一方面体现为在课程设置中贯彻抗美援朝的内容，如：语文课中要求教师在作文课上教同学写慰问朝鲜人民军和中国人民志愿军的信；历史课要以讲授美国侵华史为主，并搜集了有关史料、图表，供给师生们作为宣传资料；地

① 老孙：《五个月来各级学校抗美援朝爱国主义宣传教育》，载《人民教育》1951年第5期。

理课要把朝鲜人民爱国战争的发展情形作为讲授的内容，说明中朝两国的唇齿关系和美帝国主义的侵略本质；自然科学课程如物理课，也要求结合抗美援朝的思想教育，说明原子弹并不像敌人所宣传的那样可怕，它不能决定战争的胜负，等等①。另一方面则体现在通过参加军事干部学校运动对学生进行抗美援朝形势教育和爱国主义教育，使学生正确认识国家与个人的关系。如湖南长沙市广益中学专门成立“军事干部学校保送委员会”，市团委和学校领导亲自抓，团总支、学生会、各班团支部、班干会也相继开会，层层动员，这样的气氛逼使一些同学不得不认真考虑在祖国需要与个人志向之间作出选择，服从祖国的需要。陈力在《我校深入开展抗美援朝爱国主义教育小结》中说，“我校抗美援朝的爱国运动，开展初期，也和其他学校一样，是通过了传达讨论黄市长报告，召开控诉大会、抗美援朝表决心大会，以及看‘美国之音’话剧、《攻克柏林》等电影，听报告、学时事、校内外宣传等活动，很快地即在全校范围内，轰轰烈烈地开展起来。不久，学生即纷纷表示爱国志愿，有的要求批准到朝鲜去打美国，有的要求增添军训、战地服务常识课，也有的要求停课出外宣传。”②

在这次抗美援朝保家卫国的爱国运动中，中小学生爱国主义教育的成效主要表现为以下三个方面：一是提高了爱国主义与国际主义相结合的意识。爱国主义与国际主义相结合，是无产阶级爱国主义的重要特征。在抗美援朝的时事教育中，各级学校也非常重视阐明中朝两党、两国人民在反对外国侵略者和本国反动派的斗争中，从来就是相互支援的关系，并使人们真正认识到，抗击美国侵略、支援朝鲜反击，既是中国人民应该坚持的国际主义精神，也是义不容辞的国际主义义务。在这种强大的宣传教育中，中小学生的爱国主义与国际主义相结合的意识也得到了提升。二是增强了中小学生

① 李红娟：《建国初期学校教育的政治社会化过程》，载《党史研究与教学》2011年第2期。

② 陈力：《我校深入开展抗美援朝爱国主义教育小结》，载《天津教育》1950年第9期。

的民族自信心和自尊心。各级学校根据1950年10月《中共中央关于在全国进行时事宣传的指示》，通过对美帝国主义的一贯侵略我国罪行的揭露，使学生认识到美帝国主义的侵略本质，树立只有坚决反对帝国主义，摆脱资本主义，才有幸福和自由的观点；同时也教育人们，要坚决保卫祖国安全，坚持维护祖国的主权和领土完整，坚决拥护新民主主义、共同纲领、人民民主专政，坚决拥护中国和各人民民主国家、中国和世界劳动人民巩固的联盟等。这些教育，大大增强了广大中小学生的民族自尊心和自信心。三是激发了中小学生的拥军爱国意识。在抗美援朝运动中，为了表达对志愿军的支持和拥戴之情，解除志愿军指战员的后顾之忧，各级政府和有关方面把抚优工作当成了重大政治工作，列为爱国公约的一项重要内容。各级学校通过对志愿军在朝鲜战场上的英雄事迹进行宣传，把他们誉为“最可爱的人”，使学生们都受到了生动的爱国主义和革命英雄主义教育，也鼓励了他们更加自觉地投身保卫祖国、建设新国家的神圣事业中去。据统计，从1950年12月到1951年7月，参加军事干部学校的青年和学生就达58万余人。其中，既有偏僻地区的中小城市学生，也有政治上一向较为落后的教会学校的学生，还有西北少数民族的学生。人数之多，地域之广，在中国学生运动的历史上是空前的①。

（2）围绕过渡时期“总路线”展开爱国主义教育。

新中国成立到1952年年底，党和人民政府领导全国人民战胜重重困难，在短短的三年时间里，彻底完成了新民主主义革命遗留任务，顺利完成了国民经济的恢复，全国工农业生产已经达到了历史最高水平，国家财政经济状况已经基本好转，出现了欣欣向荣的新气象。从1953年起，我国开始实行发展国民经济的第一个五年计划。与此同时，中共中央在1953年6月15日的政治局扩大会议上，正式提出党在过渡时期的总路线，即“要在一个相当长的时期内，逐步实现国家的社会主义工业化，并逐步实现国家对农业、

① 李艳、戴裕民、曹英华：《共青团重大活动回顾（1949—1966）》，中国青年出版社2008年版，第5页。

手工业和资本主义工商业的社会主义改造”。1953 年 12 月，中共中央宣传部经中共中央批准，发出关于党在过渡时期总路线的学习和宣传提纲《为动员一切力量把我国建设成为一个伟大的社会主义国家而斗争》，提出了为国家社会主义工业化而斗争的奋斗目标。此后，在全国轰轰烈烈地展开了以总路线为中心的学习、宣传和贯彻活动。

随着全国对总路线宣传学习活动的展开，各级各类学校也积极贯彻执行这一精神。1954 年全国中学教育会议提出要用总路线的精神教育学生。各地方教育部门也发出指示，如湖北省教育厅也于 1954 年 1 月发出《关于 1953—1954 学年度下学期中等学校工作的指示》，强调当前的爱国主义教育的主要任务，是加强“以建设社会主义为中心”的思想教育。这一时期，围绕过渡时期的总路线所展开的爱国主义教育，主要包括以下四个方面的内容：一是宣传一切为着实现社会主义工业化的思想，宣传逐步实现国家的社会主义工业和逐步完成对农业、手工业和资本主义工商业的社会主义改造的方针、政策和步骤；二是宣传国家建设计划和服从国家计划的思想；三是宣传巩固工农联盟的重要性；四是宣传巩固国防，巩固人民民主专政的必要性；五是宣传统一战线，教育人民懂得加强团结的意义，警惕敌人的分裂阴谋。这次宣传教育活动，是新中国成立以来规模最大、范围最广、时间最长、效果最好的一次思想教育活动，它不仅使党在过渡时期的总路线变得家喻户晓，而且使全国人民受到了一次深刻的社会主义教育。正如刘少奇在中共七届四中全会报告中总结所说的这个宣传教育工作，使党在过渡时期的总路线获得了全国绝大多数人民的拥护，使社会主义的思想在国内树立了压倒一切的优势，使资本主义的思想受到了深刻的批判。因而，在这次过渡时期总路线的学习和宣传中，广大中小学生不仅受到了一次深刻的社会主义教育，也明确了把我国建设成为一个伟大的社会主义国家的奋斗目标和具体道路，激发了他们建设社会主义的热情和信心，促使他们积极投身于我国社会主义建设和改造事业。

（3）在各科教学中渗透爱国主义教育。

这一时期的中小学生爱国主义教育，不仅重视结合时代主题和社会发展的阶段性任务开展专门的教育，也很重视在各科教学中渗透爱国主义教育。如《爱国主义教育片段介绍》中介绍了开封市一中史地教学研究组在教学计划中，是如何利用“五四”青年节开展主题爱国主义教育的①。其他学科教学也积极探讨爱国主义教育的路径，如朱励强发表文章介绍他在化学教学中进行爱国主义教育的做法：一是将祖国先代对化学的创作和发明随章插入讲授，激发学生的自尊心；二是向学生讲述祖国蕴藏和特有的矿产，现时开发的情形，及怎样才是适合国情的提炼方法，增强学生的使命感②。孙念台也发表文章介绍他在物理教学中是如何进行爱国主义教育的，认为爱国主义教育应该以爱国主义的态度来进行，教师的表述方式起着决定性的作用③。

2. 十年曲折发展时期（1956 年 10 月—1966 年 4 月）

随着 1956 年社会主义改造的完成和社会主义制度的确立，在办学方针上实行“两条腿走路”，采取多种多样的办学形式，并对教育制度、教育教学、师资队伍、学生思想政治教育等方面展开全面建设和改革，加快了教育事业的发展。由于缺乏建设社会主义教育的经验，也由于党的指导思想出现了“左”倾错误，导致“大跃进”运动的爆发，全社会都进入一种狂热的“赶英超美”的亢奋中。1958 年 9 月，全国大中小学教职工和高小以上的学生，也都响应中央的号召，投入大炼钢铁运动。各地师生夜以继日地劳动，教学工作基本停顿。随着大跃进问题的凸显，中央提出“调整、巩固、充实、提高”的方针，纠正大跃进过程中出现的偏差。从 1960 年起，教育也开始得到整顿，教学秩序逐渐恢复正常，中小学德育和爱国主义教育才恢复到学校教育的健康发展轨道。尽管这一时期的中小学生教学工作有过中断，但中小学生的爱国主义教

① 张葆先：《爱国主义教育片段介绍》，载《新史学通讯》1951 年第 3 期。

② 朱励强：《高中化学课程要怎样配合加强爱国主义教育的意见》，载《化学通报》1951 年第 10 期。

③ 孙念台：《在物理科课堂教学中进行爱国主义教育的一些体会》，载《物理》1952 年第 3 期。

育并没有停止，而是在社会火热的劳动生产中进行着。因此，考察这一阶段的中小学生爱国主义教育，必须从学校教育和社会教育两个方面进行。总体来说，以社会教育为主要形式的爱国主义教育，主要表现为社会爱国公约运动；而以学校教育为主要形式的爱国主义教育，主要表现为学雷锋活动和在各科教学中进行爱国主义教育。

(1) 在社会爱国公约的运动中推进爱国主义教育。

1958年，“大跃进”运动在全国轰轰烈烈开展。为了适应这种新的革命形势，以保卫总路线、“大跃进”和人民公社为中心内容的爱国公约运动在全国各地蓬勃地发展起来。虽然各地的爱国公约的具体内容有所不同，但在根本性问题的规定上，大多相似，比如拥护党的领导，坚持走社会主义道路，反对资本主义及其思想，反对好逸恶劳，积极生产劳动，遵守劳动纪律，遵守国家法律政策，尊重社会公德，爱护公共财产，遵守社会秩序，反对败坏道德、扰乱社会秩序的行为，等等①。因为这些内容的制定和修改，是通过群众酝酿和讨论的，凝聚了群众的智慧，因而也能得到各地群众广泛的响应和执行。通过爱国公约的形式，广大人民群众在日常政治生活中就有了明确的是非标准，并能用这些标准去鉴别每个人的言行，看其是否符合社会主义和共产主义的要求，从而把党的总路线和政策具体化为群众热爱社会主义的行为规范。广大中小学生在投身劳动生产的期间，这种爱国公约运动无疑也增强了他们的社会主义意识，影响着他们爱社会主义祖国的行为。

(2) 学习时代楷模尤其是雷锋精神中进行爱国主义教育。

在20世纪的五六十年代，尽管我国社会主义建设经历了许多曲折，但是，在全国各条战线却先后涌现了一批先进个人，如雷锋、焦裕禄、王进喜等，他们身上集聚的精神品质都体现出为人民服务、为祖国奉献、以人民利益为重的崇高爱国主义精神，是这一时代的爱国主义的集中体现。我国中小学生爱国主义教育也在学习这些时代楷模，特别是学习雷锋精神中推进。雷锋是中国人民解放

① 志远：《论爱国公约》，载《教学与研究》1960年第5期。

军沈阳部队工程兵某部运输班连长，是有着坚定共产主义理想和信念的共产党员，1962 年 8 月 15 日因公殉职。雷锋的一生艰苦朴素，事事对己严格要求，助人为乐，公而忘私，在平凡的小事中铸写伟大的共产主义品德，将自己有限的生命投入到无限的为人民服务之中。在他身上，凝聚的是切实把人民利益放在首位，时时为人民着想、处处以人民利益为重，为了人民利益无私奉献的崇高爱国主义精神。雷锋牺牲后，共青团中央发出通知，要求在全国青少年中广泛开展“学雷锋”的教育活动。1963 年 3 月 5 日，党和国家领导人毛泽东、刘少奇、周恩来、朱德、陈云、邓小平分别题词，号召“向雷锋同志学习”。此后，全国范围开展了群众性的学习雷锋活动的高潮。一时间，关于介绍雷锋事迹的文章、出版成册的雷锋日记和雷锋的故事，还有一些单位举行的展览会，都成为学习雷锋的好教材。中小学校更是积极组织学生开展学习雷锋的活动，学习《中国青年报》刊登的报告文学《苦孩子、好战士》，讲雷锋的故事，读雷锋的日记，唱雷锋歌曲，争创“三好”学生。至今仍然有一些 20 世纪 60 年代的中小学生，对当年学雷锋的情景还记忆犹新。如海南省教育厅师资管理处的朱运超就说，他们的中学时代，就是实实在在地学雷锋①。事实上，在学校 20 世纪 60 年代的学雷锋活动中，广大中小学学生一直发挥着倡风气之先的作用。他们唱“学习雷锋好榜样”，立志“雷锋做啥我做啥”：看到列车，就想为列车员去倒一杯水；看到老奶奶，就想去扶她走路；看到比自己小的孩子，就希望帮他们做点什么。当这些受助者问孩子们叫什么名字时，他们会扑闪着大眼睛，回答：“不要问我的名字，我叫红领巾。”②

（3）在各科教学中进行爱国主义教育。

20 世纪 60 年代，随着学校教学的正常化，在各科教学中进行

① 许欣：《六十，七十，八十，九十 感受不同年代的学生生活》，海南新闻网-南国都市报，2006 年 6 月 26 日。

② 王可：《60 年代：我叫红领巾》，新华网陕西频道，2012 年 5 月 30 日。

爱国主义教育也成为一种要求。如当时的教育部制定的《中学历史教学大纲》明确规定，中学历史教学的任务，除要按照年代顺序系统地讲述基本历史知识，培养学生树立历史唯物主义的观点和运用这种观点观察问题、分析问题的能力以外，还要向学生进行社会发展规律教育、革命传统教育、爱国主义教育和国际主义教育，培养学生热爱共产党、热爱无产阶级革命领袖、热爱人民群众、热爱祖国的感情，学习革命英雄的高贵品质，树立为社会主义、共产主义事业而奋斗的信心和决心①。根据此大纲的要求，各级学校历史教学纷纷探讨各种途径，进行爱国主义教育。

3. “文化大革命”时期（1966年5月—1976年10月）

“文化大革命”的首要目标是教育革命，因而也是从学校最初发起的。“文化大革命”正式爆发后，在毛泽东“破四旧”的鼓舞下，各级学校纷纷开展夺权运动。1966年12月15日，中共中央发出中等学校放假“闹革命”的指示，此后大中小学全面“停课闹革命”，全国中小学教育几乎处于瘫痪状态。为了遏制住这种混乱的局面，1967年2月，中共中央先后发布《关于小学无产阶级文化大革命的通知（草案）》和《关于中学无产阶级文化大革命的意见（供讨论和试用实行）》，要求广大师生返校闹革命。1967年10月，中共中央、中央文革委员会等单位也联合发出通知，要求各级学校一律开学复课，边教学边革命。随着各地中小学逐渐复课，中小学教育规模也开始拓展。在农村，许多地方出现了村办的小学和联中。据统计，1969年至1977年，在校的中小学生人数一直保持增长。其中，中学生年平均增长率为21.0%，高中生为28.5%，初中生为11.8%，小学生为3.7%②。与此同时，在“教育为无产阶级政治服务，教育与生产劳动相结合”的教育方针的指导下，那时的小学生、中学生，既学习文化知识，又学习劳动技

① 参见龚奇柱：《试谈历史教学中的爱国主义教育》，载《西南大学学报（社会科学版）》1979年第4期。

② 时磊、杨德才：《文革时期的教育扩展》，载《二十一世纪》（双月刊）2010年2月号，总第117期。

能，更关心国家大事，对国家民族的前途命运有一种神圣的使命感。但是，这个阶段的爱国主义教育在内容和目标上，注重无产阶级专政下的继续革命教育，培养学生对阶级敌人无限的仇恨，对毛泽东无限的热爱、崇拜和服从，又使当时的中小学生爱国主义表现出非理性的狂热和盲目。综观这一阶段中小学生爱国主义教育的做法，主要有如下方面：

（1）通过突出无产阶级政治的重要性课程改革，强调对毛泽东著作的学习，培养学生对国家领袖的崇拜。

1966年6月，党中央、国务院批转了教育部《关于1966—1967年度中学政治、语文、历史教材的处理意见》的报告并批示，不论初小、高小都要学习毛主席著作，建议初小学毛主席语录，高小学习“老三篇”，即《纪念白求恩》《全心全意为人民服务》《愚公移山》。此后，各地学校开始对原有课程进行改革，以顺应革命形势需要。这次课程改革的主要特点是，突出政治课的重要性，对其他学科课程进行精简、合并。如1969年《上海市中小学教育革命纲要》中，就规定小学开设毛泽东思想课、语文课、算术课、革命文艺课、军事体育课、科学常识课和外语课；中学开设毛泽东思想课（包括中国近代史、党内两条路线斗争史、社会发展简史和地理知识）、语文课（包括语法和逻辑）、数学课、革命文艺课（音乐、美术合并）、工农业基础知识课（物理、化学、生物合并）、外语课、军事体育课①。这种课程设置，无疑弱化了学生的爱国理性，使他们把对国家的忠诚与热爱和对国家领袖的忠诚与崇拜混为一谈。

（2）通过各种形式进行民族气节和革命英雄主义教育，增强学生的国家历史使命感。

在长期的革命和建设中，中国共产党在思想政治教育方面，已经摸索出了许多行之有效的途径和方法，包括经常性的政治理论学习和诸如听报告、上团课、参观、忆苦思甜、下乡劳动、参加军训

① 吕型伟：《上海普通教育史（1949—1989）》，上海教育出版社1994年版，第385页。

等活动形式，还包括歌唱党和毛主席，赞颂革命和建设的文学、音乐、电影、戏剧、美术等文艺作品。各地学校也非常重视运用上述途径和方法对中小学生进行革命的英雄事迹教育，教导学生像英雄那样生活，并帮助他们树立为伟大崇高的共产主义事业而献身的理想。除此之外，在中小学生的各种课外阅读书中，也处处渗透着民族气节教育。如“文革”时期有一种儿童读物叫《十万个为什么》，书的第一页就醒目地写着“中国人民有志气，有能力，一定要在不远的将来，赶上和超过世界先进水平”。再往下看，更是可见中国人扬眉吐气。如一篇题为《南京长江大桥为什么采用连续梁?》的文章中说：“南京长江大桥建设需要强度高、韧性好的钢材。最初，我国曾向苏联订货，进口一种低合金高强度钢材。但是苏修提供的钢材根本不符合要求，后来竟停止供货，妄图破坏大桥建设。但是这难不倒用马列主义、毛泽东思想武装起来的中国工人阶级。英雄的鞍钢工人遵照毛主席的指示，花了很短的时间，便炼出了优质低合金桥梁钢，这种钢还有较多的金属锰，可承受的拉力比武汉长江大桥的钢材提高了百分之四十，给了苏修一个响亮的耳光!”① 中小学生在阅读此文章时，就不自觉地树立了一种自信心：凡是外国人能够做到的，中国人也一定能做到。我们要励精图治，奋起直追，就一定能赶上那些瞧不起我们的任何国家。这种民族气节和自信，正是中华民族伟大复兴所必需的精神力量。

(3) 通过各种路径培养中小学生的集体主义精神。

国家是大集体，中小学生所在的学校、班级，少先队的中队、小队，团支部、团小组，都是小集体。学校教育一贯强调，不仅个人利益要服从于集体利益，甚至个人的兴趣爱好，也要服从于集体的纪律。正是因为这种强化教育，经历那个时代的人们至今仍然有着强烈的集体观念，他们愿意依靠集体、服从集体，害怕为集体所不容，甚至担心被集体抛弃。

总体来说，从新中国成立到“文革”结束的这一段历史时期

---

① 参见《有感于文革时期的爱国主义教育》，荣成教育网，2002 年 8 月 12 日。

内，尽管许多青少年学生的爱国情感缺乏一种自主选择，容易受到群众性激情的感染和影响，但这不能否认我国中小学生爱国主义教育取得的许多可圈可点的成就。正是有效的爱国主义教育，使得作为国家未来主人的中小学生们，不论是在面对从新中国成立初期百废待兴，急需发展生产力与巩固国家政权、反对各种敌对势力的干扰破坏的双重任务的国家政权巩固时期，还是在其后经历的抗美援朝、“大跃进”、三年自然灾害、“文化大革命”等影响国家发展全局的重大事件中，都能保持对新生国家的期望与热情，积极响应和参与党和国家号召，表现出极大的爱国热情和强烈的社会责任感。

（二）社会主义现代化建设和改革开放的新时期（1978 年 12 月至今）

以 1978 年党的十一届三中全会为标志，我国进入了社会主义现代化建设和改革开放的新时期。随着党和国家工作的重点转移到经济建设上来，教育领域的拨乱反正、恢复秩序的改革拉开序幕，中小学德育工作也在调整中逐步走向正规化、现代化。根据改革开放以来以邓小平、江泽民和胡锦涛为领导核心的执政时期的不同阶段性任务，我们划分三个阶段来考察改革开放以来我国中小学生爱国主义教育。

1. 改革开放和中国特色社会主义道路探索时期（1978 年 12 月—1989 年 5 月）

1976 年之后，中国走上了改革开放和探索有中国特色的社会主义道路的发展时期。1977 年复出后的邓小平，直接领导和推动了教育领域的“拨乱反正”，明确教育在社会主义现代化建设中的地位，开始对教育事业中的薄弱环节，特别是对青少年的思想政治教育加以重视。1978 年 4 月，邓小平在《在全国教育工作会议上的讲话》中指出，“把青少年培养成为忠于社会主义祖国、忠于无产阶级革命事业、忠于马克思列宁主义毛泽东思想的优秀人才，将来走上工作岗位，成为有很高的政治责任心和集体主义精神，有坚定的革命思想和实事求是、群众路线的工作作风，严守纪律，专心致志地为人民积极工作的劳动者”①。1981 年 3 月，中共中央书记处召开儿童和少年工作座谈会，要求全党全社会都要重视少年儿童的健康成长。1982 年 3 月，教育部发出通知，要求中学教育学生爱祖国、爱社会主义、拥护中国共产党，自觉遵守《中学生守则》，努力做到德智体全面发展。1983 年 7 月，中宣部、中央书记处研究室颁发《关于加强爱国主义宣传教育的意见》，指出在我国社会主义现代化进程中，要经常地进行和加强爱国主义的宣传教育，培养全体人民、特别是青少年的爱国主义精神，提高他们的爱国主义觉悟。同年 8 月，教育部发出通知，中学历史课、地理课是对学生进行爱国主义教育的重要内容，所有中学都要按照教学计划，规定年级和课时，开设历史课、地理课。同年 10 月，中宣部又发出通知，要求在全社会大力开展“五讲四美三热爱”② 活动，推动社会风气的根本好转。通观这一阶段的中小学爱国主义教育，主要体现在如下方面：

（1）结合以“五爱”为主要内容的德育进行爱国主义教育。

爱祖国、爱人民、爱劳动、爱科学、爱社会主义，作为我国社会道德的基本要求和学校德育的基本内容，是在长期的中国革命和建设的实践中形成、丰富和确定下来的。自新中国成立以来，“五爱”教育坚持以为人民服务为核心，以集体主义为原则，在培养社会主义的建设者和接班人中，发挥了重要的作用。1982 年，“五爱”作为对公民道德的基本要求，被正式写进《中华人民共和国宪法》。之后，中央和教育部颁发一系列德育工作文件及课程计划，强调要以“五爱”为基本内容，对青少年进行思想品德教育。1986 年 9 月，党的十二届六中全会通过了《关于社会主义精神文明建设指导方针的决议》，强调“爱祖国、爱人民、爱科学、爱劳动、爱社会主义”是社会主义道德建设的基本要求，提出要使“五爱”的基本要求体现在社会生活的各个方面。1988 年 8 月，教

① 《邓小平文选》第 2 卷，人民出版社 1994 年版，第 106 页。

② 即讲文明、讲礼貌、讲卫生、讲秩序、讲道德，心灵美、语言美、行为美、环境美，热爱祖国、热爱社会主义、热爱中国共产党。

育部颁布发行《小学德育纲要》，明确指出小学德育的培养目标，是要培养学生初步具有“五爱”的思想感情和良好品德；小学德育主要是向学生进行以“五爱”为基本内容的社会公德教育，着重教育学生心中有他人、有集体、有人民、有祖国，培养和训练他们养成良好的道德品质和文明行为习惯。1988 年 12 月《中共中央关于改革和加强中小学德育工作的通知》指出，中小学德育要以“五爱”为基本内容，注意抓好爱国主义教育和集体主义教育。

（2）在以“五讲四美三热爱”为主要内容的精神文明创建活动推进爱国主义教育。

1979 年 9 月中共十一届四中全会提出社会主义精神文明的概念，要求我们在建设高度物质文明的同时，也要建设高度的社会主义精神文明。全国总工会等 9 个单位于 1981 年 2 月 25 日联合向全国人民，特别是青少年发出开展以“五讲四美”为主要内容的文明礼貌活动倡议，并于 1982 年起将每年 3 月定为“全民文明礼貌月”，于 1983 年 3 月成立“五讲四美三热爱”活动中央委员会，指导全国特别是学校开展以爱国主义为内容之一的精神文明创建活动。1985 年，中共中央颁发了《关于改革学校思想品德和政治理论课程教学的通知》，决定对现行的小学思想品德课、中学思想政治课的课程设置、教学内容和教学方法等进行系统的改革。小学方面，就要求配合语文、历史、艺术课和课外活动的内容，以生动的形象，由近及远地进行以“五讲四美”（讲文明、讲礼貌、讲卫生、讲秩序、讲道德，心灵美、语言美、行为美、环境美）和“五爱”（爱祖国、爱人民、爱劳动、爱科学、爱社会主义）为中心的社会常识（包括法律常识）和社会公德教育，指导学生从小就培育良好的思想品德，各种正确的行为习惯，包括在真理面前和在人格上人人平等的习惯，勤俭、节约和守时的习惯，逐步培养自己管理自己的生活并帮助家庭、别人、公众的能力。

（3）通过日常的教学和重大节日庆祝活动进行爱国主义教育。

1988 年 8 月，国家教委发出颁布《中学生日常行为规范》的通知，要求各校从新学年开始，要严格执行升国旗制度，每天都要升旗，并选派学生轮流担任升旗手，负责升旗、降旗工作。重要集会和重大节日庆祝活动要奏唱国歌，在可能的条件下，要举行升国旗仪式。1988 年 12 月《中共中央关于改革和加强中小学德育工作的通知》指出，为此，要搞好教材改革，各科教学都要有计划地结合学科特点进行爱国主义教育。要通过组织生动活泼、形式多样的活动，把爱国主义教育融进去。学校要升国旗，重要集会要唱国歌。重要纪念日前后要集中进行爱国主义教育。要把爱国主义教育同热爱中国共产党、热爱社会主义的教育联系起来，使学生逐步懂得党是领导全国各族人民实现四化、振兴中华大业的核心力量，社会主义制度是建设现代化中国的根本保证。

（4）在学习时代英雄楷模中进行爱国主义教育。

其中最典型的是学习女排精神和老山英雄。在改革开放早期阶段，国人猛然意识到与世界的差距，而变得有些彷徨和失落的背景下，中国女排在 1981—1986 年的世界大赛中，力克强敌，赢得“五连冠”殊荣，铸造了团结拼搏、勇攀高峰、为国争光的女排精神，极大地激励了全国各族人民，使他们凝聚自信、振作精神，在各自的岗位上去追赶别人、超越别人。当时的学校、工厂、街道都写满了“学习女排精神”的标语，女排姑娘的形象登上了邮票、日历、纪念章。这是一次风靡整个时代的运动，激励着全体中国人积极投身改革，为中国社会主义事业而努力奋斗的信心。老山英雄是在 1979—1985 年的对越自卫反击战中，诞生的新一代最可爱的人。1985 年 9—12 月，中宣部、解放军总政治部组织人民解放军英模汇报团，在全国各地开展巡回报告，宣传老山英雄及其“亏了我一个，幸福十亿人”的爱国主义和自我牺牲的精神。与此同时，文艺界也通过各种作品向包括中小学生在内的人们进行宣传教育，一些军旅歌曲如《十五的月亮》《望星空》《血染的风采》，通讯文学《谁是最可爱的人》，也是风靡一时，在极大鼓舞了全国人民建设四个现代化信心的同时，也激励着包括中小学生在内的全体中国人热爱中国共产党、热爱社会主义祖国、热爱军队的情感。

综观这一时期的爱国主义教育，尽管其重要性被党和政府一再强调，但非常遗憾的是，这一时期的爱国主义教育并没有发挥出良好的引导作用，人们的爱国主义情感总是表现出盲目与激情交织的特点。这主要有两个方面的原因。一方面，在改革开放的时代浪潮中，人们既表现出社会主义现代化建设激情，也表现出对外面世界的逐步了解和文化碰撞比较中而产生的思想困惑和迷茫。随着他们对外部世界的逐步深入了解，原来的惊讶好奇也逐渐变为欣赏推崇，横向比较的巨大落差，也使得他们原有的民族自信心跌落下降。另一方面，随着我国对新中国成立以来的政治、经济、社会的总结反思，一些鲜为人知的失误也不断被披露，这也使得很多人，特别是青年学生对我国的社会发展产生怀疑。再加上思想领域没能有效地遏制资产阶级自由化思潮造成的思想混乱，也使当时的爱国主义教育理性不足，既没有发挥出其在反对资产阶级自由化、增强民族自信心等方面的引导力，也没有探索出科学有效的爱国主义教育实践方式。

2. 政治风波后的反思与学校爱国主义教育的全面建设阶段(1989 年 6 月—2002 年 10 月)

1989 年春夏之交，全国高等学校发生了一场政治风波。事实上，这场政治风波的发生不是偶然的。随着我国对外开放的发展，国外资本主义的文化和价值观念也涌入国门。人们在泛滥的各种思潮面前，显现出前所未有的思想困惑和迷茫。从 1980 年潘晓来信引发的人生意义大讨论，到 1982 年张华救老农引发的人生价值大讨论，实际上就是这种困惑和迷茫的反映。理论界的一些人在抽象地谈人道主义的同时，也热衷于揭露所谓的“社会主义异化”问题。尽管党和国家针对这些现象进行了引导和整顿，但自改革开放以来资产阶级自由化思想泛滥并没有得到有效的遏制，并最终导致风波的发生。1989 年的政治风波，无论是对执政党还是广大民众来说，都是一服清醒剂，促使人们对过去的思想政治教育进行理论反思。正是由于这场政治风波和理论反思，学校爱国主义教育才真正开始理性思考，从而进入了全面建设时期。

(1) 深化对学校爱国主义教育重要性的认识。

1989 年何东昌在北京师范大学中学政治教师暑期培训班上强调加强爱国主义教育的重要性，并指出爱国主义要与爱社会主义、爱共产党的教育统一起来，爱国主义教育要进行历史优秀传统教育，特别要注意加强中国人民遭受美帝国主义侵略和反抗这种侵略的教育，使年轻人懂得世世代代都不要忘记历史的事实。国家教委也于1989年6、7月先后发出《关于在小学生中开展热爱中国共产党、热爱社会主义祖国、热爱中国人民解放军教育活动的通知》《关于对高中学生进行形势教育的通知》。随后又在同年11月印发了《关于在中小学语文、历史、地理等学科中加强思想政治教育和国情教育的意见》，提出要结合当前国际、国内阶级斗争的形势和特点，加强渗透与反渗透、和平演变及反和平演变斗争的长期性、复杂性的教育；加强历史特别是中国和世界近现代史的教学，使学生牢记历史经验，不忘帝国主义侵略中国和中国人民英勇反抗的历史；教育学生了解当代资本主义世界存在的阶级矛盾和社会矛盾，了解新中国成立40年来，尤其近10年来在政治、经济、科学、技术、文化、教育等方面所取得的巨大成就；讲解我国的自然国情（地理环境、自然资源）和人文国情（政治、经济、人口、文化、教育等的传统及现状）。进入20世纪90年代后，针对爱国主义教育的不足，共产党继续深化对加强爱国主义教育重要性的认识，强调爱国主义与集体主义、社会主义的统一，积极主动地开展中小学爱国主义教育活动。1990年4月13日，国家教委发出《关于进一步加强中小学德育工作的几点意见》，强调我国中小学要把爱国主义教育放在十分突出的重要地位；党的十三届七中全会通过的《中共中央关于制定国民经济和社会发展十年规划和“八五”计划的建议》也指出，面对20世纪90年代复杂的国际形势和艰巨的国内改革和建设任务，要大力加强社会主义精神文明建设，加强思想政治工作，坚持不懈地反对资产阶级自由化，广泛深入地进行爱国主义、集体主义、社会主义教育，振奋民族精神，改善社会风气。1993年9月，中宣部等四家单位联合发出通知，要求运用优秀影视片在全国中小学开展爱国主义教育。1994年8月，中宣部颁布《爱国主义教育实施纲要》，论述了进行爱国主义教育的重要意义，提出了教育的基本原则、主要内容、重点对象以及一系列具体措施。随后，中共中央、国务院发出《关于进一步加强和改进学校德育工作的若干意见》，指出必须站在历史的高度，以战略的眼光来认识新时期学校德育工作的重要性。要在广大青年学生中深入持久地进行爱国主义、集体主义、社会主义思想教育。十四届二中全会上也强调，要在广大青少年中继续坚持广泛深入地进行爱国主义、集体主义、社会主义教育，广泛深入地进行中国近代史、现代史和中华民族优秀文化传统教育。江泽民也多次发表讲话，强调爱国主义教育的重要性。如在1990年纪念“五四”运动71周年时，江泽民发表《爱国主义和我国知识分子的使命》的讲话，强调在新的历史条件下继承和发扬爱国主义传统，需要广泛深入地进行爱国主义教育；1991年3月，江泽民又再次指出要运用历史和国情进行爱国主义教育，提高青少年的民族自尊心和自信心，防止崇洋媚外思想的抬头。1996年10月，江泽民同志在党的十四届六中全会上作重要讲话时又特别强调，必须在全国人民特别是青少年中进一步加强爱国主义教育。要通过各种生动活泼的形式，广泛、深入、持久地加强爱国主义教育和宣传，提高全国人民的民族自尊心和自豪感，在全社会进一步发扬以热爱祖国、贡献全部力量建设祖国为最大光荣，以损害祖国利益和尊严为最大耻辱的良好风尚。2000年2月，江泽民就教育问题再次重申，要加强对青少年学生进行爱国主义、集体主义、社会主义的思想教育。这些讲话和文件精神，无不体现了党和国家对青少年爱国主义教育的重视，这无疑是对加强中小学生爱国主义教育的有力支持和政策保障。

（2）《爱国主义教育纲要》颁布实施与中小学生爱国主义教育的课程化。

1994年，中宣部颁布《爱国主义教育实施纲要》，对爱国主义教育的目的、指导思想、基本内容、途径方法等都作了全面的部署，不仅使中学生爱国主义教育有了更具体的、更专门的法律的政策的依据，而且促使了学校爱国主义教育的课程化。根据《爱国主义教育实施纲要》的精神，1995年，《中学德育大纲》将初步的社会主义现代化建设常识、社会主义初级阶段党的基本路线和社会发展规律、中国近现代史和社会主义新中国伟大成就教育等规定为初中爱国主义教育的主要内容之一；将以建设有中国特色的社会主义理论为中心内容的经济常识、政治常识，初步的辩证唯物主义、历史唯物主义常识，科学思想方法，中国人民斗争史、革命史、创业史和社会主义现代化建设发展前景规定为高中爱国主义教育的主要内容之一。1995年12月20日，国家教委《关于进一步加强和改进中学思想政治课教学的意见》也规定，初中思想政治课要帮助学生形成良好的思想品德，使他们对社会的发展方向和我国社会主义建设的实际情况能有正确的认识，逐步树立起社会责任感；高中思想政治课在初中教育的基础上，以邓小平同志建设有中国特色的社会主义理论为中心内容，简明扼要地对学生进行马克思主义有关政治、经济、哲学的基本理论观点教育和必需的社会科学常识教育。帮助学生逐步形成分析问题、观察社会、选择人生道路必须具有的科学世界观、人生观和价值观，使他们具有参加我国社会主义建设必备的思想政治观念和一定的分析问题和解决问题的能力，确立为建设有中国特色的社会主义奋斗的政治方向。中小学校在国家教委颁发的一系列文件的精神的指导下，开设了一系列关于建设中国特色社会主义的课程，使爱国主义教育与建设中国特色社会主义这一时代主题结合起来，让学生能很好地体会爱国主义与社会主义本质的一致性。

（3）中小学生爱国主义教育活动的社会化与爱国主义教育基地的建立。

以活动的形式进行爱国主义教育，既是《爱国主义教育实施纲要》的要求，也是符合青少年学生特点并为他们所喜爱的教育途径。各地各级教育部门和学校都从自己的实际出发，在认真贯彻文件精神的基础上，不仅加强了爱国主义教育课程体系的建设，而且加强了各种形式爱国主义教育日常活动的建设。如北京普遍建立升国旗、唱国歌的制度；南京开展了以“南京的昨天、今天和明天”为主要内容的爱国主义教育系列活动，并在全市范围内建立了固定的爱国主义教育基地；湖北省教委要求全省中小学把爱国主义教育与四项基本原则教育相结合，与贯彻实施中小学德育纲要和中小学生日常行为规范相结合，与坚持升国旗、唱国歌教育制度相结合，与学雷锋、学赖宁、树立共产主义道德风尚相结合进行“三热爱”教育，等等。

爱国主义教育示范基地因为具有具体、形象、真实的特点，是承载爱国主义、革命传统、民族精神和时代精神的宝贵资源和重要依托，因而也成为中小学生爱国主义教育活动开展的重要途径。1991年8月，中宣部等6部委联合发出《关于充分运用文物进行爱国主义和革命传统教育的通知》，要求各级学校组织青少年学生参观博物馆、纪念馆，瞻仰革命遗址、烈士陵园和其他纪念设施，观看展示祖国灿烂文明的历史文物和反映近现代中国人民苦难、奋斗、胜利历程的革命文物，并将之作为青少年思想政治教育的重要内容，作为大、中、小学生必须参加的教育活动，列入学校德育工作计划。1995年6月，教育部在南京、上海召开全国城市中小学德育工作经验交流会，推广南京、上海建立爱国主义教育、革命传统教育、劳动教育、国防教育等基地，以及利用教育基地进行德育教育，建立学校、家庭、社会教育网络的经验。随后，民政部、教育部、中宣部等部委分别于1995年、1996年、1997年、2001年公布了400多个爱国主义教育示范基地。至此，爱国主义教育基地成为中小学生爱国主义教育活动的重要依托。与此同时，组织学生参观由各部委组办的爱国主义教育展览会，也是中小学生爱国主义教育的重要形式。如1996年8月，中组部、教育部等8家单位联合组办“红岩魂”展览会，在全国148座城市巡展500多场，缅怀革命先烈，激发包括中小学生在内的广大人民群众爱党爱国热情。1999年，中宣部等6家单位也举办“光辉的历程——中华人民共和国建国50周年成就展”，激发包括中小学生在内的全国人民的爱国主义热情和民族自尊心、自信心、自豪感。

3. 全面建设和谐的小康社会和民族伟大复兴时期（2002年11月至今）

以党的十六大为标志，中国经济社会进入了全面建设小康社会和民族伟大复兴的新时期。随着建设全面小康社会的历史进程，中国共产党对中国特色社会主义理论、制度和道路的认识更加成熟，对于中国特色社会主义道路也更加坚定。科学发展观、建设社会主义和谐社会等一系列思想理论的提出，对我国的经济社会的发展，产生了巨大的影响。而在21世纪新的历史条件下，世界更加开放，各种文化的交锋与较量更加激烈，全面建设小康社会和实现民族伟大复兴，不仅需要理性地处理各种关系，更需要强大的民族精神的支撑。因此，这一阶段的中小学生爱国主义教育，既要担负起培育民族精神和爱国激情的重任，又要肩负起爱国行为理性选择的引导责任。

（1）在弘扬和培育民族精神中推进爱国主义教育。

民族精神是一个民族的精神支柱和灵魂，是一个民族赖以存在和发展的精神之源，也是一个国家综合国力的重要衡量尺度。一个国家没有自己的精神支柱，就等于没有灵魂，就会失去凝聚力和生命力。在21世纪日益开放和文化多元化的环境下建设中国特色社会主义现代化，必须不断弘扬和培育民族精神，增强人们的民族自豪感和历史使命感。为此，党的十六大、十七大都提出，必须把弘扬和培育民族精神作为文化建设极为重要的任务，纳入国民教育全过程，纳入精神文明建设全过程。青少年的民族精神如何，是直接关系中国特色社会主义事业成败和中华民族伟大复兴的根本性问题，因此，做好中小学弘扬和培育民族精神教育工作显得无比重要。2004年1月，时任教育部部长周济在全国中小学德育工作会议上强调，要切实做好中小学弘扬和培育民族精神教育工作，努力开创中小学思想道德建设工作新局面。随后，中宣部、教育部制定并印发《中小学开展弘扬和培育民族精神教育实施纲要》，要求把弘扬和培育民族精神教育纳入中小学教育教学的各个环节、各个方面。不久，中宣部、教育部又联合发出通知，决定在2004年9月开展第一个“中小学弘扬和培育民族精神月”活动。随后，全国各地中小学纷纷结合本校实际，进行以爱国主义为核心的民族精神和以改革创新为核心的时代精神的培育活动。如2006年第3个“中小学弘扬和培育民族精神月”中，全国各地各中小学校根据中宣部、教育部、团中央的部署和要求，以纪念红军长征胜利70周年为载体，开展“六个一”① 活动。2007年9月，为迎接党的十七

---

① “六个一”是指读一本红军长征的书、看一部反映红军长征的电影或电视片、学唱一首歌唱红军精神的歌、组织一次红色旅游、看望走访一位健在老红军或革命老前辈、做一件弘扬长征精神的有益小事。

大，中宣部、中央文明办、教育部、共青团中央利用农村中小学远程教育平台、互联网等现代技术手段，以同上形势教育课的方式启动“中小学弘扬和培育民族精神月”，向全国1亿多中小学生展示我国改革开放，特别是党的十六大以来取得的伟大成就，帮助中小学生了解经济、政治、文化和社会建设发展进步的同时，增强对中国共产党的热爱和对中国特色社会主义道路的认同。

（2）围绕新中国成立60周年等重大主题活动开展的爱国主义教育。

2009年是中国沉着应对国际金融危机、确保经济平稳较快发展的重要一年，也是中华人民共和国成立60周年。为了激发全体人民的爱国热情，凝聚力量，同心同德地推动经济社会又好又快发展，开拓改革开放和社会主义现代化建设新局面，中共中央办公厅在2009年4月转发《中央宣传部关于围绕庆祝新中国成立60周年深入开展群众性爱国主义教育活动的意见》，要求各地“紧紧围绕党和国家工作大局，紧密联系新中国成立60年来的光辉历程，从历史和现实、理论和实践、成就和经验相结合的高度，对广大干部群众深入进行爱国主义教育，在全社会唱响共产党好、社会主义好、改革开放好、伟大祖国好、各族人民好的时代主旋律”①。响应这一号召，共青团中央、全国少工委也发出通知，在全国广大青少年儿童中，以“我与祖国共奋进”“祖国发展我成长”为主题开展爱国主义教育活动。中央文明办等部门也组织开展“网上推荐百首爱国主义歌曲”活动，中直团工委“青春家园”正式开园，中国儿童中心等举办“我的祖国，我的家”全国少年儿童主题教育活动等。2009年4月12日，教育部也下发通知，要求各级学校开展主题教育活动，对广大师生进行爱国主义教育。从2009年4月起，我国各级各类中小学校都以“我爱我的祖国”为主题开展教育活动，各地教育部门也下达文件指导学校爱国主义教育。如西安市莲湖区教育局转发了《关于在暑期广泛开展中小学生“爱祖

① 《中央宣传部关于围绕庆祝新中国成立60周年深入开展群众性爱国主义教育活动的意见》。

国，爱科学”主题教育实践活动的通知》，要求各中小学在安排暑期实践活动中，要围绕“爱祖国，爱科学”主题，广泛动员学生开展“四爱一体验”活动①。贵阳市云岩区教育局则在该区内分阶段举行了以“祖国好·家乡美”为主题的中小学生诗文大赛和小学生讲故事比赛等一系列读书比赛活动。湖北各级学校也在全省范围内开展了青少年爱国主义读书教育活动征文比赛，等等。

(3) 围绕一系列重大事件开展的爱国主义教育。

进入21世纪以来的中国社会，一直处于机遇与挑战同在、成就与灾难并存的境遇之中：2001年申奥成功、加入WTO，2003年的SARS，2003—2006年陈水扁的“台独”问题，2007年的冰雪灾害、香港回归十年庆典，2008年拉萨的“3·14”事件、汶川地震、北京奥运会成功举办、三鹿奶粉事件、“神舟七号”上天，2009年的新疆“7·5”事件，2010年上海世博会成功举办、“嫦娥二号”探月卫星发射成功、中日钓鱼岛渔船事件等一系列重大事件，还有伴随经济建设巨大成就的诸多社会问题，都在考验中华民族伟大复兴的信心和决心。围绕着一系列事件，爱国主义教育在如何把人们的爱国激情转化为理性的行为方面很好地发挥了引导作用。如在2008年奥运会圣火传递之时，达赖集团在一些西方国家的资助、挑唆下，策划组织了打砸抢烧的拉萨“3·14”暴力事件，破坏奥运火炬传递活动。事后，法国某些媒体恶意歪曲事实，进行虚假报道，极大引起了中国人民的激愤，中国人民迸发出海啸般的爱国主义激情。有人去围攻外国大使馆，有人呼吁抵制家乐福，有人在网络上用不文明的方式发泄情绪。面对人们汹涌澎湃的爱国激情，新华社等媒体连续发表评论，指出在国家利益受到威胁、民族尊严受到挑衅之时，每一个中国人所表达的爱国热情都是爱国主义最为具体的表现，也是一个国家和民族弥足珍贵的精神财富。但是在国际形势十分复杂的情况下，要更好地维护好国家的根

① “四爱一体验”活动，是指观看爱国题材影片，传唱爱国主义歌曲，精读爱国教育书籍，参观爱国教育基地，开展“走进科技馆或科学实验室，体验科学魅力”活动。

本利益、核心利益，做到真正的爱国，就需要中国人的冷静、智慧和团结。与此同时，各级学校的政治课也被要求，用一定的课时跟学生宣传理性爱国。同时，针对2008年的拉萨“3·14”事件、2009年的新疆“7·5”事件等重大民族事件，2008年11月中共中央国务院颁发《学校民族团结教育指导纲要（试行）》，对民族团结教育的指导思想、课程性质和基本原则、目标与任务、主要内容、实施途径和方法等进行规定的同时，强调中小学要设置专门的民族团结教育课程，并对中小学民族团结教育内容进行了详细的分级规划。随后，教育部办公厅、国家民委办公厅发出通知，要求各级教育单位遵照执行。在教育部召开多次会议部署下，各地各级的教育部门和中小学校也纷纷采取行动落实实施。如四川省教育厅，不仅要求全省各中小学要组织广大师生学习《民族团结教育通俗读本》，把《民族知识启蒙教育》《民族常识教育》《民族政策常识教育》《民族理论常识教育》等书籍作为民族团结教育的教师教学用书，并在学校图书馆上架供学生借阅，还要求各中小学要把学生参加民族团结教育活动情况纳入学生综合素质评价记录册或学生成长记录册，作为义务教育阶段学生考查和中考考试范围。武汉市各中小学校则结合自身实际，通过主题活动、民族节日、参观学习、图片展览等活动进行民族团结教育。新疆、西藏等少数民族地区，各学校更是通过组织开展主题班会、团队会、参观学习、图片展览、歌咏比赛、诗歌朗诵、扶贫帮助、结对子、手拉手等多种形式的活动，加强民族团结教育。

总体来说，这一时期就整个社会大背景来看，中国人普遍对国家的日益强大感到自豪，与此同时，民族主义情绪也伴随着这种自豪感高涨起来，年轻人尤其如此。这一方面得益于中国综合国力的日益增强和在世界上地位的不断提升，另一方面则得益于20世纪90年代以来理性回归后对学校爱国主义教育的重视与建设。而随着世界形势的风云变化，中国未来经济社会的继续发展与和平崛起将会面临更加复杂的国内外环境。中国民众该如何爱国，将是学校爱国主义教育今后很长一段时期所面临的重大课题。

二、新中国成立以来我国中小学生爱国主义教育的经验与启示

梳理新中国成立以来我国中小学生爱国主义教育的历史进程，是为了总结经验，促进新时期我国中小学生爱国主义教育的有效开展，也为新时期我国中小学生爱国主义教育创新研究提供逻辑起点。毫无疑问，新中国成立以来的中小学生爱国主义教育实践，为我们提供了诸多的经验和启示。

（一）中小学生爱国主义教育要取得成效，离不开党和政府的重视与支持

爱国主义教育，从本质上来说，是一种要求人们在自己和祖国的关系问题上做出有利于国家选择的思想教育，常常带有很强的政治义务性和道德要求性。作为一种政治义务教育，党和国家的重视程度，直接关系到爱国主义教育实施的情况和效果的取得。新中国成立以来，我党一直高度重视青少年的爱国主义教育，但是由于改革开放前和改革开放后相当一段时间内学校义务教育不发达，以及社会正处于变革转型的探索中等原因，中小学生爱国主义教育也一直是在困惑和迷茫中推进。直到20世纪90年代，在党和政府的加倍重视下，中小学生爱国主义教育才逐渐走向正规化。20世纪90年代以来党和国家对中小学生爱国主义教育的重视与支持，主要表现在三个方面：

一是国家领导的讲话中对学校爱国主义教育的突出。如江泽民在不同的场合多次强调要加强对青少年学生进行爱国主义、集体主义、社会主义思想教育，帮助他们树立正确的世界观、人生观和价值观，这项工作不仅要教育部门来做，全党、全社会都要来做。原国家教育委员会副主任柳斌也于1995年在《关于素质教育问题的思考》中指出，中小学应抓的三个方面教育，爱国主义意识是第一位的。他强调学校是进行爱国主义教育的主要阵地，要强调以

“五爱”① 教育为中心的思想品德教育，要长期抓下去，常抓常新。

二是国家的一系列德育文件中对爱国主义教育的突出。从1989年起，中共中央国务院、教育部、中宣部等国家机关制定下达的德育文件中，几乎都突出了爱国主义教育的地位。特别是1994年中宣部、教育部联合制定颁布《爱国主义教育实施纲要》，2004年中宣部、教育部制定并印发《中小学开展弘扬和培育民族精神教育实施纲要》，2008年教育部、国家民委制定的《学校民族团结教育指导纲要（试行）》，不仅指出加强青少年爱国主义教育的重要性和必要性，更是为中小学爱国主义教育提供了可操作性的指导。

三是党和政府对中小学生爱国主义教育的具体指导。为了落实中小学生的爱国主义教育，党和政府也身体力行，具体指导。如1994年国家教委向全国中小学生推荐百首爱国主义优秀影视片，对广大中小学生进行生动活泼的爱国主义教育；1995年又向全国中小学生推荐百首爱国主义歌曲和百种爱国主义教育图书。此外，中宣部、中组部、文化部、国家民委、全国总工会、共青团中央等政府机构和组织，多次发起全国性的爱国主义教育主题活动，如20世纪90年代开展的“红岩魂”巡展，为迎接中共十五大开展的“辉煌的五年成就展”，21世纪开展的纪念红军长征胜利70周年活动、迎接中共十七大活动、全国中小学生同上一堂形势课活动，等等。正是因为有了党和政府的重视和支持，20世纪90年代的中小学生爱国主义教育才逐步走上课程化、日常活动化，也才有了新世纪面对一系列重大事件时的全民爱国激情井喷的表现。

正是在党和政府的重视和支持下，我国中小学生爱国主义教育建设才取得了一系列的成就。第一，基本形成了以爱国主义基地为依托的教育课堂。爱国主义作为一种崇高的精神境界，本身具有一定的抽象性；而爱国主义教育的目标及意义，则要求它的内容具有实效性、可信性。爱国主义教育示范基地融具体、形象、真实为一

① 即爱祖国、爱人民、爱劳动、爱科学、爱社会主义。

体，是承载爱国主义、革命传统和民族精神的宝贵资源。因此，改革开放以来，党和政府非常重视利用爱国主义教育基地对中小学生进行生动形象的爱国主义教育。1995年3月，民政部确定了第一批（100处）爱国主义教育基地。1996年11月，国家教委、民政部、文化部、国家文物局、共青团中央、解放军总政治部决定命名和向全国中小学生推荐100个爱国主义教育基地。1997年7月，中宣部向社会公布了首批100个爱国主义教育示范基地，并以此影响和带动全国爱国主义教育基地的建设。2001年，中宣部又公布了100个全国爱国主义教育示范基地。2005年，为纪念中国人民抗日战争胜利60周年，迎接即将到来的中国工农红军长征胜利70周年，中宣部公布了第三批全国爱国主义教育示范基地名单，这批示范基地共66个，内容十分丰富，地域分布广泛。在中华人民共和国成立60周年之际，为了进一步推动爱国主义教育基地建设，更好地发挥爱国主义教育基地作用，更加深入地开展群众性爱国主义教育活动，中宣部又公布了第四批共87个全国爱国主义教育示范基地。在爱国主义教育基地建设的同时，党和政府又下达相关的文件，要求各地有关部门和各示范基地不断提高示范基地工作的水平，发挥好爱国主义教育基地的作用，增强爱国主义和革命传统教育的效果。应该说，尽管由于多种因素特别是经费方面的影响，爱国主义教育基地效能的发挥还受到限制，但总体来说，在党和国家对爱国主义教育基地建设的重视下，中小学生爱国主义教育基本形成了以爱国主义教育基地为依托的教育课堂。

第二，基本建立了升降国旗的爱国主义教育制度。国旗是国家的象征和标志，任何组织和公民都要维护国旗的尊严。爱国主义教育要特别注重培养中小学生对国旗、国歌、国徽的敬畏感。新中国成立以来，党和政府非常重视在中小学生中进行国旗、国歌、国徽意识教育。1951年11月3日，教育部就颁发了《各级学校升降国旗办法》。规定各级学校要在国庆节、劳动节、新年元旦及其校庆日，中等以上学校还要在青年节，小学还要在儿童节举行升降国旗仪式。1990年8月，国家教委又发出《关于施行〈中华人民共和国国旗法〉严格中小学升降国旗制度的通知》，要求各地中小学在升降国旗时，除要严格按《国旗法》中有关条款的规定执行外，结合中小学的具体情况，应做到升旗仪式在每周一早晨举行（寒暑假除外，遇有恶劣天气可不举行），重大节日或纪念日应举行升旗仪式，举行升旗仪式时，在校的全体师生参加，整齐列队，面向国旗，肃立致敬等。此后，中共中央颁布《爱国主义实施纲要》，规定全日制中小学应坚持升降国旗的制度，并提倡学校在开学典礼、毕业典礼、运动会等大型集体活动中举行庄严、隆重的升旗仪式。根据这些文件的要求，全国各地中小学也都逐步建立了升降国旗的爱国主义教育制度。它们不仅把升旗仪式作为开展经常性爱国主义教育的重要形式，认真落实升降国旗制度，而且把以爱国主义教育为主要内容的国旗下讲话作为必要的环节规定下来。

第三，基本形成了适应社会热点的爱国主义教育机制。结合社会热点进行爱国主义教育，既是爱国主义教育现实适应性原则的体现，也是社会对爱国主义教育提出的必然要求。利用社会热点进行爱国主义教育，也是我国中小学生爱国主义教育的一种重要形式。早在新中国成立初期的关于抗美援朝的爱国主义教育，就是利用社会热点问题对中小学生进行爱国主义教育的成功典范。即使在“文化大革命”这个对学校教育破坏严重的运动中，党和政府利用社会热点问题激发中小学生的民族自尊心、自信心的爱国主义教育，比比皆是。比如在1969年苏联入侵我国珍宝岛的事件中，对人们进行的爱国主义教育；在1970年庆祝我国第一颗人造卫星成功发射时进行的爱国主义教育；1973年我国第一台集成电路电子计算机试制成功、第一次氢弹成功试验等，都激发了人们的爱国主义热情。在社会主义建设的新时期，党和政府更是适时发出通知，要求结合社会热点问题对中小学生进行爱国主义教育。如1990年在纪念鸦片战争150周年期间，教育部同广播电影电视部、文化部也于5、6月举办“爱国主义教育电影月”活动。活动中，数以千万计的中小学生观看了《林则徐》等28部故事片和《近代春秋》（1~8集）纪录片。1995年，教育部下发《关于以抗日战争和世界反法西斯战争50周年为题深入进行爱国主义教育的通知》，要求对中小学生进行爱国主义教育，并对这项活动的主题、形式、教育目的和应注意的问题提出了意见。2006年，为纪念红军长征70周年，全国各地中小学又开展了“重走长征路，弘扬长征精神”的活动。2007年11月13日，《新华日报》头版报道《南京千名中学师生行军25000米纪念长征70周年》，就是这一活动的代表之一。

第四，探索了爱国主义教育的课程建设。课程是学校对学生进行爱国主义教育的主要渠道，合理有效的课程体系是保证学校爱国主义教育充分且必要的条件。新中国成立以来，对学校的爱国主义教育课程设置的探索，从来就没有停止过。1951年6月23日，教育部发出的《关于改定中学政治课名称和教学时数及教材的通知》，提出为了有系统地通过各科教学进行爱国主义的思想政治教育，决定在初中一、二年级停开政治课，初三开“中国革命常识”；高一、二年级开设“社会科学基本知识讲座”，高三开设“共同纲领”。1982年5月，教育部颁发《全日制五年制小学思想品德课教学大纲（试行草案）》，指出思想品德课着重在小学生中培养爱国主义、集体主义精神和主人翁精神。1987年8月，国家教委转发《全国乡土教材工作会议纪要》，要求在中小学增加联系本地社会经济、文化建设实际的教学内容，加强学生的爱国主义教育。1990年，滕藤在《关于加强高校马克思主义理论教育的几个问题》的讲话中指出，应加强中学历史课的教学；并进一步指出，发扬爱国主义精神，激发青少年的民族自尊心和民族自豪感，对自己的祖国的历史和国情却不甚了解，甚至连历史朝代都弄不清楚是不行的。邹时炎在《加强学校国防教育，培养社会主义事业的接班人》的讲话中指出，在各级各类学校开展国防教育，不仅可以激发青少年学生的爱国热情，树立为实现我国工业、农业、科学技术和国防现代化而努力学习的正确目的，促进他们德、智、体全面发展，立志献身于伟大的社会主义建设事业，而且对于向中国人民解放军提供合格的后备兵员也起着十分重要的作用；并指出，要通过深入持久的国防教育，使我们的下一代深明“天下兴亡，匹夫有责”的大义，懂得居安思危的道理，从而热爱社会主义祖国、热爱中国共产党、热爱人民军队。2001年6月8日，教育部印发《基础教育课程改革纲要》，对义务教育课程设置及比例进行了规定。其中品德与生活、品德与社会、思想品德的课程占九年课时总计（比例）7%~9%，社会与历史占3%~4%。尽管到目前为止，关于爱国主义教育的课程设置还没有系统化、专门化，而且关于爱国主义教育学科渗透也没有可行的标准，但是，新中国成立以来关于爱国主义教育的课程设置的探索过程，无疑为我们进一步探讨和设置爱国主义教育课程提供了宝贵的经验，积累了丰富的资料。

（二）无论时代如何变化，爱国主义教育始终是学校德育的首要目标和重要内容

爱国主义教育是全民教育，重点是广大青少年。这不仅因为青少年学生是祖国建设和民族伟大复兴的未来力量，他们是否爱国直接关系到国家的前途与命运，而且因为青少年学生正处于世界观、人生观、价值观的形成时期，具有很大的可塑性。在学校德育工作中始终以爱国主义教育为主线，致力于培养学生的爱国之情、报国之志、效国之行、建国之才，无疑具有重要的战略意义。为此，党和国家自新中国成立以来就一直强调把爱国主义教育作为学校德育的首要目标加以重视。综观新中国成立以来的有关中小学德育的暂行规程和德育大纲乃至学生守则，我们都不难发现，无论学校德育目标在如何表述，培育学生的爱国主义品德始终是学校德育的首要目标。如1952年3月教育部颁发的《小学暂行规程（草案）》《中学暂行规程（草案）》中，小学生的德育目标是使儿童具有爱国思想、国民公德和诚实、勇敢、团结、互助、遵守纪律等优良品质；中学生的德育目标是发展学生效忠祖国、为人民服务的思想，养成其爱祖国、爱人民、爱劳动、爱科学、爱护公物的国民公德和刚毅、勇敢、自觉遵守纪律的优良品质。1963年3月，中共中央颁布的《全日制小学暂行工作条例（草案）》总则、《全日制中学暂行工作条例（草案）》总则也规定，全日制小学学生的培养目标是使学生具有爱祖国、爱人民、爱劳动、爱科学、爱护公共财物等品德，拥护社会主义，拥护共产党；中学生的培养目标是使学生具有爱国主义和国际主义精神，具有共产主义道德品质，拥护共产党的领导，拥护社会主义，愿意为社会主义事业服务，为人民服

务；逐步培养学生的工人阶级的阶级观点、劳动观点、群众观点、辩证唯物主义观点。改革开放初期所制定的教育计划，如 1978 年 1 月颁发的《全日制十年制中小学教育计划（试行草案）》、1981 年颁发的《全日制六年制重点中学教育计划（试行草案）》也明确规定，全日制中学的培养目标是：要使学生具有爱国主义精神，培养共产主义道德品质，逐步树立无产阶级世界观和人生观，立志为人民服务，为实现祖国的社会主义现代化服务。1988 年 12 月，《中共中央关于改革和加强中小学德育工作的通知》中也进一步强调，中小学德育工作的基本任务是把全体学生培养成为爱国的具有社会公德、文明行为习惯的遵纪守法的好公民。1988 年试行、1993 年正式颁发的《小学德育纲要》规定小学阶段的德育目标是：培养学生初步具有爱祖国、爱人民、爱劳动、爱科学、爱社会主义的思想感情和良好品德。1988 年试行、1995 年正式颁发的《中学德育大纲》规定初中阶段的德育目标是要使初中生热爱祖国，具有民族自尊心、自信心、自豪感，立志为祖国社会主义现代化努力学习；高中阶段的目标是要使学生热爱祖国，具有报国精神，拥护党在社会主义初级阶段的基本路线，初步树立为建设中国特色的社会主义现代化事业奋斗的理想志向和正确的人生观，具有公民的社会责任感。

德育目标规定的德育的方向性和期望达到的目的，必然要通过一定的手段和路径才能实现。与德育目标的相关规定相一致，爱国主义教育也一直是学校德育的重要内容。早在 1954 年 6 月，政务院发布的《关于改进和加强中学教育的指示》就规定，政治思想教育应根据学生现有的思想状况，继续努力培养爱祖国、爱人民、爱劳动、爱科学、爱护公共财物的国民公德，并强调在当时应特别注重加强爱国主义教育。改革开放以后，党和国家不仅继续强调要突出爱国主义教育在学校德育的重要地位，而且专门制定颁布《爱国主义教育实施纲要》，对爱国主义教育的目的意义、基本原则、主要内容、教育对象、教育途径和领导力量做出系统的规定，并发出《关于贯彻〈爱国主义教育实施纲要〉的通知》强调，爱国主义教育是学校德育的重要内容，各级教育部门和各级各类学校要认真学习《爱国主义教育实施纲要》，并结合《中共中央关于进一步加强和改进学校德育工作的若干意见》以及国家教委颁发的《中小学加强中国近代、现代史及国情教育的总体纲要》等文件，尽快形成以中国近、现代史和国情教育为依托，贯穿幼儿园和小学、中学、大学各教育阶段的，由浅入深的爱国主义教育系列，要按照《爱国主义教育实施纲要》的要求，把爱国主义教育贯穿到课堂教学之中。而随着改革开放的深入和中国经济社会矛盾的凸显，特别是经济政治生活领域出现的道德失范、精神沦丧现象，进入21世纪后的国家又出台了一系列政策，强调加强以爱国主义为核心的学校德育。如2001年6月8日教育部印发《基础教育课程改革纲要》，规定基础教育目标要使学生具有爱国主义、集体主义精神，热爱社会主义，继承和发扬中华民族的优秀传统和革命传统。2004年2月1日印发《中共中央、国务院关于进一步加强和改进未成年人思想道德建设的若干意见》，规定未成年人思想道德建设的主要任务之一，是从增强爱国主义情感做起，弘扬和培育以爱国主义为核心的伟大民族精神。

（三）爱国主义教育必须服从并服务于社会主义政治经济文化建设的阶段性任务

新中国成立以来，虽然在不同的社会主义建设阶段有着不同的思想的、政治的、道德的建设任务，但总体来说，学校爱国主义教育始终是围绕社会主义现代化建设阶段性任务而开展的教育活动。在新中国成立之初，提高人民的文化水平，培养国家建设人才，肃清封建的、买办的、法西斯主义的思想，发展为人民服务的思想，是当时人民政府的文化教育工作的重点，所以各级政府和教育部门在规定爱国主义教育的主要任务是，都是围绕这一重点展开的。如1951年湖北省文教厅召开全省的第一次文教会议中就明确指出，当前爱国主义思想教育的主要任务是，肃清封建买办、法西斯主义思想，树立为人民服务的思想，实施“五爱”公德教育。随着国民经济的好转和建设社会主义的形势要求，这一时期的爱国主义教育主要是适应社会主义现代化建设这一要求。如1954年4月政务院发布《关于改进和加强中学教育的指示》，就强调爱国主义教育是要培养学生对祖国的热爱和献身于祖国社会主义建设事业的志愿，要加强国家观念、个人利益服从国家利益的观念和国际主义精神的教育。在改革开放初期，社会主义现代化建设任务转向以经济建设为中心和改革开放，此时的爱国主义教育主要是围绕贯彻中共十一届三中全会精神，而对学生进行坚持社会主义道路、坚持人民民主专政、坚持中国共产党的领导，坚持马克思列宁主义毛泽东思想四项基本原则的教育，旨在把青少年培养成为热爱社会主义祖国，忠于无产阶级事业，有远大革命理想，有共产主义道德品质的，有理想、有道德、有文化、有纪律的社会主义一代新人。如1988年12月25日《中共中央关于改革和加强中小学德育工作的通知》和1995年2月27日国家教委正式颁布的《中学德育大纲》都指出，中小学德育工作的基本任务是把全体学生培养成为爱国的具有社会公德、文明行为习惯的遵纪守法的好公民。在这个基础上，引导他们逐步确立科学的人生观、世界观，并不断提高社会主义思想觉悟，使他们中的优秀分子将来能够成长为坚定的共产主义者。2001年年底中共中央办公厅、国务院办公厅印发的《关于适应新形势进一步加强和改进中小学德育工作的意见》，也规定中学德育工作的基本任务是把学生培养成为热爱社会主义祖国的具有社会公德、法制意识、文明行为习惯的遵纪守法的公民，引导他们逐步树立正确的世界观、人生观和价值观，不断提高爱国主义、集体主义、社会主义觉悟，为他们中的优秀分子将来成长为共产主义者奠定基础。

（四）中小学爱国主义教育要取得成效，需要重视学校的日常教育

学校是对中小学生进行教育的重要场所，必须重视学校日常的爱国主义教育，特别是要发挥好课堂教学主渠道的作用，才能有所成效。综观新中国成立以来的中小学生爱国主义教育取得显著成效的时期，都跟学校日常教育的开展分不开。学校日常的爱国主义教育，主要体现在以下几个方面：一是通过课堂教学进行爱国主义教

育。从《爱国主义教育实施纲要》颁布以来，各地各级教育部门和中小学校就开始探讨如何利用课堂进行爱国主义理论和实践教育的问题。从期刊网论文来看，有专门探讨政治课、历史课这些爱国主义教育主干课程如何更好发挥爱国主义教育功能的研究，也有关于如何在语文、数学、地理、英语、计算机等其他学科进行爱国主义教育渗透的研究。从教材的编撰来看，新中国成立以来特别是2003年中小学课程改革后，已经形成了包括品德与心理、品德与社会等一系列与各不同年龄段学生相匹配的政治教材，以及民族精神等地方课程教材。理论的研究和教材的建设无疑保障了学校爱国主义教育日常开展。二是通过升国旗进行爱国主义教育。自1990年国家教委发出《关于施行〈中华人民共和国国旗法〉严格中小学升降国旗制度的通知》以来，举行升国旗仪式已成为各地各级中小学日常爱国主义教育的重要制度。每周一的早上，中小学生身着统一的校服，行着注目礼庄严地看着国旗在嘹亮的国歌声中冉冉升起，然后再聆听一篇励志的国旗下讲话，这已成为中小学生日常学习活动的一部分。三是通过参观访问活动开展爱国主义教育。每一年的春季和秋季，中小学校都会借春游、秋游活动举行旨在培养学生热爱祖国的参观访问。同时，还会利用清明节等节日，举行瞻仰烈士陵园、学习烈士精神的扫墓活动等。这也已经成为学校日常教育活动的重要组成部分。从一定意义上说，进入21世纪后的中国青少年所表现出来的为世界所震惊的爱国激情，是与学校日常爱国主义教育的一贯实施分不开的。

（五）中小学爱国主义教育要取得成效，需营造良好的爱国主义教育社会氛围

中小学爱国主义教育作为精神文明建设的重要内容，是一项社会系统工程，需要社会各界的共同营造一种浓郁的爱国主义氛围，使中小学生在社会日常生活的各个方面，都能随时随处受到爱国主义思想和精神的感染、熏陶。综观新中国成立以来中小学生爱国主义教育的整个历程，我们不难发现良好的社会氛围也是中小学生爱国主义品德提升的重要保证。比如新中国成立初期的中小学生爱国

主义教育成效的取得，基本上都是因为当时有着以爱国主义为主旋律的强烈社会氛围。进入21世纪后的中小学生爱国主义教育成效的取得，也跟21世纪以来营造的以爱国主义为主旋律的强烈社会氛围分不开。因此，要使中小学生爱国主义教育卓有成效，必须利用报纸、刊物、广播、电视、网络等现代传播媒介开设专栏、专题刊登和播发爱国主义教育的文章，并运用各种新闻和文艺形式，宣传富有爱国主义精神的先进人物和先进事迹，宣传社会主义建设事业的成就和经验，宣传中华民族的奋斗历史、光荣传统和灿烂文化，特别是抓住有利于振奋民族精神的重大事件，形成爱国主义宣传的高潮。同时，也应该利用重要法定节日、各民族传统节日，特别是中小学生喜欢的节日，组织中小学生喜闻乐见的庆典活动、纪念活动，使他们在娱乐身心的同时又接受爱国主义教育。

第二章　中小学生爱国主义教育的现实境遇

中小学生爱国主义教育的现实境遇，是指我国中小学生爱国主义教育由于历史原因和时代变化而面临的各种现实问题的综合，它既是中小学生爱国主义教育亟待解决的问题，也是加强和完善中小学生爱国主义教育所要寻求的现实起点。本章试图从经济全球化、社会主义市场经济、信息化和应试教育的背景下，研究我国中小学生爱国主义教育在改革开放的新时期，特别是 21 世纪以来所面临的机遇和挑战，找出当前中小学生爱国主义教育的现实起点。

一、经济全球化背景下我国中小学生爱国主义教育的机遇和挑战

经济全球化是一种跨越民族国家政治疆界的经济活动的扩展，表现为世界经济中各国的经济开放度增加和相互依赖关系的加深，它强调生产要素在世界范围内的自由流动和合理配置，逐步以至最终完全消除国家之间的各种壁垒，使其相互渗透，相互影响，从而实现经济上的世界一体化①。但是，经济全球化本质上是西方发达国家主控的资本全球化，同时，这些发达国家凭借其先进的科学技术和强大的经济实力，也在对广大发展中国家进行政治、文化等方面的渗透与扩张，对发展中国家的政治、文化、教育等上层建筑产生了极大的影响。因此，作为对中小学生进行传承民族历史文化和弘扬民族精神教育的重要手段，中小学生爱国主义教育在经济全球

① 韩保江：《全球化时代》，四川人民出版社 2000 年版，第 6 页。

化背景下，也是机遇与挑战并存。

（一）经济全球化带给我国中小学生爱国主义教育的机遇

以社会分工和科技革命浪潮推动的经济全球化，在第二次世界大战后，正以迅猛之势发展。在经济全球化的趋势中，世界各国之间的相互联系和相互依赖日益加深，即便是朝鲜这样封闭的国家，也在逐步开放。在世界的交流与互动中，国家所面临的不仅有经济发展的机遇，也有爱国主义教育方面的积极影响。

1. 经济全球化带来的世界范围交流与互动，为中小学生爱国主义教育打开了新的视野

尽管许多发展中国家的学者认为，经济全球化是发达资本主义国家向全球极力推动的资本扩张，并对其抱着怀疑甚至敌视的态度，但是，全球化既是世界发展的现实趋势，也是历史发展的必然进程。对于这一点，马克思恩格斯早在《共产党宣言》中就论述过："资产阶级，由于开拓了世界市场，使一切国家的生产和消费都成为世界性的了……过去那种地方的和民族的自给自足和闭关自守状态，被各民族的各方面的互相往来和各方面的互相依赖所代替了。物质的生产是如此，精神的生产也是如此。"① 因而忽略经济全球化带来的世界范围的相互依存和联系、交流与互动，都是不理性的。世界大门的打开，使得不同国家的文明真实地展现在人们面前。面对迥然不同的他国文明，人们不仅能够亲身感受、体会不同国家文明的差异和优劣，同时也需要以更加宽容的心态，去接受和吸收他国文明。在民族文化的碰撞与交锋中，也更需要理性的态度和开放的心态。一些全球经济发展中所出现的各种问题，如能源、疾病、气候等的处理，也需要有世界主义的情怀和对全人类的关怀。这一切，都带给爱国主义教育新的视角，要求爱国主义教育既要立足本国利益，维护本国经济、政治、文化安全，又要有世界视阈，关爱全人类，胸怀全世界；要求人们在处理国家与个人、民族

① 《马克思恩格斯选集》第1卷，人民出版社1995年版，第276页。

与世界的关系时，应该把国家利益放在个人利益之上，综合权衡、考虑国家利益与世界利益。

2. 经济全球化带来的经济发展和科技进步，有利于中小学生爱国主义教育条件的改善

与其他的教育实践活动一样，爱国主义教育也需要借助于一定的条件，包括硬条件（物资设备、基础设施）和软条件（文化条件、技术条件）。随着全球化的深入，即使是坚持意识形态不同的国家，也都理性地认识到，合作与互赢是谋求本国发展不可忽视的最基本条件。在合作互赢的理念下，世界各国都从本国本民族利益出发，抓住全球化机遇，加强经济合作和高科技领域的合作。据相关资料显示，近年来，中国在亚洲国家和地区的投资，平均每年以20%的速度增长，而境外资金在中国大陆的投资，62%都来自亚洲其他国家和地区的直接投资，具有很大的互补性。这种态势在客观上促进了中国与其他国家的良好经济合作关系。而随着经济发展而逐渐强大的国家实力，客观上又为文化、教育等提供了强有力的物质支撑。特别是随着高科技领域的交流与合作，新技术特别是网络技术的运用，不仅使当前的爱国主义教育置身于全球视阈中，教育手段得以改进，也使爱国主义教育的文化环境、政治环境发生了复杂的变化。在这复杂的环境中，存在着大量的教育素材和资源。这些教育素材和资源如果得到良好的运用，无疑有利于中小学生的爱国主义教育。

（二）经济全球化带给我国中小学生爱国主义教育的挑战

随着经济全球化趋势加深，中国在改革开放中与世界联系更加紧密的同时，众多社会思潮也随之涌入或萌发，从而使社会文化呈多元化趋势。各种社会思潮以文化的形式渗透在人文社科的多个领域，与社会历史、现实相搅和，影响着整个社会的价值观，从而给中小学生爱国主义教育带来一系列的新课题。

1. 如何引导中小学生正确处理民族自尊和民族身份认同问题

爱国主义教育作为关于爱国主义的思想教育，尽管也强调进行胸怀世界、兼顾世界利益并能超越狭隘民族主义的爱国情感、行为、思想观念和精神的教育，但是在与自己的祖国发生联系时，最关键的还是培养人们的民族自尊心、自信心和自豪感，并使他们能为民族国家而努力奋斗。所谓民族自尊心，是一个民族保持自己尊严的强烈情感。它要求本民族的每一个成员都自觉地维护祖国的荣誉和尊严，维护国家的国格和个人的人格，既不允许自身做出有损于民族尊严的事情，也不容许别的民族的侵犯、歧视和对本民族尊严的侮辱。民族自豪感是因本民族具有优良传统和品格，或因理解自己国家和民族所取得的伟大成就而产生的一种神圣情感。它是一个民族生气勃勃、奋发向上的精神面貌，也是激励这个民族广大成员同祖国荣辱与共、患难相依的内在动力。民族自尊心和自豪感是爱国主义深厚感情的集中反映，都表现为一种强烈的民族尊严意识。一个真正的爱国主义者不管自己的祖国和民族处于什么状况，总会表现出对自己祖国和民族的自豪感：当祖国强盛时，为祖国的繁荣昌盛而自豪；当祖国遭到外辱时，为维护祖国的尊严而自豪；当祖国发展受到障碍时，为全国人民变革图强、革新进取而自豪。民族自尊心和自豪感，首先应该建立在对民族国家的认同感的基础上。而在经济全球化背景下，随着新自由主义思潮①的蔓延，一些否定爱国主义的思潮也开始泛滥。在西方国家，一些主导西方舆论和学术思想的权威学者纷纷放言“民族国家的时代已经过去”，“民族国家的传统思维方式、行为模式已经过时”，“在这个相互依赖的世界里，主权不再有严格的宪法性解释”，等等②。国内一部分人，也日益抛开国家主权意识而赞成所谓的全球认同，认为应当

---

① 新自由主义是在亚当·斯密古典自由主义思想基础上建立起来的一个新理论体系。它实际上是适应国家垄断资本主义向国际垄断资本主义转变的理论思潮、价值体系和政策主张。新自由主义在经济理论方面，主张“自由化”、全面私有化和市场化；在政治理论方面，全面否定公有制，否定社会主义，否定国家干预；在战略和政策方面，它极力鼓吹以超级大国为主导的全球经济、政治、文化一体化，即资本主义全球化。

② 王奇：《经济全球化时代的爱国主义需要现代理性》，载《河南社会科学》2005年第1期。

用地球村意识取代国家民族意识。这种民族国家认同危机现象，不仅动摇了人们长期以来根深蒂固的尽忠民族国家的观念，而且淡化了人们为国奉献的意识，减弱了人们的国家安危意识，特别是弱化了人们对民族历史文化的认同。历史文化认同与爱国主义品德的关系，就像做泡菜的原理，泡菜的味道怎样，全看泡菜的水的质地。是爱国还是不爱国，关键是看人们平时浸染在什么样的文化中，以及其对什么文化有认同感。这种种危机现象反映在中小学生身上，就是相当一部分中小学生认为，全球化背景下可以不要国家，甚至在民族身份认同问题上，都出现了偏差。如根据我们的调查，让中小学生回答“假设你可以重新选择国籍，你最想选择哪个国家的国籍”时，就有 18.4% 的人选择了“韩国”，4.9% 的人选择了“日本”，还有 15% 的人选择了“美国”，6.3% 的人选择了“其他”，占了总数的 44.6%。而且，随着调研对象年龄的增长，自小学三年级至高中三年级，想做外国人的比例也随之增长，由 22.1%增长到 47.1%①。这些为数不少的根本就不在乎自己是不是中国人和少部分耻于做中国人的学生，尽管他们的理由很多，如认为中国人不讲文明，有很多陋习，国外的生活环境好、福利待遇高等，但从本质上来说，依然是对中国的民族国家认同感不够。可见，在经济全球化背景下，如何培育中小学生的民族国家认同感，使他们正确处理民族自尊和民族身份认同问题，是一个非常现实的课题。

2. 如何培育中小学生的理性爱国主义

爱国主义是人们在长期的共同生活中所产生的一种对本民族语言、文化、生活习俗、价值理念等的热爱之情，它首先表现为维护本国、本民族的利益。民族和民族主义就是基于共同的利益伴随国家的形成而产生的，它与爱国主义有着天然的、不可分割的联系。而爱国主义是对一个人所属的国家或群体的热爱，对其社会制度的认同，是一种所有人公认的思想情感。一般来说，爱国主义在拥有对国家的积极认同和对祖国同胞的特殊关切的同时，并不排斥

① 参见本书附录《关于我国中小学生爱国主义教育现状的调查报告》。

“他者”。这是爱国主义与民族主义的最大区别，因为如果没有对“他者”的贬抑，民族主义就没有对自身的积极认同①。民族主义重要代表人物王小东指出，民族主义是强化民族自尊心、自强心和自信心的最有力工具，在维护民族独立，唤起人们维护国家主权、统一和领土完整，保存民族的文化传统方面，具有重要的作用，但狭隘民族主义的爱国心，容易使人们不能客观理性地对待祖国的文化和文明，容易产生盲目自大的排外心态，或者纠缠于历史恩怨，产生过于敏感、敌意的报复心态②。在经济全球化进程中，中国的民族主义思潮从20世纪90年代开始，就以一种独立的话语姿态出现在学术界，且伴随着一次又一次的民族主义运动，影响着社会生活的诸多方面。这一影响体现在中小学生身上，就表现为不能正确地认识爱国主义，不知道如何理性地表达爱国主义。比如，一部分学生认为，爱国就是对外强硬，爱国就是排斥外国的一切文明，抵制外来商品，甚至认为爱国就是不择手段的激情表达。而事实上，随着世界交流与合作的日益密切，国与国之间的摩擦和冲突必然不可避免。这些摩擦和冲突产生的原因是多样的，如果只是由误会、价值观的不一致等原因造成的摩擦和冲突，而且冲突方的力量比我们强大或势均力敌时，强硬的姿态只会让我们付出更大的代价，这就很难称得上是爱国了。而抵制外来商品，从表面上看似乎在维护民族利益，实则不然。在经济全球化的今天，国与国之间的经济互动绝大多数情况下是“双赢”的。盲目抵制外来商品，回到闭关锁国的状态，实际上就是把自己关在了世界文明大潮之外。因此，一个理性的国家，不仅要与其他国家进行友好经济合作与交流，而且要会化敌为友，不能用谩骂诅咒的方式来表达爱国激情。因为谩骂诅咒不仅削弱了爱国的力量，而且损害了祖国的形象。因此，如何使广大中小学生明

① 潘亚玲：《爱国主义与民族主义辨析》，载《欧洲研究》2006年第4期。

② 陈学明：《当代中国民族主义思潮研究综述》，载《广东省社会主义学院学报》2006年第1期。

白，爱国诉求需要激情，但激情不能压倒理智，爱国可以通过多种渠道表达，但一定不能离开理智和远见，是中小学生爱国主义教育必须面对的重要问题。

3. 如何引导中小学生正确认识爱国与爱党爱社会主义关系的问题

爱国主义这个表示对祖国无限热爱的概念，是一个历史的具体的范畴，是与具有一定社会制度的祖国相联系的。在祖国发展的不同历史时期，爱国主义的内容和表现形式是不同的。在今天的中国，爱祖国不仅是爱它的悠久历史、灿烂文化和大好河山，更重要的是要热爱社会主义制度。因为中国走社会主义道路，是依据1840年到1949年全部历史所作出的结论，是中国人民在艰苦卓绝的革命实践中作出的最佳选择。只有把爱国主义引上社会主义道路，中华民族才能真正屹立于世界民族之林。爱国不仅是与爱社会主义相统一的，还应与爱党相统一。中国共产党从成立之日起，就始终代表最广大人民的根本利益，以服务于人民为根本宗旨，把共产主义作为最高奋斗目标，通过艰苦卓绝的抗战为人民争来当家作主的权利。在此过程中，中国共产党始终赢得广大人民群众的拥护和爱戴，党群关系鱼水情深。本来，在当代中国，爱国、爱党与爱社会主义是具有一致性的。但是，在经济全球化背景下，国内泛起的历史虚无主义思潮，以“重新评价”为名，用虚无主义的态度对待近现代中国的历史，歪曲革命的历史、社会主义的历史和共产党的历史，“虚无化”中国人民的革命运动、中国共产党的领导、马克思主义的指导、社会主义制度和人民民主专政，以便达到否定共产党的领导和社会主义制度的目的。而民主社会主义思潮也竭力歪曲马克思主义，企图从根本上否定马克思主义，否定马克思主义和科学社会主义存在的合理性。这些思潮所推崇的价值观，与中国社会发展中的许多现实问题，如腐败、生命安全、教育公平、就业等混杂在一起，严重地冲击着人们关于爱国与爱党爱社会主义相统一的传统观念。这一影响反映在中小学生身上，最典型的体现就是，部分中小学生标榜自己是爱国的，但爱国与爱党、爱社会主义是分开的。比如在调查中，就有13.8%的同学表示同意“我爱国，但不爱社会主义”的看法，21.1%的同学表示不知道①。

二、社会主义市场经济条件下我国中小学生爱国主义教育的机遇和挑战

新时期以来，在和平与发展成为时代主题的国际背景下，我国经济社会发展也一直定位于坚持改革开放与中国特色社会主义建设。从1978年党的十一届三中全会提出改革开放和以经济建设为中心，到目前我国已经建立起比较完善的社会主义市场经济体系，已经走了30多个春秋。伴随着改革开放特别是社会主义市场经济的发展，我国社会经济、政治、文化、科技、教育等各方面在取得举世瞩目的伟大成就的同时，社会结构和思想观念也发生了深刻变革，这些都无疑会给中小学生爱国主义教育带来不可忽视的影响。

（一）社会主义市场经济对中小学生爱国主义教育的积极影响

改革开放30多年，特别是自20世纪90年代发展社会主义市场经济以来，我国经济发展不仅实现了与国际市场的接轨，进一步提高了改革开放的层次与水平，而且在与世界各国合作互赢的发展中，取得了举世瞩目的成就。这些都无疑为中小学生的爱国主义教育创造了良好的条件。

1. 社会主义市场经济以来的巨大成就，丰富了中小学生爱国主义教育的素材

改革开放30多年来，我国社会经济、政治、文化、科技、教育等各方面都取得了巨大的成就。这些成就主要体现在：一是经济保持平稳快速增长，人民生活水平大幅提高。改革开放以来，我国经济基本保持了9.8%的年均增长速度，其中，在2003年至2008年，我国经济一直保持两位数的增长速度。尽管目前国际金融危机的阴霾仍然存在，我国经济还将保持在7%左右的增长速度。随着

① 参见本书附录《关于我国中小学生爱国主义教育现状的调查报告》。

经济的平稳增长，我国的经济实力也大幅度提高。目前，我国经济总量已经超过德国，位居世界第二。同时，因为取消了农业税、牧业税、特产税等税目，农民的生产积极性大大增强，粮食产量连年增长。工业尤其是制造业生产也发展快速，中国制造已成为世界公认的品牌。国际贸易也增长迅速，2006 年中国对外贸易总额就已经位居世界第三位，外汇储备跃居世界第一。在经济快速增长的同时，城乡居民的生活水平也大幅度提升。自 2002 年以来，我国城镇居民人均可支配收入年均增幅在 7%以上，农民人均纯收入也以年均 6%以上的速度增长。城镇就业人数持续增加，社会保障进一步加大力度，全国农村已经普遍推行了农民最低生活保障制度，参加各项社会保险的人数也大幅度增加。二是教育、科技、文化、卫生等各项社会事业发展迅速，人民素质显著提升，精神生活更加丰富多彩。从 1978 年恢复高考至今，我国已有超出 7000 万的人受过高等教育，其中科技人力资源总量居世界第一位，约为 3500 万人；我国体育事业也蓬勃发展，自 1984 年许海峰摘得中国奥运首枚金牌后，中华体育健儿不断创新世界奥运会奖牌榜，2008 年北京奥运会上获得金牌总数 51 枚，创下奥运会金牌榜世界第一位的好成绩；我国航天事业也蒸蒸日上，从 1979 年远程火箭发射试验成功，到 21 世纪“神舟七号”“神舟八号”“神舟十号”等载人飞船升天和“嫦娥一号”探月工程成功实施，都表明我国在航天领域已经处于强国地位。社区卫生服务以社区卫生服务中心为主，社区卫生服务站为辅，医疗诊所医务室为补充，在大中型城市基本形成了较为完整的社区卫生服务体系。与此相适应，居民的精神生活更加多姿多彩，娱乐、休闲、文化等方面的支出也快速增加。三是我国综合国力、国际地位和影响力显著提升，人们的自信心、自豪感也大幅增加。以上各项成就不仅彰显了我国改革开放和全面建设小康社会的成功，也是我们中国特色社会主义事业充满希望的见证，当然也是当前中小学生爱国主义教育非常好的素材。

2. 中国经济与国际市场接轨，为中小学生爱国主义教育注入新的内容

2001 年 11 月中国正式加入世界贸易组织以来，中国的市场经济已经基本实现了与世界经济接轨。世贸组织的基本原则是市场经济和自由贸易，中国加入 WTO，从根本上说，就是要彻底与世界经济体系相融相合，遵守“游戏规则”，从中获益。这就意味着中国必须以更加开放的姿态面向世界，更加主动地与国际进行交流与合作，更加积极地参与国际竞争。从遵循国际经济贸易惯例，到适应并改变国际惯例，需要的是世界情怀。改革开放，和平发展，竞争合作，互利共生，分工协作，都是中国经济融入世界市场应该高度重视的。在这种背景下，中国的改革开放和市场经济，不仅要注重对民众进行民族自尊心、自信心、自豪感的教育，注重站在全球利益的视点进行国际主义与爱国主义相结合的教育，更要注重在世界市场中发展经济应该如何对待竞争与合作，如何维护国家经济安全、政治安全、文化安全、主权安全等的忧患意识教育。这无疑为中小学生爱国主义教育内容创新，提出了更为迫切的需要。

（二）社会主义市场经济带给中小学生爱国主义教育的挑战

市场经济也是一把双刃剑，在为中国经济社会发展带来繁荣富强的同时，也推动着中国社会结构和思想观念的深刻变革。这种变革不仅带来了利益格局的变化和阶层的分化，而且深刻地影响着人们生活方式的变化和行为选择的变化。这无疑也为当代中国中小学生爱国主义教育带来了一系列新挑战。

1. 如何对中小学生进行爱国主义与集体主义相结合的思想教育

20 世纪 80 年代以来的改革开放和社会主义市场经济体制的建立，是中国社会最伟大的变革。这一场变革，带来的不仅是一场生产力和生产关系的深刻变革，同时也是一场深刻的思想变革。20 世纪 80 年代以前，中国农村的人民公社和城市纯而又纯的公有制经济，把个人与国家、集体紧密联系在一起，每个人都只能在国家和集体中找到自己。而 20 世纪 80 年代以后，个体经济等非有公有经济的存在与发展，实际上是一个个人与国家、集体逐渐分裂的过程。在市场价值理念的规律下，自主经营、自负盈亏的相对独立的经济实体，往往把本单位、本部门甚至个人利益放在首位，以追求自身的微观效益、局部效益为主；个人则容易把社会生活商品化，往往只讲实惠不讲理想，只讲索取不讲奉献，甚至只讲金钱不讲道德。更严重的是，在金钱“万能”、“一切向钱看”等价值观念的支配下，一部分人忘掉了自己的社会职责和良好的人格，不择手段地追逐金钱，沦为拜金主义的奴隶。而爱国主义教育从深层意义上说，是一种强调集体主义为本位的价值观教育，因为爱国主义教育的根本目的是要凝聚社会力量，团结全体人民，为民族的伟大复兴而共同奋斗，只有当人们都具有以国家利益、集体利益为重的思想观念的时候，才有可能形成社会共同的凝聚力量。那些以个人利益为本位的价值观念的盛行，不可避免地会给中小学生爱国主义教育中的集体主义观念教育带来严重的挑战。而事实上，一部分中小学生的爱国主义行为已经有着明显的功利化倾向。比如，在我们的调查中，在涉及与个人利益相关的问题时，部分中小学生在选择上，越来越注重个人利益满足程度。如在回答选择其他国家国籍的理由时，有14.6 %的人选择了“较高的社会福利”，24.6%的人选择了“悠闲的生活方式”，47.1% 的人选择了“ 良好的生活环境”，还有13.7 %的人选择了其他，理由是其他国家没有应试教育，或者有良好的道德环境，或者想去别的国家学习他们所喜欢的专业，比如到日本学习动画。即使是那些选择中国国籍的人，也有5.8%的人是因为外语不好，不能适应外国生活。而且，学生的选择随着年级增长表现出功利化加强的趋势。①

2. 如何对中小学生进行艰苦奋斗、民族自强精神的教育

爱国主义教育的最终目的指向民族精神的振奋、国家的繁荣昌盛和人民的生活幸福。而国家的繁荣昌盛和人民的生活幸福，是要靠一代又一代人长期自强不息、艰苦奋斗的努力的。因此，爱国主义教育特别强调艰苦奋斗、民族自强精神的教育。然而，随着社会主义市场经济的繁荣发展，中国社会已经告别了短缺经济时代。出生在改革开放新时期的广大中小学生，大多是独生子女，在改革开

---

① 具体参见本书附录《关于我国中小学生爱国主义教育现状的调查报告》。

放和社会主义市场经济的机遇下，其父母大多通过各种路径，极力为他们创造一个不缺吃少穿的舒适的物质环境。市场经济条件下繁荣的市场，满足着他们吃喝玩乐的各种感官需求：放学之后，他们可以拿着父母给的钱，买他们想吃的食物、衣服，可以跟同学一起去想看的电影、动画，唱卡拉 OK，开生日派对，可以在家看电视、上网游戏，等等。习惯了这些生活的中小学生们，根本无法理解为什么要艰苦奋斗、自强不息。比如，笔者朋友家有一个正上初一的儿子，平时爱吃鸡和牛肉。有一次朋友做饭，来不及做他想吃的鸡和牛肉，儿子闹情绪。朋友就想对他进行艰苦奋斗教育，说在农村，好多孩子都没有肉吃，平时就吃红薯、土豆。儿子听了，非常不以为然地说："农村的孩子是因为穷不吃肉，我们家又不是没钱，能吃肉干吗非得要去吃红薯、土豆?"朋友非常无奈。这虽然是个案，但也真实地反映出了一个普遍的问题，就是如何对中小学生进行艰苦奋斗、民族自强精神的教育。

3. 如何对中小学生进行社会主义信念教育、对党和政府的信心和信任感的教育

在当代中国，爱国主义与社会主义在本质上是一致的。爱国必然涉及社会主义信念、对党和政府的信心和信任感问题。然而，社会主义市场经济和改革开放带来了实现人的利益最大化的机会，同时也使那些对社会资源占有很少或没有的绝大多数普通百姓，被甩在了社会边缘成为一个特殊的社会群体，即社会弱势群体。因为资源不均等，这个社会弱势群体不仅很少或难以享受到社会改革所带来的成果，而且要承受社会改革所带来的负面代价，如下岗、失业等。这样就有可能使社会弱势群体对社会主义市场经济和改革产生抵触情绪，这种抵触情绪如果得不到缓解和宣泄，不仅会阻碍他们参与和支持改革，影响他们努力工作的意愿和能力，还会影响他们对党和政府的信心和信任感及对社会主义的信仰。而在经济改革中，一些体制上的缺陷导致的社会不良现象和社会问题，也使人们对社会主义制度发生了质疑。还有一些意志薄弱的共产党员及干部利用手中的权力，任意侵害和践踏人民的利益和权益，贪污腐败，更是导致党群关系紧张，甚至使党群矛盾十分激烈和对立。当社会问题被人们拿来与党内腐败和社会主义体制串在一起时，直接引发的就是人们对党、对社会主义的不满，最突出的表现就是中国共产党在人民心目中的地位下降。再加上开放的国际环境中，以美国为首的西方国家在“民主”“自由”“人权”的幌子下，利用全球信息传播的网络化，一方面不断丑化和否定中国现行的社会制度和价值观念，另一方面大肆宣扬资本主义政治制度、价值观念、生活方式和西方文化的优越性，诱发中国人民对社会主义理想和信念的怀疑、疏离和隔膜，在情感上产生中国社会主义落后于资本主义的自卑感，失去民族自尊心。一些中国人特别是青年学生，由于理论素养和历史知识的缺乏及政治辨别力低下，就会从资本主义的经济繁荣和生活富裕，苏联社会主义的解体和世界社会主义的贫穷和落后的社会表象中给自己下一个结论——社会主义不一定比资本主义美好、社会主义不一定会战胜资本主义，从而动摇对社会主义的信念。这些价值观念通过各种路径传递给中小学生，尽管中小学生没有时间和机会去更多地表达他们的观点，但不可避免地会在其潜意识上产生影响。这一点我们可以从大学生的言论中得出结论。因为在我们的政治课上，有一部分大学生在讨论中国的一切问题时，无论他们是否真的了解，都是习惯性地去批判。这种批判的习惯思维，是在中小学时期就已经形成的。因此，如何对中小学生进行社会主义信念教育、对党和政府的信心和信任感的教育，如何引导中小学生正确认识爱国与爱社会主义、爱党的关系，也是中小学生爱国主义教育无法回避的重要现实课题。

三、信息化背景下我国中小学生爱国主义教育的机遇和挑战

现代数字信息技术的高速发展，特别是互联网和信息数字技术的广泛使用和日益普及，不仅深刻地影响着世界政治、经济、军事、科技、文化等，也对人们的思想观念和生活方式产生了巨大的影响。与此相适应，中小学生爱国主义教育在接受互联网等新媒体带来的积极影响的同时，也面对着一些挑战。

（一）信息化对中小学生爱国主义教育的积极影响

互联网以信息的数字化为基础，使用数字通信技术，运用音频、视频、文字、图像等多种方式，通过新型的、移动便捷的显示终端，依靠其高时效性、开放性、交互性、虚拟性的特征，传递知识、信息、娱乐服务和进行商业活动的强大功能，在提供广阔的空间和可利用的资源方面，对中小学生爱国主义教育产生了不可替代的积极影响。

1. 互联网拓展了中小学生爱国主义教育空间

自互联网出现以来，它就以一种难以抵挡的神奇力量，潮水般地席卷了整个世界。据中新网的报道，从1994年接入互联网以来，到2010年11月底，中国网民总数达到4.5亿人，成为世界上网民人数最多的国家①。在城市里，中小学生几乎每人拥有一部手机、一个QQ号、一个微博。尽管对大多数学生而言，因为繁重的课业任务的限制，在网上逗留时间有限，但一般来说，他们一周至少会有一次上网，写QQ说说，发布微博，舒缓一周以来的学习压力。因为网络的匿名交流、信息匿名发布形式，使中小学生在发布信息时充分感到平等和安全，有利于教育者了解他们的真实思想动态。而立体化、多层次的信息传播网络，也可以把学校、家庭和社会力量有机结合起来，构建强有力的全员参与、全方位覆盖、全过程教育、齐抓共管的教育机制，形成开放式的网络教育阵地。这些都有利于中小学生爱国主义教育空间的拓展。

2. “微时代”新媒体的发展，为中小学生爱国主义教育提供了新的载体

数字信息技术的发展，促进了新媒体的繁荣与发展。教育部发布的《2011年中国语言生活状况报告》显示，“微某某”格式的词从2010年热到2011年。“微电影”“微访谈”“微小说”“微生活”“微招聘”等名列其中。2011年到2013年，“微博”“微信”

① 《中国网民已达4.5亿 互联网普及率超世界平均水平》，中新网，2010年12月30日。

“微公益”等词更是热到极致。自微博得到广泛应用之后，“微时代”这个词越来越多地为人们所提及。百度百科把“微时代”定义为“以微博为传播媒介代表，以短小精悍为文化传播特征的时代，微时代信息传播速度更快，传播的内容更具冲击力和震撼力”。更多学者认为，“微时代”已经不再是一个简单的技术术语，而是一个蕴含着文化传播、人际交往、社会心理、生活方式的时代命题①。在微时代，越来越多的人习惯“织微博”，热衷于微信聊天，热爱“微电影”“微阅读”，参与“微公益”。调查显示，小学高年级学生中拥有手机的人数占到一半以上，中学生几乎人人都有。90%以上的中小学生都有自己的QQ、微博，他们每周至少会上一次QQ，发布或转发至少一条微博。毫无疑问，微博、微信等新媒体上，信息内容简短，而且甚至不需要登录网站，通过手机、平板电脑等移动设备在很短的时间内就可以发布信息，可以通过转发、评论、回复、私信等功能进行互动，因此，中小学生爱国主义教育也应重视对“微时代”新媒体载体的运用。

（二）信息化带给中小学生爱国主义教育的挑战

信息化数字技术作为当今世界上最先进的技术，可以随时随地把文本、声音、图像、电视信息输送到设有终端设备的任何地方、任何人。在网络技术形成的交流平台中，数量巨大、种类繁多的信息影响着人们的生活方式和国家、民族之间的政治、经济和文化交往，其所营造的全球通的虚拟空间，可能会淡化诸如国家地域观念、民族国家的政治文化及民族认同感等，为中小学生爱国主义教育带来一些新的课题。

1. 如何对中小学生进行国家地域观念的教育

爱国主义是人们在共同的地域中生活而形成的对本地域的认同和热爱之情，对国家地域观念的认同是爱国主义形成的基础，也是进行爱国主义教育的基础。然而，随着互联网的普及，国家的生存

① 杨威：《“微时代”中思想政治工作如何突破》，载《思想政治工作研究》2010年第4期。

和发展条件发生了巨大的变化，网络加速了世界经济的一体化，使得整个世界正在变为一个密不可分的、相互依赖的整体。凭借便捷、虚拟的网络载体，电子商务开始出现，资本、劳动力及文化产品以前所未有的速度跨国界流动，由此造成“过去那种地方的和民族的自给自足和闭关自守状态，被各民族的各方面的互相往来和各方面的互相依赖所代替了”①。各国经济的开放式和互动性发展，使各民族的精神产品也成了公共财富。通过互联网，人们可以读到当天的《纽约时报》，可以进入美国国会图书馆去查阅资料，可以观看好莱坞最新拍摄的电影，可以同远在地球另一端的亲朋好友随意聊天和收发邮件。互联网的普遍使用，使地球正在变得越来越小。随着生活的跨越时空界限，人们也增强了作为地球村村民的意识。这种地球村村民意识，虽然有利于人们在全球环境中生存，但同时也不可避免地削弱了人们原有的国家地域观念，从而自觉不自觉地把自己当成世界公民而不是某国公民来看待。这种现象对我国中小学生的影响，主要体现在他们对国家观念的认识比较模糊。比如在调查中，我们让学生们回答是否赞成“有人说全球化背景下谈爱国主义教育没有必要，因为全球化背景下各个国家的联系将日益紧密，我们也将成为地球人，不需要国家”的说法时，有60.2%的学生表示赞成，8.4%表示无所谓，17.8%表示不知道②。所以，如何对中小学生进行国家地域观念的教育，是一个无法回避的问题。

2. 如何对中小学生进行对本民族政治、文化认同的教育

众所周知，民族国家的政治体系的合法性与稳定性，很大程度上来自于一定的政治文化的支持。而在互联网时代，中国的政治文化基础正在受到前所未有的冲击。这是因为网络提供的自由交流平台具有开放性，人们在进行平等交流的同时，也可以自由地发布信息，自由地获取、选择自认为正确的信息，并将其转化为自己的思

① 《马克思恩格斯选集》第1卷，人民出版社1995年版，第276页。

② 具体参见本书附录《关于我国中小学生爱国主义教育现状的调查报告》。

想进而指导自己的行动。由于以美国为首的西方发达国家在经济和传媒技术上拥有绝对的优势，对发展中国家的文化控制有着更广阔的空间，更容易向发展中国家宣扬、推行、渗透其文化价值观念。它们在网络上以“民主”“自由”“人权”等为幌子，竭力标榜资产阶级的政治制度的完美与合理，美化资本主义的意识形态，而对社会主义中国的基本制度、意识形态和价值观念进行猛烈的攻击，对中国的政治文化进行诋毁和削弱。再加上国内各种敌视社会主义的破坏分子，如“藏独”“疆独”“法轮功”组织等，与国外反华势力遥相呼应，利用网络对我国一些重大政治问题竭力颠倒黑白、混淆是非、妖言惑众。这些信息很容易被一些缺少理性和政治素养的中国民众所接受、追随，从而影响他们对我国社会主义的政治认同，并影响到世界观、价值观正在形成的中小学生。更为重要和值得注意的是，中小学生大多是数字动画、动漫、游戏的爱好者。中小学生在无人监督的情况下上网，最终的歇脚点、时间驻留最长的地方，就是网络游戏平台。然而，长期以来，中国荧屏动画充斥着外来作品，少有的几部国内动画还被中小学生嗤之以鼻地认为不及日本、美国动画的技术先进。而网络游戏充满着血腥、暴力，或者对传统英雄的恶搞。这些文化的背后，也都蕴含着版权国的文化价值观念，长期浸泡在这样的文化中的中小学生，不可避免地会出现对本国政治、文化冷漠，或者崇尚他国文化价值的心理。因此，如何对中小学生进行本民族政治、文化认同的爱国主义教育，也是一个重要的问题。

3. 如何利用新媒体改革和创新爱国主义教育的手段

爱国主义教育作为一项有目的的教育实践活动，是目的与手段的统一。合理的目标是爱国主义教育实施有效的重要动力，有利的手段则是爱国主义教育实施有效的工具。因此，选择有利的教育手段是爱国主义教育有效实施必不可少的条件。不可否认，在当代中国，互联网凭着其先进快捷的技术和对丰富信息资源的拥有，对人们的思想行为影响颇深。有学者把它与传统的信息生产和传播媒体相比，归纳出了四条不同的特点。第一，网络不受版面、出版期刊以及播出时段的限制，以超大容量、滚动上载、不间断工作方式提供涉及人类活动各个方面的信息，满足现代人的信息需求。第二，网络以双向或多项互动的方式传递信息，呈现交互性与平等性。这种传播方式，改变了传统媒体以信息垄断者的身份单向传播信息的状况，网民们不再是被动接受信息，而是以平等的身份与网络互动，既可以根据自身的需要主动地选择信息，也可以将自己的思想观点在网上发布、传播，成为网络信息的生产者。第三，网络作为一种超媒体存在形式，兼具报刊、影视、广播、电影、电视的优势，能够提供文字、图片、音像等多种形式的信息，还克服了广播、电视、电影提供的信息不易保持与回溯的困难，提供了更为方便、快捷、准确的信息检索手段。第四，网络的虚拟性使网民可以摆脱现实生活中的角色限制，进行更自由的信息交流，满足了一些人既想与人交往，又希望隐藏自己的心理需要①。网络信息生产和传播的这些特点，使传统的爱国主义教育手段已经不能完全适应中小学生爱国主义教育的需要。在调查中，中小学生表示最不喜欢的就是理论灌输的教育形式，有22%的同学认为学校爱国主义教育枯燥乏味，形式单一②。因此，利用网络所提供的巨大资源空间和新媒体技术，改革与创新中小学生爱国主义教育的手段，无疑具有重要的意义。

四、应试教育条件下我国中小学生爱国主义教育的矛盾和困惑

教育的基本职能，是按照社会良性发展的需要来培养和完善人，尽可能使人得到全面而自由的发展，最大限度地为每一个人创设个性最佳成长的良好空间，为社会的良性发展不断提供最大的创新动力。但是，由于目前社会选拔人才主要是通过各种考试，为了

① 靳诺等：《新时期高校思想政治工作理论与实践》，高等教育出版社2003年版，第22页。

② 具体参见本书附录《关于我国中小学生爱国主义教育现状的调查报告》。

把学生以高分数送进高一级的学校，各地各级中小学校不得不采用应试教育的方法。所谓应试，就是应付各种考试之意。本来，考试是教育的一个必要部分，但整个教育都为了考试时，教育就演变成了“应试教育”。目前，应试教育的种种弊端一直为人们所诟病，但对于中小学生爱国主义教育而言，其影响主要是难以处理好以下两个矛盾。

1. 如何处理应试升学和爱国主义教育的矛盾问题

在一切为了考试、一切为了升学的应试教育、教学模式下，老师、家长和学生整天关注的不是孩子的健康、人格发展，更不是爱国主义品德，而是分数。为了分数，老师们不仅要围绕考试的内容展开教学，而且课后还有一堆试卷和作业。为了分数，家长不仅花钱买非常多的学习资料，更是在节假日里起早贪黑地送孩子奔波于各培训机构。为了分数，中小学生甚至没有太多时间睡觉。据中国青少年研究中心的调查，中国中小学生的平均睡眠时间为 7 小时 37 分，比美国、意大利、瑞士的同龄人每天要少睡四五十分钟。在高中阶段，这个差距扩大到了 1 个小时①。在这种教育下，如果你走进学生们的心里，你会发现他们心中对“爱国”二字的认识十分模糊。事实上，在应试教育下，爱国主义教育为应试让路，是各中小学校心照不宣的公开的“秘密”。在我们的调查中，中小学生认为学校爱国主义教育存在的首要问题，就是学校不够重视。从初三年级开始，随着年级的增长，认为学校基本无爱国主义教育这类活动的人数也是呈上扬态势②。在访谈中，也有老师直言不讳地告诉我们，学校有时候也很无奈，在激烈的生源竞争中，家长们衡量学校好坏的标准就是升学率，考核教师的评价标准也是升学率，所以，任课老师不得不占用其他不参加考试的科目的教学时间，包括爱国主义教育活动时间。这些数据和说法，一方面说明中小学生

---

① 《大陆孩子在受应试教育过程中被学校和家庭毁掉》，载《中国青年报》2012 年 5 月 2 日。

② 具体参见本书附录《关于我国中小学生爱国主义教育现状的调查报告》。

对学校爱国主义教育活动的认识并不清晰，另一方面反映了中小学校在应试升学与爱国主义教育的矛盾中，常常选择了挤压甚至牺牲爱国主义教育活动时间的客观事实。然而，教育以德为先，爱国是一个人最基本的品德，如果我们的教育培养出来的学生，连对自己的祖国都没有了特别的感情，这样的教育很难说是成功的，培养出来的学生考分再高，又有何意义？因此，在面对应试升学的压力中，如何把爱国主义教育搞好，的确是个不能忽视的问题。

2. 如何处理好爱国主义教育过程的长期性和阶段性的关系

爱国主义教育是一项长期的系统工程，具有长期性。这不仅是因为爱国主义教育本身就是一个亘古常青的话题，是任何时代经久不衰的主题，是任何民族凝聚人心的旗帜，更是因为爱国主义情感的培育具有长期性。爱国主义情感可以分为冲动的情感情绪和持久的情感，冲动的情感情绪可以有短暂的爱国热情或行动，但随着时间的流逝这种情感会消逝，只有持久的、稳定的爱国情感才能形成理性的爱国主义。我们进行爱国主义情感的培育，就是要使人们形成持久的、理性的爱国情感。而这种持久的、理性的爱国情感的形成是一个长期的过程，它是在一定爱国认知的基础上，经过情、意、信的心理转换过程才得以形成的。它不仅需要长期的爱国主义的认知教育，而且需要长期的爱国主义教育氛围的熏陶。所以，必须持之以恒地进行爱国主义教育。爱国主义教育是使人们具有爱国主义品质的教育活动，而人们的爱国主义品质，从根本上说是国民品格和素质的表现。国民品格和素质是一个既无法从国外引进，也不能“速成”的东西，它是在长期的教育培养中逐步形成的，也就是我们常说的“十年树木，百年树人”。所以，我们不能指望一次或几次爱国主义教育活动，就使人们具有爱国主义的品质，而是必须把爱国主义教育作为一项长期的系统工程，经常地进行。

同时，爱国主义教育又是一个阶段性的活动，具有阶段性。爱国主义教育的阶段性，从宏观方面来说，是指在历史发展的长河中，因国家所面临的政治、经济、文化的具体任务的不同，而使爱国主义教育因突出的主题不同而表现出来的特征。比如，在中国近代史上，爱国主义教育主要突出的是抗御外辱、变革图强的教育，而社会主义建设的新时期，则强调爱国与爱社会主义相一致的教育。从微观方面来看，爱国主义教育的阶段性是指根据教育对象的身心发展特点不同，在爱国主义教育的内容和目标上表现出来的不同特征。比如在幼儿园阶段，对孩子们的爱国主义教育主要是培养他们的爱国情感，教育的内容也是非常直观、感性和具体的，如升国旗、唱国歌等；对小学生，则是通过身边的人、身边的事、身边的景区教育他们认识家乡，认识祖国；对中学生，则通过历史、国情、文化等各方面的知识教育，培养他们的理性爱国主义情感；而对大学生则更多从知识层面和价值层面进行理性教育，使他们的爱国情感从感性提升到理性。

本来，爱国主义教育的长期性与阶段性应该是统一的，即应该表现出教育过程的连贯性、整体性和教育目标及内容序列的合理性。但是，目前的中小学生爱国主义教育，往往超前于或者滞后于教育对象的认知、思维发展水平，根本激不起学生的学习兴趣。如在我们的调研中，就有学生说，他们对爱国主义教育是应付态度，只听不做，且随着年级的增长，特别是在高一之后，持应付态度、只听不做的人数明显增加①。而在教育目标上也缺乏连贯性，整个教育过程往往是头疼医头、脚疼医脚，缺乏计划性、前瞻性和预期性，正如一些教师和学生所反映的，爱国主义教育就像一阵风，上级命令来了，就刮一阵子，便无影无踪了。这种现状，使爱国主义教育常常成为一种老生常谈和毫无新意的政治活动，引起学生们的逆反心理。因此，如何从实践上处理好爱国主义教育过程的长期性和阶段性的关系，也是中小学生爱国主义教育面临的重要课题之一。

① 具体参见本书附录《关于我国中小学生爱国主义教育现状的调查报告》。

第三章　中小学生爱国主义教育的指导思想和原则

中小学生爱国主义教育的指导思想和基本原则是新时期中小学生爱国主义教育应遵循的依据，为新时期中小学生爱国主义教育提供理论基础和方向保证。自1994年中宣部颁布实施《爱国主义教育实施纲要》以来，随着国际国内形势的巨大变化，我国经济社会发展，社会主义理论与实践，人们的思想观念、行为选择都发生了许多重大的变化。为了进一步加强和改进全民族的思想道德素质，2001年中共中央印发《公民道德实施纲要》，2004年2月又针对未成年人印发《中共中央国务院关于进一步加强和改进未成年思想道德建设的若干建议》，强调加强以爱国主义、集体主义和社会主义教育为重要内容的思想道德建设。因此，必须结合《爱国主义教育实施纲要》《公民道德实施纲要》《中共中央国务院关于进一步加强和改进未成年思想道德建设的若干建议》等文件精神和中小学生爱国主义教育规律，探索新时期的中小学生爱国主义教育的指导思想和基本原则。

一、 新时期我国中小学生爱国主义教育的指导思想

1994年中宣部颁布实施的《爱国主义教育实施纲要》规定，爱国主义教育的指导思想是："必须以邓小平同志建设有中国特色社会主义理论和党的基本路线为指导，必须有利于促进社会主义现代化建设，必须有利于促进改革开放，必须有利于维护国家和民族

的声誉、尊严、团结和利益，必须有利于促进祖国统一的事业。"①2004年2月，《中共中央国务院关于进一步加强和改进未成年思想道德建设的若干建议》指出，在当前和今后一个时期，加强和改进未成年人思想道德建设的指导思想是："坚持以马克思列宁主义、毛泽东思想、邓小平理论和'三个代表'重要思想为指导，深入贯彻十六大精神，全面落实《爱国主义教育实施纲要》《公民道德建设实施纲要》，紧密结合前面建设小康社会的实际，针对未成年人身心成长的特点，积极探索新世纪新阶段未成年人思想道德建设的规律，坚持以人为本，教育和引导未成年人树立中国特色社会主义的理想信念和正确的世界观、人生观、价值观，养成高尚的思想品质和良好的道德情操，努力培育有理想、有道德、有文化、有纪律的，德、智、体、美全面发展的中国特色社会主义事业建设者和接班人。"② 这些论述阐明了新时期加强和改进中小学生爱国主义教育的指导理论、现实基础、原则要求和目标追求，为新时期中小学生爱国主义教育指明了方向。

（一）以马克思主义为指导

新时期中小学生爱国主义教育之所以必须以马克思主义为指导，是因为马克思主义是人类发展史上最有生命力的科学理论，是我们认识世界、改造世界的强大思想武器，是指导中国社会主义建设事业的理论指南。中国共产党从诞生之日起，就把马克思列宁主义确立为自己的指导思想，在长期的革命、改革和建设中，成功地把马克思主义与中国实际相结合，实现了马克思主义中国化，形成了毛泽东思想与包含邓小平理论、"三个代表"重要思想、科学发展观等重要理论在内的中国特色社会主义理论体系，并以这些理论成功指导了中国革命、改革和建设的实践。历史反复证明，"马克思主义是我们立党立国的根本指导思想，是全国各族人民团结奋斗

① 《爱国主义教育实施纲要》，载《人民教育》1994年第10期。

② 《中共中央国务院关于进一步加强和改进未成年思想道德建设的若干意见》，载《人民日报》2004年3月23日。

的共同理论基础。马克思主义的基本原理任何时候都要坚持，否则我们的事业就会因为没有正确的理论基础和思想灵魂而迷失方向，就会归于失败"①。

坚持马克思主义的指导，主要是要坚持中国化马克思主义，尤其是坚持中国特色社会主义理论体系的指导地位。中国特色社会主义理论体系是马克思主义与中国社会主义改革和建设的具体实践相结合的思想结晶。邓小平说："我们多次重申，要坚持马克思主义，坚持走社会主义道路。但是，马克思主义必须是同中国实际相结合的马克思主义，社会主义必须是切合中国实际的有中国特色的社会主义。"② 他也强调，"我们的现代化建设，必须从中国的实际出发。无论是革命还是建设，都要注意学习和借鉴外国经验。但是，照抄照搬别国经验、别国模式，从来不能得到成功。这方面我们有过不少教训。把马克思主义的普遍真理同我国的具体实际结合起来，走自己的道路，建设有中国特色的社会主义，这就是我们总结长期历史经验得出的基本结论。"③ 坚持马克思主义的指导，把马克思主义与中国革命、建设和改革的实际相结合，是保证全党、全国人民紧密团结、共同奋斗的思想基础。在中国社会主义建设的新的历史时期，中国改革开放和社会主义现代化建设之所以取得举世瞩目的辉煌成就，是因为我们在新形势下，始终不渝地坚持以中国特色社会主义理论体系为指导，坚定不移地坚持解放思想，推进改革开放，落实科学发展、社会和谐，走中国特色社会主义道路。对此，胡锦涛在"6·25"重要讲话中也指出，改革开放以来我们党带领人民开辟了中国特色社会主义道路，这条道路之所以正确、之所以能够引领中国发展进步，关键在于我们既坚持了科学社会主义的基本原则，又根据我国实际赋予其鲜明的中国特色④。

---

① 《十五大以来重要文献选编》(下)，人民出版社 2003 年版，第 165 页。

② 《邓小平文选》第 3 卷，人民出版社 1993 年版，第 63 页。

③ 《邓小平文选》第 3 卷，人民出版社 1993 年版，第 2~3 页。

④ 《胡锦涛在中央党校发表重要讲话：坚定不移走中国特色社会主义伟大道路 为夺取全面建设小康社会新胜利而奋斗》，新华网，2007 年 6 月 25 日。

中国特色社会主义理论体系是与马克思主义一脉相承的理论体系，解放思想、实事求是、与时俱进是它的理论品格。在当代中国，坚持中国特色社会主义理论体系，才是真正坚持马克思主义，如果动摇了中国特色社会主义理论体系的指导地位，必然会导致思想的混乱，必将成为国家和民族的灾难。同时，中国社会主义事业的进一步发展，也必须以解放思想、贯彻落实党的基本路线和奋斗目标为前提，如果没有这个前提，我们的改革开放可能就会失去方向，科学发展和社会和谐将无法落实，全面建设小康社会，实现国家富强、民族振兴、人民幸福、社会和谐的“中国梦”，最终将会成为一句空话。因此，党和国家的各项事业和各项工作，都要以马克思主义为指导，高举中国特色社会主义理论的伟大旗帜，坚持党的基本路线不动摇。

中小学生爱国主义教育的根本性质、目的和任务，决定了必须坚持马克思主义的指导，尤其是邓小平理论、“三个代表”重要思想和科学发展观的指导。加强中小学生爱国主义教育，是我国精神文明建设的重要内容。就其本质来说，是用马克思主义的爱国主义观来教育中小学生，来培养具有社会主义觉悟的爱国公民，使他们能成为未来社会主义事业的建设者和接班人。具体来说，就是“有理想、有道德、有文化、有纪律”的社会主义公民。其中“有理想”，是要有共产主义的远大理想，有建设中国特色社会主义的共同理想，有坚持党的基本路线不动摇的坚定信念；“有道德”，就是要树立以全心全意为人民服务为核心，以集体主义为原则，以“五爱”为基本要求的社会主义道德；“有文化”，就是要求有为中国特色社会主义现代化事业服务所必需的科学文化知识和本领；“有纪律”，就是要遵守以维护全体人民共同利益为目的的行为规范和准则。因此，“四有”社会主义公民的培养，最关键的是要在坚持中国特色社会主义理论体系的基础上，抓住建设中国特色社会主义这一时代主题，重点研究和宣传党的基本路线问题，关于社会共同理想问题，关于民族自尊心、自信心和自豪感问题，关于爱国主义不是狭隘的民族主义、要学习世界各国所创造的一切先进的文明成果的问题等，使人们逐步掌握建设中国特色社会主义理论的科学体系，并用它来指导人们的爱国主义实践，为祖国的繁荣富强作出积极的贡献。

坚持马克思主义的指导，最直接的体现是运用马克思主义理论体系中关于青少年爱国主义教育的理论，来指导中小学生爱国主义教育的实践。共产党的四代领导人都有丰富的爱国主义教育思想。其中，关于爱国主义与爱社会主义的一致性的思想，关于建立爱国统一战线、争取民族独立和维护祖国统一的思想，坚持独立自主原则、发扬艰苦创业精神的思想，加强历史文化教育、增强民族自尊心和自豪感的思想，坚持爱国主义和国际主义相结合的思想，关于要重视青少年爱国主义教育的思想等，都为中小学生爱国主义教育实践指明了方向。在马克思主义看来，青少年始终是一个国家和民族的希望，谁赢得了他们，谁就赢得了未来。我们党是马克思主义政党，在青少年的爱国主义教育问题上，历来始终坚持马克思主义的立场和态度。建设中国特色社会主义理论体系作为中国化的马克思主义，代表的是一种崇高的理想，是社会主义建设的一种强大的精神动力。以中国特色社会主义理论体系为指导来加强中小学生的爱国主义教育，就使中小学生的爱国主义教育有了灵魂，中小学生就能把爱国与爱社会主义结合起来，树立共产主义的崇高理想和建设中国特色社会主义的共同理想，从而坚定地走社会主义道路，做中国特色社会主义事业的接班人和建设者。

坚持马克思主义的指导，还应该表现为用马克思主义的方法来加强和改进中小学生的爱国主义教育。用马克思主义的方法来加强和改进中小学生的爱国主义教育，最关键的就是要坚持运用唯物辩证法。首先，要坚持运用历史唯物主义的方法。社会存在决定社会意识，这是历史唯物主义的最基本的观点。据此，任何一个思想观念的产生都不是凭空想象的，而是有着必然的现实依据。中小学生爱国主义意识无论是强是弱，是好是坏，都必然有其社会生活的现实基础。加强和改进中小学生的爱国主义教育，也必须和社会生活的改造联系起来，不能离开社会生活抽象地谈爱国主义教育。其次，要坚持运用辩证唯物主义的方法。辩证唯物主义认为，事物是在相互联系中运动发展的，而不是在孤立静止中保持一成不变的。

这也启示我们，对待中小学生的爱国主义教育，一定要把中小学生看成正在成长发展的对象，在其成长的历程中作具体的考察，同时也要辩证地看待中小学生的爱国主义教育与社会生活的关系。任何脱离中小学生思想行为形成发展演进过程的想法和行为，任何无视中小学生爱国主义品德与社会生活间的辩证关系的做法，本质上都是违背辩证唯物主义的，从根本上说都是错误的。

（二）始终把握四个“有利于”

当前，我国正处于改革开放的攻坚时期，进一步深化改革和提高对外开放的水平，是我国社会主义现代化建设始终如一的立场。经过新时期以来的改革开放和社会主义现代化建设，我国已经处于全面小康社会建设的关键时期。这一时期，面对国际国内形势的深刻变化，我们加强和改进中小学生爱国主义教育，必须紧密结合改革开放和全面建设小康社会的实际，使之有利于促进改革开放的进一步深化，有利于促进社会主义现代化和全面小康社会的建设，有利于维护国家和民族的声誉、尊严、团结和利益，有利于促进祖国统一事业。

1. 有利于促进改革开放的进一步深化

改革开放是新时期中国最鲜明的特征，也是中国特色社会主义事业进步的必由之路。历史和实践都证明，在中国解放和发展生产力，提高人民生活水平，保证中国特色社会主义事业顺利进行，实现民族复兴的伟大梦想，都离不开改革开放。中国的改革开放发起于20世纪70年代末80年代初，这时的中国正处于历史转折的关键时刻：一方面是新中国成立初期参照苏联模式而形成的“一大二公三纯四平均”① 的所有制和高度集中的计划经济体制，严重制约了生产力各要素的合理分配和充分利用，影响着劳动者的积极性、主动性和创造性，使得国民经济和人民生活水平提高缓慢，无法体现和发挥社会主义制度的优越性；另一方面是国际形势发生了

① 即基层组织（如人民公社）的规模越大越好，公有化的程度高越好，社会主义的经济成分越纯越好，平均分配越妥当越好。

重大变化，世界新技术革命发展迅猛，世界经济联系日趋紧密。世界各国都纷纷调整和改革各自的对内对外政策，抓住经济全球化和科技革命的历史机遇谋求发展。我国社会主义初期的计划经济体制和单一经济结构，非常不适应这些来自国际经济发展形势的新变化。在这种情况下，如果不进行改革和调整，中国只能再次在激烈的国际竞争中落伍。对此，邓小平曾多次强调“不改革不行，不制定新的政治的、经济的、社会的政策不行”①。改革的目的是为了解放和发展生产力，是为了生产出更多更好的物质精神产品，更好地满足人民的物质文化生活需要，也是为了促进社会主义制度更好地发展。面对国内发展过程中存在的资金不足、科学技术落后、劳动者科学文化素质不高、缺乏组织现代化大生产的经营管理知识和经验等诸多问题，只有实行改革开放，以积极的态度学习和吸收资本主义文明的优秀成果，进行批判性的利用和借鉴，并结合我国社会主义建设的具体实际进行新的创造。只有这样，中国社会主义建设才能体现出相比较的优势并取得成功。所以，中国的发展不能把自己独立于世界之外，关起门来搞建设。对外开放也是改革，也是解放和发展生产力。

从1978年党的十一届三中全会开始，我国进入了改革开放的新的历史时期。从农村联产承包到现代企业制度的建立和完善，从计划经济到有计划的商品经济再到社会主义市场经济体制的建立和完善，从深圳等四个经济特区到沿海开放城市、沿江沿边沿线经济开放带、内陆城市开放区的全方位、多层次、宽领域的开放格局，清晰地记载了我国改革开放30多年来的历史进程。实践证明，30多年来的改革开放，大大促进了生产力的解放与发展，城乡居民家庭人均可支配收入大幅增加，人民群众的物质文化生活水平得到了显著改善。社会领域也全面建立覆盖城乡的义务教育体系、公共卫生体系和基本医疗服务体系，初步形成文化事业和文化产业共同发展的格局，政治体制改革稳步推进，法律制度建设长足发展。如果说，过去30多年的经济社会发展进步靠的是改革开放，那么，未

① 《邓小平文选》第3卷，人民出版社1993年版，第266页。

来要实现民族复兴的伟大梦想，仍然需要不断地深化改革开放。因为只有坚定不移地推进和深化改革开放，才能最大限度地解放和发展生产力，才能保证我国社会主义现代化建设有取之不竭的动力。在当代中国，关于发展道路已经形成了一个共识，即“要发展，必须改革；要继续发展，必须深化改革”。正是基于这样一个共识，我国的改革开放的步伐从来没有停止。但是，在21世纪新的历史条件下，我国改革开放所面临的复杂局势实属罕见：一方面，世界的大发展大调整大变革，促使国际经济政治格局发生新变化，综合国力竞争更加激烈；另一方面，国内经济体制、社会结构深刻变革，利益格局深刻调整，思想观念深刻变化，带来了大量的新矛盾。在这样的情况下推进和深化改革，尤其需要弘扬伟大的爱国主义精神，珍惜改革开放的探索和成就，坚定不移地坚持改革开放。中小学生爱国主义教育必须承担起这个责任，为促进改革开放进一步深化培育必需的精神支撑。

首先，要努力培育和弘扬以爱国主义为核心的中华民族精神。特别要弘扬中华民族团结统一的精神，因为民族团结、祖国统一，是实现改革开放和民族复兴的基本保证和重要条件；要弘扬中华民族爱好和平的精神，珍爱今天来之不易的和平，为中国的改革开放创造稳定的条件；要弘扬中华民族勤劳俭朴的优良传统和美德，因为今天中国的改革开放依然需要全国人民继承克勤克俭的传统，勇敢创造；要弘扬中华民族自强不息的精神，为改革开放提供必需的精神动力；还要弘扬天下为公、公而忘私的无私奉献精神，博爱大众的爱人思想，协和万邦的开放精神，革故鼎新的改革精神，尚中贵的精神，淡泊名利的精神，这些都对今天的改革开放具有重要的现实意义。

其次，要进行革命传统教育。中国革命的优良传统是中华民族爱国主义的优良传统在新的历史条件下的发展与创新，是马列主义普遍原理与中国革命具体实践相结合的产物。它在五四运动前后萌芽，在新民主主义革命时期发展完善，在社会主义革命时期进一步发扬光大。中国革命传统是中国革命能够取得胜利的重要精神支柱和力量源泉，在长期的革命实践中，对中国的革命事业发挥着极其重要的作用。它主要包括井冈山精神、长征精神、延安精神和西柏坡精神。其中，井冈山精神所包含的坚定信念、艰苦奋斗、实事求是和勇于创新的精神，长征精神所包含的坚忍不拔、自强不息和勇往直前的精神，延安精神所体现的自力更生、艰苦创业的精神，西柏坡精神所体现的敢于斗争、敢于胜利的进取精神，依靠群众、人民参与的民主精神以及保持谦虚、谨慎、不骄、不躁和艰苦奋斗的作风的创业精神，对今天的社会主义改革创新，仍然具有强大的精神支撑作用。中小学生爱国主义教育必须传承这些革命传统，并使之在新的历史条件下放射新的光芒。

此外，要进行改革开放的思想教育，鼓励中小学生关心祖国的改革开放，感受改革开放，参与改革开放，分享改革开放成果。应该通过理论教育，让中小学生明白我国为什么要实行改革开放政策；应该通过历史教育，使中小学生清楚地了解我国实行改革开放前后社会和人民生活的变化；通过社会实践和专题调研，使小中学生切身经历和感受改革开放的真实性和给老百姓带来的好处；应该适当开展一些参观访问、庆典纪念的活动，让中小学生真实感受祖国改革开放30年的辉煌成就和历史经验。总之，中小学生爱国主义教育应该采取各种途径和形式，帮助广大中小学生树立以自身的行动关心改革开放、支持改革开放、参与改革开放的意愿和观念。

2. 有利于促进社会主义现代化和全面小康社会的建设

中国社会主义现代化建设是改变中国贫穷落后面貌走向繁荣富强的必然选择。在鸦片战争之后，中国的地主阶级和民族资产阶级在帝国主义坚船利炮的淫威下意识到了现代化的重要性，并纷纷“师夷之长”，努力探索中国的现代化发展道路，但是，由于种种条件的限制，在反帝反封的革命战争成为时代主题的一个多世纪中，它们并没有改变中国现代化水平落后状况。为了改变旧中国这种贫穷落后的面貌，使中华民族自立于世界民族之林，成为富强、民主、文明的现代国家，毛泽东在1945年党的七大的政治报告《论联合政府》中提出：“在抗日结束以后……中国工人阶级的任务，不但是为着建立新民主主义的国家而斗争，而且是为着中国的工业化和农业近代化而斗争。"① 随着新中国的成立和社会主义建设的进行，毛泽东经过多次思考和表述，于1960年年初提出，我们的任务"就是要安下心来，使我们可以建设我们国家现代化的工业、现代化的农业、现代化的科学文化和现代化的国防"②。此后，实现"四个现代化"，就成为鼓舞我国亿万人民团结奋斗的目标基础和精神动力，即便在中国现代化建设曲折发展时期和"文化大革命"的动乱年代，政府工作报告也还在重申"四个现代化"的建设目标。

十一届三中全会后，中国社会主义现代化建设进入一个新的时期。经过改革开放30多年的发展，中国社会主义现代化建设不仅取得了举世瞩目的成就，而且在新世纪的曙光中，中国社会也进入到全面小康社会建设的新阶段。全面建设惠及十几亿人口的更高水平的小康社会，把中国特色社会主义事业推向全面进步，是一个关系到中国人民命运和中华民族伟大复兴的艰巨事业，需要全国人民共同努力奋斗才能胜利完成。爱国主义作为动员和鼓舞人民团结奋斗的一面最鲜艳的旗帜，理所当然地应该发挥作用，激励和鼓舞全国人民为社会主义现代化和全面建设小康社会而奋斗。作为培养具有爱国主义精神的社会主义事业建设者和接班人的教育活动，中小学生爱国主义教育更需要承担起责任，肩负起使命，培育中小学生的爱国主义精神。

首先，要教育广大中小学生形成支撑社会主义现代化建设所必需的爱国主义精神。中华民族的爱国主义精神首先表现为强烈的民族责任感和历史使命感，从孔子提出的"修己以敬""修己以安人""修己以安百姓"，《礼记·礼运》提出的"天下为公"，《大学》提出的"修身、齐家、治国、平天下"，到汉代霍去病的"匈奴未灭，何以家为?"，魏晋南北朝时曹植的"忧国忘家，捐躯济难，众臣之志也"，唐代杜甫的"安得广厦千万间，大庇天下寒士俱欢颜"，宋代岳飞的"精忠报国"、文天祥的"人生自古谁无死，

① 《毛泽东选集》第3卷，人民出版社1991年版，第1081页。

② 《毛泽东文集》第8卷，人民出版社1999年版，第162页。

留取丹心照汗青”、范仲淹的“先天下之忧而忧，后天下之乐而乐”，明清之际黄宗羲的“经世致用”、顾炎武的“天下兴亡，匹夫有责”等，无不是充满民族责任感和历史使命感的爱国主义精神的体现。新时期中小学生的爱国主义教育，应该要在传承这些以爱国主义为核心的民族责任感和历史使命感的基础上，教育和引导中小学生将其转化为献身中国社会主义现代化建设的责任感和使命感。

其次，要引导广大中小学生把个人的理想同社会主义现代化建设和祖国的繁荣富强紧密联系起来，增强社会主义信念。要对中小学生进行正确认识个人理想和社会理想的关系的教育，使他们明白，在当代中国，只有把个人理想融于中国社会主义现代化建设事业，同祖国的繁荣富强、人民的利益及民族的伟大复兴紧密联系在一起，才能更好地实现个人理想。正如江泽民所指出的：“中国青年运动八十年的生动实践告诉我们，一切有理想有抱负的中国青年，只有在中国共产党的领导下，同人民紧密结合，为祖国奉献青春，才能大有作为。”① 要教育中小学生学会用辩证的眼光看问题，深刻领会中国特色社会主义现代化事业是一项伟大而艰巨的任务，其曲折性和前进性是统一的。引导他们既要看到我国社会主义事业前进道路上的困难和问题，更要看到成就，要对社会主义抱有坚定的信心。要教育中小学生明白中国共产党是中国社会主义现代化事业的领导核心，代表着全国各族人民的利益。尽管党内确实存在一些腐败现象，但其主流是健康的、积极向上的，是能够不断地改进和完善自己的，要相信在党的领导下，我们的社会主义现代化和全面小康社会的建设会不断走向胜利。

3. 有利于维护国家和民族的声誉、尊严、团结和利益

国家声誉是指国际体系中的其他国家或组织根据这个国家一贯的行为而形成的对这个国家的信念与判断。一般来说，国家声誉就是国家的名声、信誉或信用，它不仅记录国家的历史行为，还蕴含

① 《十五大以来重要文献选编》（下），人民出版社 2003 年版，第 2383 页。

着国家对于承诺如协定条约、义务等的履行程度①。因为国家声誉是国家间在互动过程中构建的认知、信念和判断，因而具有极强的主观性。国家声誉的好坏，不仅关乎国家的形象，而且对国家的国际地位及其在国际社会中的利益制衡都会产生深刻的影响。因此，世界各国在维护国家声誉方面，呼声都是非常高的。如 2008 年 9 月，美国芝加哥全球事务学会公布的一项美国民意调查结果显示，83%的美国人都将“提高美国在世界上的声望”作为首选②。在中国，谈爱国主义，不仅要谈“国家兴亡，匹夫有责”，还必须谈如何维护国家声誉，因为国家声誉是中国谋求和平崛起和民族复兴不可缺少的重要条件。为此，中小学生爱国主义教育应采取各种途径让中小学生在理论上明白，爱国主义首先要以实际行动维护社会主义祖国的声誉，维护中国共产党的声誉；要使中小学生懂得，爱国主义并不一定非要在生死存亡的关键时刻才能表现出来，也不一定非要作出如何卓越的贡献才能得到认可，生活中的爱国主义更通俗的表现为，在关键时间关键场合，能约束好自己的言行，不给祖国丢脸。个人德行，无时无刻不在反映着中华民族的整体素质和形象，影响着我们国家的声誉，我们应像爱护自己的名誉一样去呵护祖国的声誉。

国家尊严是国家在国际中地位的象征。国家尊严包括民族与人民尊严、领袖尊严、党和政府尊严、领域领空领海尊严、法律道德尊严、政策法令尊严等。自觉维护国家尊严，与损害国家尊严的言行作斗争，既是每个公民的道德责任，也是每个公民应尽的政治义务。中小学生爱国主义教育必须肩负起维护国家尊严的责任，教育学生，国旗、国徽、国歌是国家的象征和标志，在任何情况下，都不应该对国旗、国徽、国歌做出不敬的行为。每个小公民都有义务保护国旗、国徽、国歌不受污染和破坏，这也是对国家尊严的维

① 参见王学东：《国家声誉与国际制度》，载《现代国际关系》2003 年第 7 期。

② 杨晴川：《调查显示美国民众普遍希望提高国家声望》，新华网，2008 年 9 月 22 日。

护。要使中小学生懂得，国家尊严需要提升，需要我们以负责任的态度，以更高的人类意识和人类责任感参与国际事务，承担相应的国际义务。还要教育中小学生，辱骂本国那些有勇气有良知揭露社会黑暗的人、为别国的恐怖主义灾难叫好的行为，都不是真正地维护国家尊严，更不是真正的爱国主义。因为一个不能正确对待自己的民族，是不可能有民族尊严的；一个缺少理性的国家，也不可能有国家尊严。

民族团结是中华民族的优良传统，也是我国社会主义的重要特征。在中华民族五千年的历史长河中，全国56个兄弟民族共同缔造了中华民族的辉煌历史和璀璨文明。在抵御外来侵略的共同经历中，各族人民共同创造了命运与共的中华民族认同。特别是社会主义中国诞生后，党和政府对民族工作始终高度重视，民族区域自治政策在历史上第一次真正消除了民族歧视，实现了真正的民族平等和民族团结。真正成为国家主人的各族人民，团结在社会主义大家庭中，交往与合作，共同发展，有力地促进了我国经济社会的发展和综合实力的提高。历史证明，民族团结是抵御外来侵略和促进经济社会长足发展的重要条件。为此，中小学生爱国主义教育也应该重视加强民族团结教育。要教育中小学生，民族团结是社会稳定、国家繁荣的前提条件之一。民族地区的稳定事关祖国边防巩固，社会长治久安。只有处理好当前各民族的利益，促进少数民族的发展，才能保持国家的繁荣稳定，实现中华民族的伟大复兴。要对中小学生开展民族平等、民族团结的爱国主义教育，使他们牢固树立“少数民族离不开汉族，汉族离不开少数民族，各少数民族之间也相互离不开”的思想，并引导他们自觉地履行维护祖国统一和民族团结的义务，努力成为维护民族团结好公民。要教育中小学生，国际上的敌对势力一直蓄意挑拨我国兄弟民族的关系，企图制造分裂。中国一旦被分裂，势必引起社会动荡，甚至战争，这是不利于我们国家繁荣发展的。我们每个人都应该从中华民族的大局出发，从全国人民的根本利益出发，自觉维护民族团结，反对民族分裂。

爱国主义作为对祖国最深厚的感情，是建立在民族国家的基础上的，爱国的前提与核心是维护民族国家的利益，离开了民族国家利益来谈爱国主义，就会陷入虚无主义的泥潭。正如江泽民所指出的，“我们所讲的爱国主义，作为一种体现人民群众对自己祖国深厚感情的崇高精神，是同促进历史发展密切联系在一起的，是同维护国家独立和广大人民的根本利益密切联系在一起的”①。因此，中小学生爱国主义教育，要使中小学生明白，一个国家和民族的命运，直接关系到这个国家和民族的每个人的命运；一个人无论生活在哪里，生活在哪个阶层，祖国的命运总是与他息息相关；维护国家和民族的声誉、尊严、团结和利益，为实现祖国人民的最大利益而共同奋斗，是每个中国人肩负的神圣职责。要使中小学生懂得，在当代中国，维护祖国和人民的利益，最重要的是大力发展生产力，全面建设惠及全体人民的小康社会，实现祖国统一和社会主义现代化。而要做到这些，和平稳定的社会环境是前提条件和物质保证。要旗帜鲜明地反对一切危及中华民族利益的言论和行为。另外，要使中小学生理解，在经济全球化的进程中，维护国家利益不仅是必要的而且是必需的。让他们明白，我们在维护自己祖国的利益，谋求本国政治经济文化发展的同时，实际上也在为世界的经济政治文化发展作贡献。还要使中小学生明白，维护本国利益，不仅是维护本国的经济利益，还有政治利益、文化利益。西方发达国家利用经济全球化向我们兜售的政治模式、文化观念，本质上都是对我国政治、文化的霸权和消融，要立场坚定地反对那些在西方敌对势力的和平演变中丧失民族自尊心、自信心，为个人利益和集团利益不惜违背、出卖国家和民族的利益，丧失国格人格的人。

4. 有利于促进祖国统一事业

祖国统一是中华民族的根本利益之所在。正因为如此，维护祖国统一、反对国家分裂始终是中华民族优良的爱国主义传统。正是这个传统，使中国人民深深相信：国家统一是正常的，国家分裂是不正常的；维护祖国统一是光荣的，破坏国家统一、制造分裂是可耻的。也正是因为这个传统，古代中国虽然几经战乱和分裂，但在漫长的历史长河中始终保持了统一和完整。中国共产党成立以后，

① 《江泽民文选》第1卷，人民出版社2006年版，第121页。

继续发扬维护祖国统一的爱国主义传统，不仅领导全国人民推翻了帝国主义、封建主义和官僚资本主义的反动统治，实现了中国大陆的统一和民族的团结，也对香港、澳门和台湾问题的解决进行了积极探索。随着“一国两制”的构想成功地解决了香港和澳门问题，谋求台湾和平统一便成为包括台湾同胞在内的全国各族人民和一切爱国者的共同心愿。尽管真正解决台湾问题、实现祖国完全统一还有着很长的路要走，但没有什么困难可以阻拦中国人民谋求祖国完全统一的决心和信心，正如邓小平所说：“实现国家统一是民族的愿望，一百年不统一，一千年也要统一的”①，“人民政协应当积极开展工作，发展爱国统一战线，促进台湾早日归回祖国，实现祖国统一大业”②。

中小学生爱国主义教育要有利于促进祖国统一的伟大事业，是因为国家的完全统一才是民族复兴的重要标志，国家没有完全统一，中华民族也不可能有完全意义上的复兴。坚持一个中国，实现祖国完全统一，既是中华民族伟大复兴的历史任务，也符合海峡两岸中国人民的共同利益：一是有利于海峡两岸人民共同制止任何分裂国土的行为，反对“台独”及其幕后操纵者；二是有利于海峡两岸人民加强经济交流与合作，优势互补、共同发展；三是有利于海峡两岸共同维护社会稳定，合作打击犯罪，共同抵御外来挑衅；四是有利于海峡两岸相互了解，促进文化认同，增进民族凝聚力。因此，中小学生爱国主义教育要服务于促进祖国统一事业。

第一，要教育中小学生，祖国完全统一是包括海峡两岸全体中国人民的共同职责，每一个中国公民都应该自觉地履行抵御外敌侵略、捍卫国家主权和领土完整、维护祖国独立的义务，都要勇敢地同一切出卖祖国利益、损害祖国尊严、危害国家安全、分裂祖国的言行作坚决的斗争。要教育他们，中华民族是一个多民族的大家庭，在祖国的历史发展中，汉族和各少数民族彼此交流和联系，形成了兄弟般的情谊，并共同创造了祖国的灿烂文明。祖国的繁荣昌

① 《邓小平文选》第3卷，人民出版社1993年版，第59页。

② 《邓小平文选》第2卷，人民出版社1994年版，第188页。

盛既离不开少数民族人民的努力，也离不开汉族人民的努力，各族人民都应该自觉维护民族团结和祖国统一。

第二，要对中小学生进行“和平统一、一国两制”方针的教育。“和平统一、一国两制”是一个完整的体系，其基本内容是在坚持祖国统一的前提下，国家主体实行社会主义制度，同时在香港、澳门、台湾保持原有的资本主义制度长期不变。目前，“一国两制”在香港和澳门的实践中取得了成功，香港和澳门保持了经济繁荣，社会稳定，人们生活幸福。

第三，要对中小学生宣传党和政府在祖国统一，特别是在台湾问题上的基本立场和方针政策，使他们了解党和政府在两岸统一的基本立场上一直是非常坚定的。从1949年12月中共中央提出“解放台湾”，到1978年12月党的十一届三中全会公报首次以“台湾回到祖国怀抱，实现统一大业”来代替“解放台湾”的提法，再到1984年邓小平提出“一国两制”解决台湾问题，1995年江泽民就台湾问题提出的八项主张，2003年以来胡锦涛在台湾问题上所发表的一系列讲话，都表现了党和政府在实现两岸统一问题上的坚持。尽管党和政府尽最大的诚意和可能谋求和平解决台湾问题，但是，也从来不放弃使用武力解决的承诺，国家要统一，民族要振兴，是任何力量也阻挡不了的历史趋势。

第四，要尽可能地让中小学生了解祖国实现完全统一的历史进程和已达到的状态，使他们明白台湾问题的历史由来和现状，以及和平统一对海峡两岸人民的重大意义。要使他们明白，尽管目前两岸统一还存在一些障碍，但在海外侨胞、港澳台同胞的共同努力下，两岸经济往来和文化交流始终在和平的轨道上稳步加深。要使他们相信，因为有这些爱国人士坚持不懈的努力和帮助，祖国完全统一大业的前景是光明的。

（三）切实遵循中小学生爱国主义教育发展规律

中小学生爱国主义教育发展规律，既是把握中小学生爱国主义教育本质的内在依据，也是有效进行爱国主义教育的前提和基础。只有切实遵循和把握住中小学生爱国主义教育发展规律，才能切实加强和改进新时期中小学生爱国主义教育。

1. 要切实遵循中小学生品德形成发展规律

品德心理研究成果认为，品德的形成过程是一个知、情、意、行的心理作用过程。个体思想品德的形成以道德认知为基础，以情感升华为酶素，以意志成型为标志，最终落实于道德实践。中小学生爱国主义品德的发生具有多端性，具体表现为每一个中小学生爱国主义品德的发生发展中，起决定性作用的或为知识，或为情感，或为意志，或为情感，或四者兼而有之。既然思想品德的发生不是千篇一律地从道德认知开始，那么，我们对中小学生的爱国主义教育，也应该研究中小学生个体的差异，区别不同的对象，有针对性地进行，坚持知、情、意、行的有机融合，辩证把握知识传授、情感升华、意志巩固和行为实践的统一关系。尤其要注重情感熏陶和意志品德训练，因为爱国主义教育作为培养爱国情感和行为的思想教育，如果不能深入人心，激发受教育者的情感，就不能达到效果。要深入人心，就必须培养情感、锻炼意志，铸造品性，使之成为内心的自觉律令。同时，作为一种品德教育，爱国主义教育也必须遵循品德发展规律。我们的中小学德育已经意识到了中小学生在不同的年龄阶段，其思想品德的发展状况是不一样的，并且制定出了相应的德育目标。如中小学德育大纲就规定，要在幼儿园、小学生中加强养成教育，规范其基本言行，培养良好习惯；对中学生要重点进行“五爱”“三观”及理想信念教育。事实上，关于人的思想道德发展的认识，美国心理学家埃里克森提出了更为详细的划分，他把人的一生的思想和行为的变化分为八个阶段，并且认为在每一个阶段，都有消极和积极两个方面，教育的目的就在于要发展积极的方面，克服消极的方面。埃里克森的理论认为，幼儿在0~2岁时如果得到关怀和照顾，会对周围世界产生信任感；在2~4岁时如果处处受到约束，儿童会形成羞怯或疑虑的性格，且儿童在4岁时已经有了初步控制自己社会行为的能力；7~16岁是未成年人成长过程中最为关键的阶段，如果他们的表现得到成年人的赞赏和奖励，他们就会更加勤奋自觉，否则就会自暴自弃，走背离社会的道路。尽管这只是一家之言，但为我们按照中小学生的品德发展规律，探索积极爱国主义教育模式，无疑有着重要的借鉴意义。

2. 要切实遵循中小学生品德提升规律

恩格斯曾经指出："就单个人来说，他的行动的一切动力，都一定要通过他的头脑，一定要转变为他的意志的动机，才能使他行动起来。"① 而能产生意志动机的，则是人的物质的、精神的需要。人们接受爱国主义教育的需要，从理论上说，可以促进人们接受爱国主义教育的行为。但是，二者之间并不存在一种必然的联系，有需要不一定有行为，行为也不一定产生于自身的需要，如被迫作出的行为。所以，在人们接受爱国主义教育的需要和行为之间存在着矛盾和冲突的一面，需要我们进行正确的引导，产生有益的行为。首先，我们要尊重人的物质利益的需要，考察中小学生物质利益方面的需求，激发他们接受爱国主义教育的需要和动机。"人们为之奋斗的一切，都同他们的利益有关。"② 中小学生对爱国主义教育的需要，首先也是基于个人与祖国的一种利益关系。祖国生养了自己，给了自己特定的种族遗传、生活基础、社会关系、价值观念、文化修养，使自己与国家的命运和利益紧紧连在一起。一方面，只有祖国繁荣昌盛，个人才可能得到充分发展和生活幸福；另一方面，祖国的繁荣富强，也需要个人的努力和创造。一般来说，只有在满足了人们的需要后，才能调动人们的积极性。但是，个人与祖国之间的利益关系有时也会出现一些矛盾和冲突，因为人的利益需要是多方面的，有正当的，也有不正当的，有合理的，也有不合理的。这时，人们就可能会作出舍弃国家利益、他人利益来保全个人利益的行为。这是爱国主义所坚决反对的。所以，激发中小学生接受爱国主义教育的积极性，应当尽量地满足中小学生的正当需要，又要对其不正常、不合理的需要加以引导，调动其积极因素，进而促进其思想和行为的转变。同时，也要遵循人的精神需要，从中小学生精神需要的层面，激发他们接受爱国主义教育的需要和动机。人的精神需要"既有理论的需要，又有情感的需要，还有意志的

① 《马克思恩格斯选集》第4卷，人民出版社1995年版，第251页。

② 《马克思恩格斯全集》第1卷，人民出版社1995年版，第187页。

需要”①，其中，人的理论需要是人对理论思维及其成果的需要，是人的最深层、最本质的精神需要；人的情感需要是人们正常形成、发展和表达情感的需要；而意志需要则是使自己在实现既定目标的过程中具有坚定持久的精神的需要。这些精神需要都是伴随着人们的需要不断满足和需要层次的不断提高而逐步发展的。接受爱国主义教育是情感需要，这是因为爱国主义首先是一种情感，它是人们对生养自己的祖国的无限热爱之情。正是缘于爱，人们才会有做好一切事情的动力和愿望。如邓小平之所以能领导全党和全国人民锐意改革，励精图治，开创我国社会主义现代化建设的新局面，一个最重要的原因就是，他是中国人民的儿子，他深情地爱着自己的祖国和人民。也正是因为有爱国的需要，中小学生才会想去了解自己祖国的一切，包括祖国的自然资源、文化历史、基本国情、政治制度、经济发展、国际地位等。而关于祖国的一切知识，都必须以理论认知教育的方式传递给中小学生，即通过爱国主义教育来完成。接受爱国主义教育是理论需要，是因为爱国主义作为一种理性的行为，本身也需要理论指导。列宁就曾指出“没有革命的理论，就不会有革命的运动”②。但是，爱国主义的理论，是不可能自发地形成和掌握的，也需要通过爱国主义教育从外部灌输到人们的头脑中去，也就是列宁曾指出的“工人本来也不可能有社会民主主义的意识。这种意识只能从外面灌输进去”③。接受爱国主义是意志需要，是因为爱国主义的“爱”是一种意志的行为，只有长期的、一贯的爱国主义行为才是真正的爱国主义行为。马克思曾指出，“除了从事劳动的那些器官紧张之外，在整个劳动时间内还需要有作为意志力表现出来的有目的的意志，而且，劳动的内容及其方式和方法越是不能吸引劳动者，劳动者越是不能把劳动当作他自己体力和智力的活动来享受，就越需要这种意志”④，爱国主义行

① 骆郁廷：《精神动力论》，武汉大学出版社2003年版，第90页。
② 《列宁选集》第1卷，人民出版社1995年版，第153页。
③ 《列宁选集》第1卷，人民出版社1995年版，第317页。
④ 《马克思恩格斯全集》第44卷，人民出版社2001年版，第208页。

为需要坚定的意志和信念的支撑，当爱国主义还没有内化为中小学生的信念或价值理念时，更需要通过爱国主义教育培养他们的坚定的爱国主义意志。

3. 要切实遵循中小学生爱国主义教育规律

爱国主义教育作为培养爱国者和“四有”社会主义公民的一项特殊的社会教育实践活动，实质上是构成这一实践活动的诸多要素共同作用、相互影响的结果。它不仅包括教育者、教育对象和教育思想之间直接的相互作用关系，还包括教育环境、教育载体、教育介体等的间接作用关系。而这些影响爱国主义教育有规律性运动的各要素之间的相互联系、相互作用的机理，就构成爱国主义教育的基本规律。其一，要遵循教育主客体的双向互动规律。教育的主体和客体构成中小学生爱国主义教育的基本要素，二者之间的双向互动，实际上是爱国主义教育活动过程中基本的矛盾运动。在爱国主义教育活动中，作为教育主体的教育者和作为教育对象的中小学生之间的矛盾互动，主要是由二者的主体性所决定的。爱国主义教育是教育者把经过自己消化吸收的教育内容和要求作用于中小学生，以期中小学生达成爱国主义教育目标的活动。在这一活动中，教育主体是教育的主导，具有主体性。这种主体主要表现在两个方面：一是教育主体必须能动地认识和把握教育要求；二是要能动地认识和了解中小学生，并针对不同层次学生的实际特点实施不同的教育。同时，在这一教育活动中，处于从属地位的中小学生也具有主体性。这种主体性也表现在两个方面：一是中小学生根据自己的需要认识、选择和接受教育要求，二是中小学生能动地认识、接受和适应教育主体。因此，只有在把握教育主体和作为教育对象的中小学生的主体性的前提下，切实遵循教育主客体的双向互动规律，使之相互认识、选择和适应，才能取得效果。

其二，要切实遵循社会影响和学校教育的双向互动规律。中小学生爱国主义教育的社会影响和学校教育的双向互动规律，是指社会影响和学校教育这两种重要的教育途径和方式，在促使中小学生爱国主义品德形成过程中的相互影响和相互制约的规律。

作为中小学生爱国主义教育的最主要途径，学校教育和社会影响的作用都不可忽视。特别是自改革开放的新时期以来，学校与社会的互动日益密切，学校教育和社会影响的双向互动正表现得越来越突出。学校教育和社会影响的双向互动，主要表现在两个方面：一是学校教育促进中小学生爱国主义教育的社会环境的好转；二是社会影响对中小学生爱国主义教育成果或促进或消解。学校教育主要是通过课堂教学直接进行爱国主义知识教育、情感教育及行为教育，并通过校园文化、学校日常服务、管理等营造良好的爱国主义教育氛围。在这种集中的、系统的教育中，不仅中小学生很容易接受爱国主义的思想，而且会由点及面，对社会的爱国主义教育带来深刻的影响。同时，社会是一个大熔炉，不同的文化价值观念、社会思潮和利益选择，通过人们的具体行为和生活方式表现出来，给人带来更具体、更直接的触动和感受。这些可能会巩固学校爱国主义教育的效果，也可能会消解学校爱国主义教育的效果。不论是巩固还是消解，社会环境的变化都会促使中小学生爱国主义教育不断地调整和改进教育目标、内容和方法，以适应新的社会现实需要。学校教育和社会影响的双向互动规律是中小学生爱国主义品德形成中客观存在的规律。如果我们忽视了这一规律，会使中小学生爱国主义教育的效果达成大打折扣，这一方面我们是有深刻的经验教训的。过去我们忽视爱国主义教育的社会环境的营造，结果导致学生“在学校进一步，回到家里退两步，到社会上退三步”的情形。因此，要把握学校教育和社会影响双向互动的规律，就需要我们树立大教育观念，把中小学生爱国主义教育放在一个大的环境中进行，即在学校教育为主的前提下，注重社会力量的协调一致，组成社会教育网络结构，使中小学生爱国主义教育跳出平面教育的框架，在时间不断推移、空间不断拓宽的多种视界中，以立体的形式进行。同时，还要积极观察、分析和预测社会环境的变化特点和趋势，增强学校爱国主义教育的社会环境适应性和对社会环境改造的创造性。

其三，要切实遵循爱国主义教育的效果整合规律。恩格斯曾说过："任何事情的发生都不是没有自觉的意图，没有预期的目的的"①，"动物仅仅利用外部自然界，简单地通过自身的存在在自然界中引起变化；而人则通过他所作出的改变来使自然界为自己的目的服务"②。中小学生爱国主义教育作为人类一项特殊的实践活动，有非常明确的目的性，可以说，它所开展的一切活动都是为了实现一定阶段的发展目标。对目标的实现程度进行定性的评价，就是我们通常所说的教育效果。由于中小学生爱国主义教育涉及面广，情况复杂，所以其教育效果的取得绝不是单纯一个因素就能决定的，而应该是多因素作用的结果。在对中小学生进行爱国主义教育的过程中，对所有影响爱国主义教育的因素进行协调与控制，使之同向发挥作用，促进教育目标的实现，就是爱国主义教育的效果整合。

从宏观层面来说，一要整合教师、家长、其他社会群体的教育者和一些社会组织等施加的影响，使之同向发挥作用，共同指向中小学生爱国主义教育的目标。二要对社会的政治、经济、文化环境对中小学生爱国主义教育所产生的正面或负面的影响进行整合，抑制和消除其负面的影响，利用和强化其正面的影响，使之与教育主体施加的教育影响一致，为中小学生爱国主义教育营造良好的社会氛围，促进中小学生爱国主义教育目标的实现。三要有规范与管理的强制约束。爱国主义作为一种政治原则和道德要求，常常被写进一些规范和管理制度。如宪法规定了国旗、国徽、国歌、服兵役等爱国主义要求，《学生守则》也把"爱祖国、爱人民、爱社会主义"作为道德要求进行了规范。这些以具体的规范和制度确定下来的内容，使人们明确地知道不能违背的爱国主义原则和要求，从而约束自己的行为。但是在具体的实践中，由于教育者和管理者的素质不够，不能做到以身作则，或者传授的内容与规范制度确定的内容不符或矛盾，也可能会消解爱国主义教育的效果。所以，我们还必须重视发挥规范制度的育人功能，使之与教育和谐一致，真正

① 《马克思恩格斯选集》第4卷，人民出版社1995年版，第247页。
② 《马克思恩格斯选集》第4卷，人民出版社1995年版，第383页。

做到教育育人、管理育人。

从微观层面来说，一要整合认知教育与情感教育的力量，使之产生合力。爱国主义教育不是单纯的认知教育，其最终的落脚点是情感的培育，但认知会影响情感培育，如当认知教育认为要延迟反应时，就会遭到人们想做及时反应的情感的抵制；当认知教育要顾及全局利益时，人们的个别区域的情感冲动就会带来矛盾。这就需要我们对二者进行调节和控制，使之达成一致，协调发展。二要整合自我修养和教育的力量，使之产生合力。教育者的有目的、有计划的自觉教育和教育对象的自我修养是完成爱国主义教育过程的两个重要环节。从理论上说，中小学生爱国主义教育的过程是：教育者把社会的爱国主义要求传递给中小学生，中小学生根据自己的需要对教育要求进行判断选择，并内化到自己的信念、价值体系之中，最后付诸行动。教育者施加的教育过程是一个外在灌输的过程，是由教育者主导的，而中小学生内化接受的过程，是由中小学生的主观能动性和内在需要决定的，因而对中小学生爱国主义教育目标的实现更具有决定性意义。实践也证明，中小学生爱国主义教育离开了中小学生的内化接受，只能是毫无意义的说教。中小学生爱国主义教育要求的内化接受程度是中小学生自我修养的结果。但是，中小学生的自我修养会受到社会环境和其自身的文化素质、心理发展水平、认知能力、价值观念、利益需要等因素的影响，具有自发性甚至盲目性，可能会对教育者施加的教育影响产生抵触和矛盾，从而影响爱国主义教育的效果。因此，我们必须对其进行协调和控制，使之相辅相成、相得益彰而有机地统一在一起，共同发挥力量，促进中小学生爱国主义教育目标的实现。

（四）以人为本，德育为先，与“四有”新人目标相一致

教育以德为先，促进中小学生德、智、体、美的全面发展，既是新时期教育的终极目标，也是中小学生德育的终极目标，因而也是爱国主义教育的根本目的。如何促进中小学生的全面发展，《中共中央国务院关于进一步加强和改进未成年人思想道德建设的若干

意见》指出，要“坚持以人为本”。所谓“以人为本”，就是要以实现人的全面发展为目标，从人民群众的根本利益出发谋发展、促发展，不断满足人民群众日益增长的物质文化需要，切实保障人民群众的经济、政治和文化权益，让发展的成果惠及全体人民。中小学生爱国主义教育也要坚持以人为本，特别要注重引导广大中小学生树立崇高的爱国品德，成为“有理想、有道德、有文化、有纪律”的社会主义事业的建设者和接班人。

1. 要培育中小学生的中国特色社会主义的共同理想

爱国不是抽象的，是要爱社会主义祖国，是要有坚定的社会主义理想和信念。没有坚定的社会主义理想和信念，也很难把爱国与爱社会主义统一起来。因此，加强中小学生爱国主义教育，也要注重培育他们的社会主义理想。“有理想”也是“四有”新人的灵魂，邓小平多次强调，“我们一定要经常教育我们的人民，尤其是我们的青年，要有理想”①，“要特别教育我们的下一代下两代，一定要树立共产主义的远大理想”②。“有理想”包括共产主义的最高理想和中国特色社会主义的共同理想。共产主义理想是人类文明最进步、最美好的理想，它指引人类文明前进的方向，需要一代又一代的努力奋斗去实现。在共产主义理想的引领下，建设中国特色社会主义，把我国建设成为富强、民主、文明、和谐的社会主义现代化国家，是我国各民族在现阶段的共同理想，是实现中华民族伟大复兴的必然要求。培育中小学生的中国特色社会主义的共同理想，既要教育他们坚信共产主义理想，更要使他们树立为建设中国特色社会主义现代化和实现中华民族伟大复兴而努力奋斗的信念。

2. 要培育中小学生的爱社会主义祖国的基本道德

“有道德”是“四有”新人的重要方面。这种道德是指共产主义道德和社会主义道德。由于人的差异性，其道德认知和道德水平也会有所不同，因而不能要求所有人都必须树立共产主义道德，只

① 《邓小平文选》第3卷，人民出版社1993年版，第110页。

② 《邓小平文选》第3卷，人民出版社1993年版，第111页。

能有差别地对待，正如邓小平所说："我们在鼓励帮助每个人勤奋努力的同时，仍然不能不承认各个人在成长过程中所表现出来的才能和品德的差异，并且按照这种差异给以区别对待，尽可能使每个人按不同的条件向社会主义和共产主义的总目标前进。"① 而在社会主义市场经济条件下，社会主义道德的构建是以集体主义为原则，全心全意为人民服务为宗旨，诚实守信为重点的。爱国主义、集体主义和社会主义的教育，始终是社会主义道德建设的主要内容。而爱国作为一种政治义务，同时也是一种道德要求，它要求人们以热爱祖国为最大光荣，以背叛祖国为最大耻辱，要求人们以爱国、报国，维护祖国统一、民族团结为荣，以卖国、叛国，分裂祖国和民族团结为耻，它既是传统美德和中华民族精神在新的历史时期的传承与弘扬，更是社会主义核心价值体系建设的基础。培育中小学生"有道德"，就是要通过历史、传统、国情、文化、成就、国防等方面的教育，培育他们知国、爱国、拥国、报国的社会主义基本道德。

3. 要培育中小学生的爱国文化认知

"有文化"，是指要提高中小学生的思想道德文化、科学文化水平。教育中小学生掌握丰富的文化知识，有助于他们坚定社会主义理想、信念，促进他们树立社会主义道德观念，增进他们的爱国情感。因为社会主义的理想、信念，社会主义道德和纪律的观念，都是以一定的文化素养为基础的。一个人的文化素质越高，就越容易理解个人与社会的关系，更容易正确地处理个人与集体、国家的关系，个人与祖国的关系，更容易领会和掌握社会规则和法纪精神，养成遵守道德、遵纪守法的行为习惯。爱国主义情感的培育，也离不开科学文化知识的积淀。因此，对中小学生进行爱国主义教育，就是要遵循《爱国主义教育实施纲要》精神，从历史到现实、从物质文明到精神文明、从自然风光到物产资源，从社会生活的各个领域，挖掘各种宝贵的爱国主义教育资源进行爱国主义教育；从历史、优秀传统文化、党的基本路线和社会主义现代化建设成就、

① 《邓小平文选》第2卷，人民出版社1994年版，第106页。

中国国情、社会主义民主法制、国防和国家安全、民族团结和“和平统一，一国两制”方针等方面进行爱国主义教育，培育他们的爱国文化认知。

4. 要遵守社会主义法纪，维护祖国利益

邓小平曾指出：“我们这么大一个国家，怎样才能团结起来、组织起来呢？一靠理想，二靠纪律。组织起来就有力量。没有理想，没有纪律，就会像旧中国那样一盘散沙，那我们的革命怎么能够成功？我们的建设怎么能够成功？”① 邓小平所说的纪律，指的是社会主义的法纪。对中小学生进行纪律教育，一方面是因为我国社会主义市场经济的有序运行，需要依靠完备的法律规范、必要的道德规范的支持。也就是说，社会主义市场经济客观上要求人们具备规范意识、规则意识，能够遵纪守法地从事经济、经营活动。而人们的规则意识、规范意识，在很大程度上依赖于他们所接受的教育。对中小学生进行纪律教育，帮助他们树立规范意识、纪律意识，无疑有利于他们日后参与社会经济生活。另一方面是因为我国发展社会主义政治文明，建设社会主义法治国家，需要人们能够在社会生活中对法律体系、法律制度进行内化。在爱国主义教育中，对中小学生进行社会主义法纪教育，要使他们从小树立遵纪守法的观念，养成遵纪守法的行为，明白自己的遵纪守法就是对祖国利益的维护。

二、新时期我国中小学生爱国主义教育的基本原则

中小学生爱国主义教育的基本原则，是指在对中小学生进行爱国主义教育的过程中应该遵循的基本准绳。它是中小学生爱国主义教育规律的反映。中小学生爱国主义教育的原则很多，本书仅从爱国主义教育实施的角度提出两条基本原则。

① 《邓小平文选》第3卷，人民出版社1993年版，第111页。

（一）现实适应性原则

马克思在《〈政治经济学〉序言》中，回顾自己的研究思路时指出，经过对黑格尔哲学的批判，“我的研究得出这样一个结果：法的关系正像国家的形式一样，既不能从它们本身来理解，也不能从所谓人类精神的一般发展来理解，相反，它们根源于物质的生活关系，这种物质的生活关系的总和，黑格尔按照18世纪的英国人和法国人的先例，概括为‘市民社会’，而对市民社会的解剖应该到政治经济学中去寻求”①。这就是说，人的一切活动都是现实的，这种现实性是由其物质生产方式决定的。中小学生爱国主义教育的现实适应性是中小学生爱国主义教育过程中矛盾运动的必然要求，它反映了中小学生爱国主义教育过程中社会现实条件对其所起的制约作用。作为中小学生爱国主义教育的一条基本原则，中小学生爱国主义教育的现实适应性原则主要有三个方面的基本内容，即社会发展的现实适应性、社会热点问题的现实适应性和教育对象的现实适应性。

1. 社会发展的现实适应性

社会发展的现实适应性，是指中小学生爱国主义教育要适应一定社会政治、经济、文化的发展，并受其制约的特性。中小学生爱国主义教育作为培养中小学生爱国主义品质的政治教育和道德教育，以及作为树立以国家利益为重的价值观念的思想教育，必须符合时代的特征，根据一定社会的政治制度、政治目标确立方向，遵循国家的制度、方针和培养目标进行爱国主义的意识形态教育，从而体现爱国主义教育服从和服务于一定社会的政治要求。同时，爱国主义教育又是在一定社会的经济、文化环境中所进行的具体的、历史的教育实践活动，必然受着这个社会的经济、文化发展状况的制约和影响。这一特性在任何一个社会形态的民族国家里都是如此，古今中外，概莫能外。在当代中国，我们党把以经济建设为中心，坚持改革开放，建设有中国特色社会主义，作为最大的政治任

① 《马克思恩格斯选集》第2卷，人民出版社1995年版，第32页。

务加以强调。中小学生爱国主义教育必然要适应这一时代的政治要求，把坚持改革开放的原则，适应改革开放的形势，服从和服务于建设有中国特色社会主义的伟大事业当作教育的伟大任务。同时，社会主义市场经济的发展带来了社会生产力和科技水平的巨大进步，不仅丰富了自身的内容，也创新了教育的手段。伴随经济全球化的趋势，中国的思想文化也遭遇了西化、分化和消解的挑战，社会价值观日渐呈现多样化的复杂局面。中小学生爱国主义教育必须要适应这一经济文化环境的变化，大力弘扬蕴含丰富的优秀民族精神的中国传统文化和体现时代精神的先进社会主义文化，时刻注意培育和提高民族自尊心和自信心，促使中小学生立志为祖国统一、繁荣和富强作贡献。

2. 社会热点问题的适应性

所谓的社会热点问题，是指一定社会的特定时期所发生的，经过现代传播媒介的渲染和造势而形成的，在当时社会最吸引人们眼球和注意力的某些事件。一般来说，社会热点问题可以分为两种：一种是由政党和政府根据政治利益和社会发展的需要，采用各种手段干预形成的热点，如改革开放初期，党和政府就利用各种形式进行导势，使改革开放成为人人关心的社会热点问题；另一种是造成重大社会影响的突发事件，如国际恐怖主义事件等。爱国主义教育作为一种特殊的教育活动，是社会的统治者凝聚人心、保持社会稳定的重要手段，因而，服从和服务于统治阶级的政治利益需要，是爱国主义教育的根本属性之一。不论是哪一种社会热点问题，相对于其他事件而言，都有这样一些特点：一是高关注性。社会热点之所以产生，最关键的是该事件成功地吸引了人们的眼球，获得了人们的普遍关注。对于一些带有社会历史意义的事件，政党和政府通过有意引导和宣传，使之成为社会的热点，是希望获得社会民众的理解、支持和参与；对于那些突然发生的社会热点，社会民众则会因为自身求知、求新的心理而自觉地给予关注。因此，社会热点一旦形成，便会引起社会成员的高度关注。二是煽情性。一个事件之所以能成为社会热点，被社会民众所关注，有一个重要的原因，就是它能激起普遍的社会心理反应。比如日本政界参拜靖国神社，就引起了曾受过日本军国主义伤害的民族国家及其人民的心理不满。这种社会心理的反应具有很大的煽情性，特别是在社会矛盾和民族敌视情绪比较集中的时候，很容易造成巨大的社会动乱。因此，中小学生爱国主义教育必须适时地针对社会热点问题进行教育，引导中小学生客观地认识这些热点事件本身，并作出理性的行为选择。在当代中国，建设有中国特色社会主义和改革开放既是时代的主题，也是这一时期社会的热点问题，中小学生爱国主义教育必须突出中国特色社会主义和改革开放的特点和要求。除此之外，还有许多因国际环境的变化而产生的社会热点，如国际恐怖主义事件、中日关系问题、台湾问题等，中小学生爱国主义教育也必须做出适时的反应，抓住教育的契机，因势利导，帮助中小学生树立理性的爱国主义。

3. 教育对象的现实适应性

爱国主义教育对象的现实适应性，实际上是爱国主义教育过程中教育要求与教育对象的实际情况之间的矛盾运动特性的具体反映。爱国主义教育是教育者把一定的教育要求施加给教育对象的过程，教育对象的实际情况不仅决定了他们对教育要求的理解和接受程度，而且也决定了他们对不同的教育内容的需要和关注。对中小学生爱国主义教育来说，其教育对象非常广泛，从不同的标准可以划分为不同的类型。例如，按照年龄层次可分为儿童、少年；按其文化程度，可分为小学、初中、高中等；根据生活地区，可分为城市中小学生、农村中小学生等。而且，随着社会改革的深入发展和社会阶层的分化，还出现了社会强势群体子女和社会弱势群体子女、农民工子女等。面对这样范围宽广的教育对象，中小学生爱国主义教育只有遵循一切从实际出发的原则，针对不同的教育对象的实际来展开教育，才可能取得良好的教育效果。但是，中小学生爱国主义教育要适应教育对象的实际情况，并不是被动消极地适应，而是积极适应。也就是爱国主义教育要求的提出要适当地超越教育对象的实际爱国主义的思想水平，但又不能高到教育对象经过努力也难以达到的水平。这样，才有利于中小学生爱国主义教育要求与教育对象的实际情况之间的矛盾运动良性循环、螺旋式上升，达到否定之否定的效果。

（二）层次遵循性原则

中小学生爱国主义教育的层次遵循性原则是指在对中小学生进行爱国主义教育的过程中应该遵循爱国主义教育层次性的特点。爱国主义教育作为一种培养人的教育活动，既是一个灌输的过程，也是一个养成的过程。不论是灌输还是养成，爱国主义教育的一个最重要的前提，就是要根据教育对象的年龄、文化、思想、心理等特征进行分层次的教育。就如《爱国主义教育实施纲要》中所指出的，“要根据教育对象不同的年龄层次、心理特点、知识水平和接受能力，科学地安排活动内容”。爱国主义教育的层次性，不是人们的主观设置，而是一种规律性的客观存在，它反映了爱国主义教育过程中教育要求与教育对象之间的矛盾运动特征。中小学生爱国主义教育的层次性是一种不以人的意志为转移的客观存在，从表现形式上，有三个方面的内容，即教育对象的层次性、教育内容的层次性和教育目标的层次性。

1. 教育对象的层次性

爱国主义教育对象的层次性划分是提升爱国主义教育实效性和爱国主义教育针对性、可操作性的基础，也是其教育目标、教育内容层次性划分及教育方法选择的重要依据。中小学生爱国主义教育的对象不仅范围广泛，而且实际情况非常复杂。一方面，每个教育对象因为先天和后天的条件不同，在知识水平、思想认识、自我监督和控制能力、自我完善和自我发展的要求等方面存在巨大差异，个性和态度也有所不同。另一方面，由于改革开放时期社会利益结构和利益分配不均衡，导致社会成员对改革及改革带来的社会层次结构变迁的心理体验也大相径庭，使生活在不同背景下的中小学生的价值取向复杂，理想追求呈现多样化特点。这些都决定了我们不能用相同的模式、内容去教育他们，而是要对中小学生进行科学的层次划分。

2. 教育内容的层次性

爱国主义教育内容层次的划分，也有多个标准。如果我们把爱国主义视为人们对养育自己的祖国所产生一种无比热爱的道德情感，并把这种道德情感分为直觉的爱国主义情感、想象的爱国主义情感和伦理的爱国主义情感，就可以把爱国主义教育的内容划分为这样三个层次：一是引起人们发生直觉爱国主义情感的内容，如祖国的大好河山、自然环境、国土资源等；二是能够培育人们想象爱国主义情感的内容，主要是祖国的历史和优良传统，基本国情和伟大成就等；三是能够培养伦理爱国主义情感的有关内容，如民族团结和祖国统一，世界观、人生观和价值观，民族责任感和使命感，社会主义理想信念等。如果我们把爱国主义视为爱国主义政治原则和道德要求，那么爱国主义教育的内容又可以分为四个层次：一是政治内容，如"一国两制"、祖国统一和"四信"① 教育等；二是思想内容，即"三观"——世界观、人生观和价值观；三是道德内容，即"三德"——社会公德、职业道德、家庭美德；四是爱国主义教育的活动内容，如升国旗、唱国歌等。对于中小学生的爱国主义教育内容，应该根据中小学生的实际水平进行有层次的内容选择。比如对中学生，可以进行爱国主义义务感教育和民族责任感、使命感教育；而对小学生，则主要是进行尊老爱幼、爱家、爱劳动、爱卫生、爱家乡等方面的教育，培养他们爱家乡、爱身边人的情感。

3. 教育目标的层次性

爱国主义教育的目标是一定时期内实施爱国主义教育活动所要达到的预期结果。中小学生爱国主义教育目标不是单一的，而是一个由许多子目标构成的目标体系，具有内在的层次性。尽管中小学生爱国主义教育的培养目标的层次性划分，可以根据多个标准来进行，但是，制定出的目标必须符合教育对象的实际状况。任何超前于或者滞后于教育对象实际状况的目标，都不能发挥目标的激励作用，从而影响中小学生爱国主义教育的实际效果。

① 对中国特色社会主义的信念、对党和政府的信任、对企业发展的信心、对社会的信誉。

第四章 中小学生爱国主义教育的目标体系

中小学生爱国主义教育目标是中小学生爱国主义教育本质的重要体现，也是中小学生爱国主义教育活动中最根本的问题。它不仅规定了中小学生爱国主义教育的方向和内容，也影响着中小学生爱国主义教育的途径和方法。构建中小学生爱国主义教育的目标体系，明确中小学生爱国主义教育的任务，对于有效展开中小学生爱国主义教育有着非常重要的意义。一般来说，教育目标是一个由教育目的、培养目标、课程目标和教学目标等共同构成的系统。其中，教育目的是一个国家乃至一种社会人才培养的终极目标，是一个国家教育的起点和终点，是含有方向性的总体目标和最高目标，它“关系到把受教育者培养成为什么样的社会角色和具有什么样的素质的根本性问题”①。培养目标是各级各类学校及各个学段应具体达到的教育目标，它具有阶段性、层次性、灵活性的特点。课程目标是各科类、各学科的教育目标。教学目标则是关于教师“教”和学生“学”的教育目标。中小学生爱国主义教育目标作为教育目标的一种，也应该构建包括教育目的、培养目标、课程目标和教学目标在内的目标体系。

一、中小学生爱国主义教育的目的

恩格斯曾经指出：“在社会历史领域内进行活动的，是具有意识的、经过思虑或凭激情行动的、追求某种目的的人；任何事情的

① 顾明达：《教育大辞典》，上海教育出版社1989年版，第765页。

发生都不是没有自觉的意图，没有预期的目的的。"① 爱国主义教育作为一项特殊的社会实践活动，也应有自己特定的目的。因此，我们完全有理由去追寻爱国主义教育的目的，正如乌申斯基所说："我们完全有理由去问教育者，他将在他的工作中追求什么目的？并要求对这个问题作出明确而断然的答复。"② 关于爱国主义教育目的，1994 年中宣部颁发的《爱国主义教育实施纲要》就已有明确规定，即"振奋民族精神，增强民族凝聚力，树立民族自尊心和自豪感，巩固和发展最广泛的爱国统一战线，把人民群众的爱国热情引导和凝聚到建设有中国特色的社会主义伟大事业上来，做有理想、有道德、有文化、有纪律的社会主义公民，为实现四化、振兴中华的共同理想团结奋斗"③。这也是中小学生爱国主义教育应该遵循的目的。

（一）振奋民族精神，增强民族凝聚力

民族精神，是一个民族在其历史演进中所形成的具有独特、稳固、持久而强烈等特点的民族意识和精神品格，它是一个民族生存发展的思想动力和精神支撑，是衡量一个民族综合实力的重要标准，也是一个民族自立于世界民族之林的重要条件。民族凝聚力，是指"民族共同体内，能够把全体成员集聚结合在一起，成为一个统一的有机整体并推动民族不断向前发展的内在力量"④，它是各民族的成员在对本民族的价值观、民族精神、民族发展目标、民族前途和命运的共识感、认同感、责任感和使命感的基础上形成的一种强大的精神动力。民族精神是民族凝聚力的核心，是把中华民族全体成员凝集在一起的黏合剂。作为一个民族世代相传的历史积淀和价值追求，民族精神是民族文化的共同价值取向。民族凝聚力

① 《马克思恩格斯选集》第 4 卷，人民出版社 1995 年版，第 247 页。

② ［俄］乌申斯基：《人是教育的对象》（上），张佩珍等译，人民教育出版社 1989 年版，第 6~7 页。

③ 《爱国主义教育实施纲要》，载《人民教育》1994 年第 10 期。

④ 任涛等：《统一战线和中华民族凝聚力》，中国社会科学出版社 2000 年版，第 14 页。

正是这种民族文化的共同价值取向在群体意识上的外显。

振奋民族精神，增强民族凝聚力，是一个民族实现伟大复兴的重要条件。一个民族，没有精神就站不起来，一个民族，没有凝聚力就会像一盘散沙，就更谈不上实现民族的复兴与腾飞了。世界民族发展的历史也告诉我们，任何一个民族只有物质和精神都富有，才能成为一个有强大生命力和凝聚力的民族，自立于世界民族之林。正如党的十六大报告中指出的："民族精神是一个民族赖以生存和发展的精神支撑。一个民族，没有振奋的精神和高尚的品格，不可能自立于世界民族之林。"① 在这个国际竞争日益激烈的时代，民族精神和民族凝聚力对于一个民族的生存与发展至关重要。中国作为一个有13亿多人口的大国，尤其需要强大的民族精神和民族凝聚力作为精神支撑。

爱国主义教育是振奋民族精神、增强民族凝聚力的动力源泉。爱国主义教育作为一种强大的精神力量，也是一个民族赖以生存和发展的灵魂所在。从古到今，没有哪一个民族不是在爱国主义精神的支撑下生存和发展起来的。中华民族是富有爱国主义光荣传统的伟大民族，"在我国历史上，爱国主义从来就是动员和鼓舞人民团结奋斗的一面旗帜，是各族人民共同的精神支柱，在维护祖国统一和民族团结、抵御外来侵略和推动社会进步中，发挥了重大作用。在爱国主义精神的激励下，我们的国家和民族自强不息，具有伟大的凝聚力和生命力"②。在爱国主义精神的激励下，我们的国家和民族在每一个不同历史时期，都表现出了伟大的凝聚力、动员力和自强精神。特别是在民族危难的关头，爱国主义对民族凝聚的作用是巨大的，它推动中国人民以空前的民族觉醒和民族团结，争取民族的尊严和自信。也正是因为爱国主义具有强大的精神动力和民族凝聚力，才使得中华民族虽然历经分裂和侵略的磨难，但始终屹立

① 《十六大以来重要文献选编》(上)，中央文献出版社2005年版，第30页。

② 《十三大以来重要文献选编》(中)，人民出版社1991年版，第1047页。

于世界东方而不衰。

振奋民族精神，增强民族凝聚力，本身也是爱国主义教育的应有之义。爱国主义的形成与发展是以民族的存在为前提的，它是在各族人民在创造祖国物质文明和精神文明的过程中，彼此之间发生联系，产生强烈认同感的基础上而形成的强烈情感，首先表现为对本民族的根本利益的深切关心和自觉维护，并以自己的行动推动其不断发展与振兴。而民族这个共同体，其形成固然与人种、地域、经济等有关，但主要是由共同的精神文化所造就的共同心理所决定的。换句话说，民族的形成与发展，是靠民族精神和民族凝聚力维持的。可见，爱国主义与民族的这种不可分割的关系，内在地决定了爱国主义教育必须把振奋民族精神、增强民族凝聚力作为其根本目的和重要内容。不仅如此，爱国主义教育作为调整个人与国家利益关系的重要手段，从客观上也促进了民族精神和凝聚力的增强。从个人与祖国的关系来看，爱国主义的凝聚力又表现为向心力。按照价值原理，物质利益可以使人亲近祖国，也可以使人远离祖国。但是，爱国主义所提倡的民族利益高于个人利益、个人利益服从民族利益的原则，使爱国者不论在祖国危难的时候，还是兴旺发达的时候，心都能向着祖国。正是这种向心力，使人能够自觉地把个人的追求与祖国的命运紧紧联结在一起，使祖国能够把千千万万华夏儿女团结在自己的周围，拧成一股绳。

加强中小学生爱国主义教育，振奋民族精神，增强民族凝聚力，首先要在中小学生中弘扬和培育中华民族的伟大精神，如“天下为公”的无私奉献精神、“仁者爱人”的博爱大众精神、“自强不息”的积极进取精神、“厚德载物”的宽厚包容精神、“居安思危”的民族忧患精神、“革故鼎新”的改革变通精神、“见利思义”的以义制利精神、“克勤克俭”的勤劳俭朴精神，以及“致中和”的尚中贵和精神，“杀身成仁”“舍生取义”的英勇献身精神，富贵不淫、贫贱不移、威武不屈的人格独立精神等；还有在社会主义革命和建设时期形成的一些新的时代精神，如大公无私、服从大局、艰苦奋斗、廉洁奉公的精神，革命与拼命的精神，严守纪律和自我牺牲的精神，大公无私和先人后己的精神，坚持革命乐观主义、排除万难去争取胜利的精神，长征精神，延安精神，抗美援朝精神，“两弹一星”精神，大庆精神，抗洪精神，“六十四字”创业精神，解放思想、实事求是的精神，紧跟时代、勇于创新的精神，知难而进、一往无前的精神，淡泊名利、无私奉献的精神，等等。要使他们明白，这些精神都是中华民族虽然历经磨难而立于不败之地的力量之源，也是凝聚、感召和激励一代又一代人为国奋斗的巨大动力。

加强中小学生爱国主义教育，振奋民族精神，增强民族凝聚力，其次要使广大中小学生明白，当前我国正处在全面建设小康社会和加快推进社会主义现代化的新的发展阶段，国内经济发展、政治稳定、社会进步、民族团结，全党、全国人民正满怀信心地为全面建设小康社会、开创中国特色社会主义新局面而团结奋斗。在这一伟大事业的进程中，仍然需要全国各族人民不断发扬爱国主义精神。也要使他们明白，在经济全球化日益加深的趋势中，科学技术日新月异，知识经济方兴未艾，综合国力的竞争不仅体现在经济实力、科技实力、国防实力等方面，文化也成为衡量综合国力的重要尺度。尽管经济全球化的发展趋势，为不同民族文化的交流提供了有利的条件，但不同思想文化的相互激荡对弱势国家的文化独立与文化安全提出了严峻的挑战。“世界多极化、经济全球化的深入发展，引起世界各种思想文化，历史的和现实的，外来的和本土的，进步的和落后的，积极的和颓废的，展开了相互激荡，有吸纳又有排斥，有融合又有斗争，有渗透又有抵制。总体上处于弱势地位的广大发展中国家，不仅在经济发展上面临严峻挑战，在文化发展上也面临严峻挑战。保持和发展本民族文化的优良传统，大力弘扬民族精神，积极吸取世界其他民族的优秀文化成果，实现文化的与时俱进，是关系广大发展中国家前途和命运的重大问题。”① 要积极面对国内外的形势和需要，自觉抵御外来文化的侵略，发展本民族先进文化，培育和弘扬民族精神，增强民族凝聚力，为我国的社会

① 《十五大以来重要文献选编》（下），人民出版社 2003 年版，第 2122 页。

主义现代化建设而努力奋斗。

（二）树立民族自尊心和自豪感

民族自尊心和自豪感是国家和个人都必不可少的精神。一个国家如果没有民族自尊心和自豪感，就不能自立于世界民族之林；一个人如果没有民族自尊心和自豪感，就谈不上对祖国的热爱和为祖国而献身，甚至还可能做出有损于国格和人格的事情来。中国在其历史发展中形成了自己的民族自尊心和自豪感，它是中华民族以爱国主义为核心的民族精神得以形成的强大心理基础。中国人民的民族自尊心首先表现为“富贵不能淫，贫贱不能移，威武不能屈”的坚贞民族气节。每当祖国和民族的尊严遭受侵犯与玷污时，人们总是以祖国和民族的利益高于一切的精神，毫不保留地贡献自己的智慧、力量甚至生命，去维护祖国和民族的尊严。其次，中国人民的民族自尊心还表现为自强不息的奋斗精神和自爱、自重、自律的行为。中华民族是经得起忧患考验的民族，它之所以能经受考验，是因为有自强不息的奋斗精神。每当民族蒙受屈辱时，有骨气的中国人都能卧薪尝胆、发奋图强，为摆脱屈辱地位而奋斗不已。中国人民不仅有自强不息的奋斗精神，而且有自觉维护中国人的人格和国格的道德传统。它使每一个有尊严的中国人都努力做到不做有损于自己人格和国格的事情，如：在祖国贫穷落后时，不妄自菲薄；在强国、大国面前，不奴颜婢膝；面对金钱、地位的引诱，不做人格低下、有损国格之事；在侵略者的武力威胁面前，不屈服投降，等等。在社会主义建设的新的历史时期，中国人民的民族自尊心和自豪感，集中体现为独立自主、自强不息，为建设有中国特色社会主义事业而努力，为社会主义建设所取得的伟大成就而自豪。正如邓小平同志所指出的：“中国人民有自己的民族自尊心和自豪感，以热爱祖国、贡献全部力量建设社会主义祖国为最大光荣，以损害社会主义祖国利益、尊严和荣誉为最大耻辱。”① 这是对社会主义民族自尊心和自豪感的精辟概括。

---

① 《邓小平文选》第3卷，人民出版社1993年版，第3页。

树立民族自尊心和自豪感，是由国内外形势所决定的。全球化趋势下，一部分中国人面对国外发达的经济和丰厚的物质生活，不由自主地会产生心理上的向往和追求。他们吃麦当劳、肯德基，看好莱坞电影，用国外制造的产品……甚至大言不惭地宣称只要是国外的东西，就是好的。在国内，市场经济所要求的市场主体的自主性和利益追求的最大化，以及社会生活的多样化，更是促使这种社会心理加深。而树立民族自尊心和自豪感，既不是要闭关自守、故步自封、妄自尊大，也不是要卑躬屈膝、妄自菲薄、崇洋媚外，而是要在对外开放中坚持独立自主，牢固树立"以热爱祖国为荣，以危害祖国为耻"的观念，自觉地把个人的前途命运与祖国的前途命运紧密联系在一起，把爱国热情凝聚到建设中国特色社会主义的伟大事业上来，凝聚到为祖国的繁荣富强、统一大业而共同奋斗的精神动力上来。它是与爱国主义联系在一起的。因此，必须以胡锦涛提出的"八荣八耻"为指导，加强爱国主义教育，使人们树立正确的荣辱观，增强民族自尊心和自豪感。

对中小学生进行爱国主义教育，培育他们的民族自尊心、自信心和自豪感，一是要通过历史教育，使他们了解"在中华民族的开化史上，有素称发达的农业和手工业，有许多伟大的思想家、科学家、发明家、政治家、军事家、文学家和艺术家，有丰富的文化典籍"①；也要使他们知道，自1840年鸦片战争以来，在帝国主义的坚船利炮的轰击下，中国经历了国家珍宝被掠夺、大好河山受践踏、人民遭蹂躏的苦难历程；更要使他们懂得，在祖国的历史面前，我们的先人们无论在什么情况下，都始终保持强烈的民族自尊心和自豪感，其爱国之诚挚、救国之殷切，全不为个人的私利所动摇。在祖国繁盛的时候，他们是锐意改革，殚精竭虑，励精图治；在祖国危亡时，他们是忧国忧民，为国献身，气贯长虹。二是要通过国情教育，使中小学生了解到，社会主义中国成立后，经济建设持续健康发展，民主法制正在不断发展和完善，香港、澳门顺利回归，台湾统一也指日可待。这些举世瞩目的伟大成就的取得，都证

① 《毛泽东选集》第2卷，人民出版社1991年版，第622页。

明了社会主义巨大的优越性。但同时，中国还处于社会主义初级阶段，生产力还不发达，相对发达国家还有相当大的距离，还需要我们继续艰苦奋斗。总之，要通过历史教育和国情教育，使中小学生从小知道自己的祖国，认识自己的民族，使他们知道自己祖国的辉煌历史，了解中华民族的优良传统，认识我国的基本国情，理解我国的优秀文化，明确中国对人类作了什么贡献，从而树立民族自尊心和自豪感。

（三）巩固和发展最广泛的爱国统一战线

统一战线是无产阶级为了实现各个时期特定的战略目标和任务，完成自己的历史使命，同其他党派、阶级、团体及一切可能团结的力量结成的政治联盟，其实质是无产阶级为了取得社会主义革命和建设的胜利而团结、联合的同盟军组织。我们党巩固和发展最广泛的爱国统一战线，是为了调动一切积极因素，团结一切可以团结的力量，为实现党的总任务而共同努力。因而，统一战线历来也是我们党的总路线、总政策的重要组成部分，是实现党的目标和任务的不可忽视的支持力量。中国共产党在成立之初，通过建立民主联合阵线开展反帝反封的大革命运动，使自己迅速成为中国政治舞台上的一支重要力量；抗日战争时期，我们党通过建立抗日民族统一战线，实现第二次国共合作，发展壮大了党领导的抗日武装力量和抗日根据地，在抗日战争中发挥了重要作用。解放战争时期，我们党通过建立人民民主统一战线，取得了新民主主义革命的完全胜利。新中国成立后，我们党运用统一战线，成功地进行社会主义的三大改造，巩固人民民主专政的政权，并建立了社会主义制度。党的十一届三中全会以后，以邓小平同志为核心的党中央第二代领导集体在实现党和国家的工作重点的战略转移中，确立和发展壮大了爱国统一战线，为我国社会主义改革开放和现代化建设的推进凝聚了强大力量。党的十三届四中全会以来，我们党继续重视巩固和建立最广泛的爱国统一战线，坚持邓小平理论和党的基本路线的指导，在错综复杂的国际国内环境中，战胜了来自自然、经济、政治、社会等各方面的严峻挑战，取得了举世瞩目的成就。“今天，要建设有中国特色的社会主义，要实现统一祖国、振兴中华的大业，要挫败国内外敌对势力的颠覆、渗透与和平演变图谋，没有一个包括中华民族绝大多数人在内的最广泛的爱国统一战线，也是不可能的。”①

巩固和发展最广泛的爱国统一战线，也是当代中小学生爱国主义教育不可回避的历史任务，因为新时期的统一战线是以社会主义和爱国主义为基础的。一方面，大陆范围内全体社会主义劳动者和全体拥护社会主义的爱国者，在中国特色社会主义的旗帜下，紧密地团结起来，结成最广泛的联盟，为建设中国特色的社会主义事业而努力奋斗；另一方面，港、澳、台同胞和海外侨胞，即使不赞成社会主义制度，只要拥护祖国统一，渴望祖国繁荣昌盛，都要把他们团结在爱国主义的旗帜下，共同致力于振兴中华大业。因此，中小学生爱国主义教育要使中小学生明白，在爱国主义旗帜下，团结一切有利于现代化建设，一切有利于祖国统一和民族团结、社会进步、人民幸福的人们，实现最广泛的团结不仅是必要的，而且是必需的。正如中共十三大报告所指出的：“让我们党同全国各族人民，同各民主党派、各人民团体，在建设有中国特色的社会主义的伟大旗帜下，更加紧密地团结起来。让我们大陆同胞同香港、澳门、台湾同胞和海外侨胞，在祖国统一和振兴中华的爱国主义伟大旗帜下，更加紧密地团结起来。这是我们的事业必定胜利的根本保证。”②

进入21世纪的中国，国际国内形势出现了新的发展变化，统一战线的作用将更加重要。第一，随着世界政治多极化格局的形成、经济全球化进程的加快，国家间的综合国力竞争日益激烈。特别是我国签署《公民权利和政治权利国际公约》，加入WTO之后，各种不同的思想意识和文化观念激烈交锋与碰撞，由民族、宗教问题引发的事端也有所增加。面对复杂的形势和严峻的挑战，需要统

① 《十三大以来重要文献选编》（中），人民出版社1991年版，第1124页。

② 《十三大以来重要文献选编》(上)，人民出版社1991年版，第60页。

一战线发挥其协调关系、化解矛盾、稳定社会的特殊功能，对民主党派工作、民族宗教工作、非公有制经济代表人士工作以及党外知识分子工作发挥影响和作用。第二，随着我国经济发展、利益分化和社会结构的变化，产生了许多新的利益群体和社会组织团体。人们思想的差异性、价值取向的多元性、行为方式的多样性越来越突出，竞争意识、参与意识也有了较大的发展。多民族、多党派、多阶层、多宗教、多元文化的情况继续存在，其内部状况也产生了新变化。在原来单一的国有或集体企业里的工人之外，出现了非公有企业的工人，农民也因为进城务工成为双重身份的农民，知识分子也有明显的分化流动，民主党派成员、宗教教职人员、信教群众的数量不断增加。香港、澳门回归祖国后，不同社会制度共同存在的局面，尤其需要发挥统一战线的凝聚人心的功能。第三，实现祖国和平统一离不开统一战线。用“一国两制”和平解决台湾问题，完成祖国统一大业，最关键的一步，是要实现海峡两岸的沟通与对话，就统一达成共识。新时期爱国统一战线人多面广，社会联系广泛，能在大陆和台湾之间架起一座两岸人民相互了解、表达愿望的桥梁。而且，随着两岸统一愿望的加深，爱国统一战线的作用和功能也显得越来越重要。“我们坚持‘一国两制’、和平统一祖国的方针，要在海外统战工作中求爱国和祖国统一之同，存社会制度、意识形态和生活方式之异。在爱国的旗帜下，团结得愈广泛，愈有利于我们事业的胜利发展。”① 总之，爱国统一战线在21世纪作用的日益增强，也给我们提出了一个艰巨的任务，就是要巩固和发展最为广泛的爱国统一战线。中小学生爱国主义教育也必须承担起对中小学生进行相关教育的职责。

(四) 培养“四有”社会主义公民

培养“四有”社会主义公民，是随着人们对民主政治、公民意识与公民素质的关注日益加强而提出来的，它反映了我国当前社

① 《十三大以来重要文献选编》（中），人民出版社1991年版，第1128~1129页。

会主义民主政治和道德建设的需要。所谓“四有”，就是有理想、有道德、有文化、有纪律。其中有理想，就是要有共产主义远大理想，就是在全党牢固树立建设有中国特色社会主义的共同理想，牢固树立坚持党的路线不动摇的坚定信念，这是从政治素养方面对社会主义公民提出的要求。有道德，就是要树立以全心全意为人民服务为核心，以集体主义为原则，以爱祖国、有人民、爱劳动、爱科学、爱社会主义为基本要求的社会主义道德，这是从社会伦理素养方面对社会主义公民提出的要求。有文化，就是要有为社会主义建设事业服务所必需的科学文化知识和本领，这是从知识素养方面对社会主义公民提出的要求。有纪律，就是要遵守以维护全体人民共同利益为目的的行为规范，这是从行为素养方面对社会主义公民提出的要求。有理想、有道德、有文化、有纪律四个方面相互联系、相互补充，共同体现了社会主义制度对全体公民在社会政治理想、道德情操、科学文化素养、法制纪律观念等方面的要求。

培养“四有”社会主义公民是爱国主义教育的目的和任务。从一般意义上讲，任何教育都会涉及把受教育者培养成什么样的人的问题，爱国主义教育也不例外。爱国主义教育是培养爱国者的教育，而在当代中国，爱国必须爱社会主义。爱国主义教育要培养具有爱国主义精神并有持久的爱国行为的坚定爱国者，最核心的要求是要使他们有社会主义觉悟。所以，爱国主义教育培养的爱国者不是别的什么，而是有社会主义觉悟的爱国者。关于社会主义觉悟，有两个不同的层次：一是不赞成社会主义，但不反对社会主义；二是支持和拥护社会主义。前者是针对港、澳、台同胞和世界华侨所提出的基本要求，后者则是中国大陆爱国主义教育必须达到的目的。大陆爱国主义教育的培养目标，具体地说，就是“四有”社会主义公民。对于“四有”社会主义公民的培养，最早是在1986年党的十二届六中全会通过的《中共中央关于社会主义精神文明建设指导方针的决议》中正式提出的。该决议指出，社会主义精神文明建设的根本任务是“培养有理想、有道德、有文化、有纪律的社会主义公民”。到20世纪90年代后期，人们对民主政治和公民意识、公民素质的关注日益加深，“公民”培养也逐渐成为教育界的共识。2001年，江泽民在中国共产党建党80周年庆祝大会上的讲话中再次重申，要“培养一代又一代有理想、有道德、有文化、有纪律的公民”。同年，中共中央印发《公民道德实施纲要》，使培养“四有”社会主义公民有了政策的法律的依据。作为社会主义公民，必须具有远大的共产主义理想，认同并以实际行动支持和拥护社会主义，拥护中国共产党的领导，具有社会主义公民应具有的社会公德、职业道德和家庭美德，能为建设有中国特色社会主义的伟大事业自觉奉献。这是当代中国爱国主义的最基本的要求和内涵。因此，当代中国爱国主义教育的目的就是要通过社会主义教育，使人们特别是广大青少年成为有理想、有道德、有文化、有纪律的社会主义公民。

加强中小学生的爱国主义教育，达到培养“四有”社会主义公民的目的，当前最重要的是对中小学生加强社会主义理想信念教育和社会主义道德教育。随着国内外环境的深刻变化，特别是随着改革开放的进一步深入和社会主义市场经济的进一步发展，我国的社会经济成分、经济利益、社会结构、组织形式、就业方式等呈现多样化特点。与此同时，在社会的一些领域道德失范，美丑不分。日益滋长的拜金主义、极端个人主义和见利忘义、损公肥私、不讲信用、欺骗诈骗、以权谋私、腐化堕落等行为，严重影响着改革、发展、稳定的大局和社会主义现代化建设事业的发展。因此，加强社会主义理想信念教育和社会主义道德教育，把中小学生培养成为合格的社会主义公民，是新时期以来中小学生爱国主义教育的重要任务。

二、中小学生爱国主义教育的培养目标

尽管《爱国主义教育实施纲要》在1994年就明确提出了爱国主义教育的目的，但关于爱国主义教育的培养目标，并没有相关的文件定义，学界也鲜有人具体涉及。这主要是因为长期以来，我国的学校爱国主义教育一直都是作为德育工作的首要目标和任务而被重视，因而，在理论的研究和具体的实践中，人们也常常把爱国主

义教育的培养目标笼统地说成德育目标，即“培养‘四有’社会主义公民”。事实上，爱国主义教育作为一种教育实践活动，不仅有自己的明确的目的，还应该有自己的培养目标。中小学生爱国主义教育作为人类的一项特殊性实践活动，本身就符合人类实践活动合目的性的特性。正如恩格斯所说：“而人离开动物越远，他们对自然界的影响就越带有经过事先思考的、有计划的、以事先知道的一定目标为取向的行为的特征”①，“人离开狭义的动物越远，就越是有意识地自己创造自己的历史，未能预见的作用、未能控制的力量对这一历史的影响就越小，历史的结果和预定的目的就越加符合”②。由于爱国主义教育目的是概括的、笼统的，不能在实践中直接操作，因此需要具体化为培养目标。由此，中小学生爱国主义教育的培养目标，实际上是对爱国主义教育目的的具体化、明晰化。

（一）中小学生爱国主义教育培养目标的结构

爱国主义教育的内涵非常丰富，这决定了中小学生爱国主义教育培养目标可以从不同的内容结构进行构建。

1. 根据爱国主义教育过程，中小学生爱国主义教育的培养目标可以构建成为终极目标和过程目标

古典本体论认为，宇宙中的万事万物，包括有生命和无生命的，都有一个目标、目的或终极。关于教育的终极目标，有学者提出，认知不是教育的目的，发展也不是教育的目的，认知和发展是满足情感目的的，幸福情感才是教育的最终目的③。中小学生爱国主义教育从内涵上讲，既是一种认识教育过程，也是一种情感教育过程，而作为中小学生爱国主义教育未来发展的最终状态或者说最终结果的标志，中小学生爱国主义教育的终极培养目标也应该最终指向中小学生作为人的发展方面。具体来说，就是把中小学生培养

① 《马克思恩格斯选集》第4卷，人民出版社1995年版，第382页。
② 《马克思恩格斯选集》第4卷，人民出版社1995年版，第274页。
③ 刘次林：《幸福教育论》，人民教育出版社2003年版，第7页。

成为有民族自尊心、自信心和自豪感的，有理想、有道德、有文化、有纪律的，能把社会主义、共产主义事业继承和发展下去的，能为实现“四化”、振兴中华的共同理想而奋斗的社会主义公民。同时，中小学生爱国主义教育又是通过一个个具体教育过程来实现的，这就决定了在中小学生爱国主义教育的过程中，还要根据不同的具体要求来制定阶段性目标，这些具体的、阶段性的目标通过科学的组合，形成有序的、连贯的、整体的目标体系，并指向中小学生爱国主义教育的终极目标，保证中小学生爱国主义教育过程的连贯性。

2. 根据爱国主义的内涵，中小学生爱国主义教育的培养目标可以构建为情感目标、政治目标和道德目标

其中，情感目标是中小学生爱国主义教育在形成爱国主义情感方面所要达到的目标。爱国主义作为一个内涵丰富的概念，首先表现为一种情感，即列宁所说的“由于千百年来各自的祖国彼此隔离而形成的一种极其深厚的感情”①。一般来说，爱国主义情感的发展要经历三种水平：直觉的情感、想象的情感和伦理的情感。这三种不同层次的情感体验在爱国主义情感的形成中都有表现。当我们看到祖国大好河山的秀丽风景时，心里激起的强烈自豪感就是一种直觉的爱国主义情感，如果这种情感没有被强化，便会逐渐消退；当我们在看关于爱国主义英雄的故事的时候，脑海里便会想象出爱国主义而激起一种强烈的感情，它的持续时间比较长，能给人特别强烈的情感体验和感染；但是在我们的爱国主义情感中，居于主导地位的是伦理的爱国主义情感，这种情感已清楚地意识到爱国主义观念，是我们对爱祖国山河、仇恨祖国敌人和高度的工作责任感等具体情感的概括，是一种稳定而理性的情感。对于处于不同的情感发展水平的中小学生来说，情感目标的具体内容也不同。政治目标是爱国主义教育在政治教育方面应该达到的目标。在日常的社会生活中，爱国主义也表现为约束人们思想和行为的政治原则，要求人们把热爱和保卫祖国作为自己的政治责任和义务加以执行。也

① 《列宁选集》第3卷，人民出版社1995年版，第579~580页。

正因为如此，在中国的历史上，每逢国家处于危亡的时刻，都会有无数英雄儿女站出来，舍生取义，救亡图存。在当代中国，建设中国特色社会主义是时代的主题，谋求民族的伟大复兴是全国人民的愿望。因此，中小学生的爱国主义教育目标的政治性诉求，主要表现为拥护祖国统一，维护祖国主权和领土的完整，拥护和参加祖国的社会主义建设等方面。道德目标是爱国主义教育在道德教育方面应达到的目标。在日常生活中，爱国主义也常被作为道德教育的重要内容和青少年道德品质形成的指路明灯。培养青少年的道德品质，很重要的一个方面就是要让他们具有爱国的思想、爱国的情感、爱国的精神、爱国的行动，就是要引导他们发扬爱国主义精神，提高民族自尊心、自信心和自豪感，以热爱祖国、报效人民为最大光荣，以损害祖国利益、民族尊严为最大耻辱，并在爱国主义的旗帜下，凝聚智慧和力量，统一思想和行动，积极投身于建设有中国特色社会主义的伟大事业，为实现中华民族的伟大复兴而不懈奋斗。而且，作为道德要求的爱国主义，本身就蕴含了以集体主义为核心的社会本位价值取向。它要求人们把爱国、报国、兴国、强国、救国作为崇高美德加以推崇，提倡个人利益服从集体利益、局部利益服从整体利益、当前利益服从长远利益，反对损公肥私、损人利己，把个人的理想与奋斗融入广大人民的共同理想和奋斗之中。对于处于不同道德发展水平的中小学生来说，道德目标的具体内容也应有所不同。

3. 根据教育对象的实际特点，中小学生爱国主义教育的培养目标可以构建为高层次目标、中层次目标、低层次目标

爱国主义品德的形成，根据爱国主义教育对象的实际特点，应该是一个从低级到高级的培养过程。首先应是对自己最熟悉最亲近的事物的热爱，如热爱父母和亲人，热爱家乡和故土，然后进展到爱祖国，再到理性的爱国情感和观念，如爱国主义与国际主义的结合，爱国主义与社会主义、集体主义的一致等，最后形成终身为共产主义事业奋斗的爱国主义精神等。中小学生爱国主义教育的对象包括小学生、初中生、高中生三个不同的层次，根据这三个不同的层次，还可以将中小学生爱国主义教育目标划分为高层次培养目标、中等层次培养目标、低层次培养目标。高层次培养目标是针对高中生、初中高年级的学生提出来的。总体上来说，是使他们成为初步具有社会主义意识、共产主义意识的爱国者。具体来说，就是要使他们能把爱党、爱社会主义与爱国主义结合起来，初步树立共产主义信念和忠于共产主义事业的爱国主义精神。中等层次的培养目标是针对中等层次的教育对象提出来的，包括小学高年级的学生和初中低年级的学生。总体上来说，是使他们成为爱国主义与国际主义相结合，爱国与爱党、爱社会主义相一致的爱国者，使他们能正确处理个人、集体、国家三者之间的关系，对中华民族博大精深的文化传统有基本的认同，对中国特色社会主义具有坚定的信念。低层次的培养目标是针对低层次的教育对象提出来的，主要是针对小学低年级的学生。总体上来说，就是要使他们成为爱亲人、爱家乡、爱祖国的社会好公民。不论是高层次培养目标、中等层次培养目标，还是低层次培养目标，最终都指向一个基本目标，那就是培养社会主义事业的“四有”建设者和接班人。

（二）中小学生爱国主义教育的总目标是培养理性的爱国者

尽管教育现象复杂，且在不同的时代和社会条件下，也表现为不同的形态、性质、目的、内容、手段、方法和组织形式，但总归来说，任何教育都存在一个内在的共同点，即培养“人”。因此，培养“人”是任何教育的根本立足点，是教育价值的根本所在。中小学生爱国主义教育，其出发点和归宿也应该落到培养“人”上。中小学生爱国主义教育究竟是为了把中小学生培养成什么样的人呢？或者说，中小学生爱国主义教育总的培养目标是什么呢？我们认为，这个总的培养目标应该是把中小学生培养成理性的爱国者。

关于爱国者，应该有两个标准，两个层次。两个标准：一是尊重自己的民族，拥护祖国统一；二是不反对社会主义。两个层次：一是不赞成社会主义，但不反对社会主义；二是支持和拥护社会主义。对此，邓小平曾经有过较多的论述，他说：“什么叫爱国者？

爱国者的标准是，尊重自己民族，诚心诚意拥护祖国恢复行使对香港的主权，不损害香港的繁荣和稳定。只要具备这些条件，不管他们相信资本主义，还是相信封建主义，甚至相信奴隶主义，都是爱国者。"① "有人说不爱社会主义不等于不爱国。难道祖国是抽象的吗？不爱共产党领导的社会主义的新中国，爱什么呢？"② "港澳、台湾、海外的爱国同胞，不能要求他们都拥护社会主义，但是至少也不能反对社会主义的新中国，否则怎么叫爱祖国呢？至于对中华人民共和国领导下的每一个公民，每一个青年，我们的要求当然要更高一些。"③ 把中小学生培养成爱国者，首先要定位为支持和拥护社会主义的公民。

爱国与爱社会主义相一致的激情，弥足珍贵，但仅有激情还不够，还必须有理性。所谓理性，"是人自己思考，自己运用智力去认识、判断和理解事物的能力，也是人区别于动物的高级属性。这样一种能力在每个人的个体身上都潜在地存在着，但是必须通过教育来开发"④。因为爱国主义既是政治原则，也是道德要求，并且需要通过行为来表达爱国情感，因此，通过爱国主义教育来开发中小学生身上的理性，主要应包括爱国的政治理性、道德理性和社会行为理性。

1. 爱国的政治理性

爱国主义首先是一种政治原则，它对每一个社会公民提出了政治方向、政治立场、政治态度和政治情感等要求，它要求人们把热爱和保卫祖国、维护祖国统一、民族团结作为自己的政治责任和义务加以执行。也正是因为这种政治理性，中国历史上无数优秀儿女才能在和平年代自强不息、艰苦奋斗、开拓进取，为祖国的繁荣昌盛孜孜不倦地努力，在面临外辱时团结一致，不惜流血牺牲去捍卫

① 《邓小平文选》第3卷，人民出版社1993年版，第61页。

② 《邓小平文选》第2卷，人民出版社1994年版，第392页。

③ 《邓小平文选》第2卷，人民出版社1994年版，第392页。

④ 肖雪慧：《理性人格——伏尔泰》，长江文艺出版社1996年版，第202~203页。

国家主权，领土完整。新时期爱国主义教育有了新的内涵的条件下，关于中小学生的爱国政治理性培养，至少应该关注以下两个方面：一是对中国共产党的执政地位、国家制度、社会主义道路等的法理认同，二是对祖国、中华民族、中国民族文化和优良传统的认同。

中国共产党的产生、壮大及其执政地位的取得和巩固，是中国近现代史发展的必然选择。在 1840 年以来的一个世纪里，在寻求强国富民的道路中，先后出现过诸多的政治实体和政党，但最后大多退出了历史舞台。只有中国共产党，才能担负起领导中国革命的历史重任。正是在中国共产党的领导下，经过 28 年的英勇斗争和浴血奋战，牺牲了无数的革命先烈，才最终推翻了压在中国人民身上的三座大山，实现了民族独立和人民解放。新中国成立以后，党又带领中国人民建立社会主义基本制度，进行中国特色社会主义建设。在长期领导中国革命、建设和改革的过程中，中国共产党确立并巩固了自己的领导地位，成为中国特色社会主义事业的领导核心。因此，爱国主义教育应该帮助中小学生树立这样的基本理性：一是中国共产党的领导地位和执政地位不是自封的，而是历史的必然选择，体现了广大人民群众的共同心愿；二是中国共产党坚持把马克思主义基本原理同中国具体实际相结合，建立新中国，开创中国特色社会主义道路，才真正找到一条适合中国情况的现代化之路；三是在我国这样一个幅员辽阔、民族众多、发展又很不平衡的国家里搞现代化建设，只有在共产党的坚强领导下，才能营造安定、团结、稳定的社会政治环境，保证现代化建设事业顺利进行。四是只有中国共产党才能把全国人民组织起来、发动起来，集中全国各族人民的智慧和力量，把社会主义现代化事业不断向前推进。也只有加强党的建设，坚持并改善党的领导，提高党的执政能力，巩固党的执政地位，才能应对当前复杂的国内外环境，为实现中华民族的伟大复兴创造条件。

中国共产党领导中国人民取得新民主主义革命胜利后，马克思主义基本原理同中国具体实际相结合，经过新中国成立以来的不断改革和完善，建立了富有活力和优越性的中国特色社会主义制度，即：人民代表大会制度这一基本政治制度；中国共产党领导的多党合作与政治协商制度、民族区域自治制度、基层群众自治制度等基本政治制度；中国特色社会主义法律体系；公有制为主体、多种所有制经济共同发展的基本经济制度；建立在根本政治制度、基本政治制度、基本经济制度基础上的经济体制、政治体制、文化体制、社会体制等各项具体制度。爱国主义教育应该帮助中小学生树立这样的基本理性：首先，中国特色社会主义制度是中国共产党带领全国各族人民长期奋斗的重要成果，不仅符合我国国情，而且有利于保持党和国家的活力，调动广大人民群众和社会各方面的积极性、主动性、创造性；有利于解放和发展社会生产力，推动经济社会全面发展；有利于维护和促进社会公平正义，实现全体人民共同富裕；有利于集中力量办大事，有效应对前进道路上的各种风险挑战；有利于维护民族团结、社会稳定、国家统一。其次，在中国，要坚定不移地坚持中国特色社会主义基本制度，坚决不搞西方国家的“三权分立”、多党制和两党制。最后，具体制度的完善永无止境，不断完善建立在根本政治制度、基本政治制度、基本经济制度基础上的经济体制、政治体制、文化体制、社会体制等各项具体制度，是中国特色社会主义制度建设的题中应有之义。

走中国特色社会主义道路是中国历史发展的必然趋势。所谓中国特色社会主义道路，就是在中国共产党的领导下，立足基本国情，以经济建设为中心，坚持四项基本原则，坚持改革开放，解放和发展社会生产力，巩固和完善社会主义制度，建设社会主义市场经济、社会主义民主政治、社会主义先进文化、社会主义和谐社会，建设富强民主文明和谐的社会主义现代化国家。爱国主义教育应该帮助中小学生树立这样的基本理性：首先，社会主义是一种先进的社会制度，只有社会主义才能救中国，只有社会主义才能发展中国；其次，要正确认识社会主义的优越性、必然性、曲折性和艰巨性，不断地坚定社会主义信念；最后，中国特色社会主义道路是实现国家富强、民族振兴、人民幸福的必由之路。

除此之外，爱国主义教育还应帮助中小学生树立如下政治理性：一是正确认识国家与民族、公民与祖国之间的关系，树立正确的马克思主义祖国观，在当代中国爱国就要爱社会主义；二是各民族共同缔造了伟大的祖国，各族人民利益与祖国利益在根本上是一致的，维护祖国统一是国家最高利益之所在，要旗帜鲜明地反对一切分裂祖国的行为和势力，如民族分裂势力、宗教极端势力、暴力恐怖势力；三是要正确认识自己的国家民族身份，祖国的历史和文化、基本国情、建设成就等。

2. 爱国的道德理性

尽管对于不同的个人、不同的国家而言，爱国主义的对象和手段都是不同的，但爱国主义被视为一种普遍的道德要求。如著名哲学家麦金太尔（Alasdair MacIntyre）就认为，爱国主义位于“一系列富于忠诚的美德之中……这一美德系列还包括对婚姻的忠诚，热爱自己的家庭与亲戚和朋友，以及对诸如学校或棒球俱乐部等的忠诚”①。作为一种关于爱国道德要求的思想教育，爱国主义教育应该培育中小学生如下方面的爱国道德理性：第一，对国家的批判性忠诚。爱国主义要求对祖国忠诚，要求人们把爱国、报国、兴国、强国、救国作为最崇高的美德加以推崇。但是，理智爱国主义是与平等、公正、基于对国家价值观的批判性理解的“批判性忠诚”（critical loyalty）相联系的②。换句话说，“爱国主义者必须促进国家的经济与政治变革和进步”，并推动制度和程式的公正③。祖国应该是一个道德上的特殊共同体，而不仅仅是某一时期特殊政府组成的国家。为了避免陷入盲目和危险的爱国主义中，对祖国的

---

① MacIntryre A, “Is Patriotism a Virtue,” in I. Primoratz ed., *Patriotism*, Amherst, NY: Humanity Books, 2002, p. 44.

② Adorno S T W, Frenkel-Brunswik E, Levinson D J, and Sanford R N, *The Authoritarian Personality*, New York: Harper, 1950; Bar-Tal D and Staub E eds., *Patriotism*, Chicago: Nelson-Hall, 1997.

③ Sullivan J L, Fried A and Dietz M D, “Patriotism, Politics, and the Presidential Election of 1988,” *American Journal of Political Science*, Vol. 36, No. 1 (1992), pp. 200-234.

忠诚，不能离开对特定政府的批判审视。如果不能树立对国家的批判性忠诚，爱国主义很容易被政治家所利用而成为发动侵略的工具，比如德国法西斯爱国主义、日本的军国主义等。因此，一个真正的爱国者，在特定政府的政策可能与祖国的长远发展产生冲突时，应该能理性地对待政治异议。盲目爱国主义者是不接受政治异议的，因为在他们看来，政治异议容易造成国家的两极分化，并在人民与非人民、国家与反国家、爱国与背叛之间发生冲突。而这种盲目的爱国主义，却导致诸多以爱国主义为名对人民的镇压，例如法国大革命中的各种镇压①。第二，爱国主义是一种美德，这种美德与人类其他部分有着同等道德的关切。如鲁斯鲍姆（Martha Nussbaum）在《爱国主义与普世主义》中，就进行了经典的论述："如果我们真正相信所有人生而平等、拥有不可剥夺的权利，则我们在道德上就必须思考，爱国主义概念要求我们与世界其他部分如何相处，为他们做些什么。"② 一个理性的爱国者，应该在祖国与外部世界之间的选择中，既考虑本国、本民族的利益，也要考虑整个人类的福祉。比如，在祖国介入战争时，无疑应当支持祖国与同胞，但那并不意味着战争是必然的选择。选择和平也并不意味着叛国、不爱国。第三，爱国主义更多是个人值得追求的道德选择，既不能通过国家机器、公共权威等强迫某人爱国，也不能借爱国主义的名义，对政治异议、政治对手进行政治的、道德的打压。

3. 爱国的社会行为理性

对于一个爱国主义者而言，看他是否真的爱国，主要是看他愿意为祖国做什么并确实做了什么。在爱国主义由盲目到理性的行为光谱中，不可避免地存在着非理性的爱国行为。比如在国与国的摩

① 对法国大革命因追求一致而导致大规模镇压的经典论述，参见苏珊·邓恩：《姊妹革命：美国革命与法国革命启示录》，杨小刚译，上海文艺出版社 2003 年版。

② Nussbaum M C, "Patriotism and Cosmopolitanism," in Nussbaum M C, *For Love of Country*?, Boston: Beacon Press, 2002, p. 13.

擦和冲突中保持过于强硬的行为，排斥外国一切文明的行为，抵制外来商品的行为，不择手段地过激表达爱国情感的行为。而事实上，随着世界交流与合作的日益密切，国与国之间的摩擦和冲突不可避免。这些摩擦和冲突产生的原因是多样的，如果只是因为误会、价值观不一致等，而且对方的力量比我们强大或势均力敌时，过于强硬的姿态只会让我们付出更大的代价，就很难称得上是爱国了。每一国家的文明在其历史发展的进程中，都有先进的和落后的成分。盲目排斥外国的文明，盲目抵制外来商品，用谩骂诅咒的方式来表达爱国激情，不但于爱国无益，相反削弱了爱国的力量，而且损害了祖国的形象。爱国主义教育还应帮助中小学生树立如下社会行为理性，正确地表达爱国热情：首先，爱国主义的根本目的是维护祖国的利益、民族的自尊，团结力量致力于祖国的繁荣发展，而忽视祖国长远利益的、缺乏理智的爱国情感，最终将损害祖国利益，不利于祖国的繁荣发展；其次，爱国诉求需要激情，但激情不能压倒理智；最后，个人可以根据自己的判断决定是否采取行动。

（三）“认知—情感—行为”视角下中小学生爱国主义教育培养目标的分层构建

爱国主义的内涵和外延，不论从哪个角度进行界定，都至少可以分为三个层面：一是在社会实践活动领域内使用的爱国主义，即通常所说的爱国，这是一种爱国情感和基于爱国情感而产生的爱国行为所构成的系统；二是作为思想观念的爱国主义，这是一种属于社会的上层建筑和意识形态的范畴，由一定社会经济基础决定并为经济基础服务的理论体系；三是作为价值取向的爱国主义精神，凝结为人的价值理性、道德情操、理想人格和精神境界。这就决定了爱国主义教育最基本的目的是要通过爱国主义的意识形态理论灌输陶冶人们，培养人们对祖国的情感，树立对祖国的信念和信心，产生爱国的行为并稳定成爱国主义价值取向的。所以，我们更主张从认知、情感和行为的角度构建中小学生爱国主义教育目标体系。而且，教育目标的分类理论①、品德心理学理论②以及《爱国主义教育实施纲要》和《中共中央关于进一步加强和改进未成年人思想道德建设的若干意见》的相关规定③，都为从认知、情感和行为的角度构建中小学生爱国主义教育目标体系提供了可行的理论依据和文件依据。

1. 中小学生爱国主义教育的认知目标

中小学生爱国主义教育的认知目标，就是根据中小学生的认知发展水平的实际而建立起来的实施爱国主义教育所要达到的预期结果。它是针对中小学生爱国主义教育知识层面的目标。中小学生爱国主义认知目标构建，一定要充分把握爱国主义教育的主要内容和中小学生的认知水平。关于爱国主义教育的主要内容，《爱国主义教育实施纲要》规定，爱国主义教育的内容有历史教育、传统文化教育、基本路线和建设成就教育、国情教育、民主与法制教育、国防和国家安全教育、民族团结教育、和平统一祖国教育八个方面。关于中小学生的认知发展特点，不同的心理学家都有自己的结论。就我国的中小学生来说，其认知发展水平主要有以下特点：在

---

① 关于教育目标的分类理论，其中最著名的要数美国学者布卢姆等人的目标层次理论。布卢姆等人在行为主义和认知心理学的影响下，将教育目标分为认知、情感和动作技能三个领域，并将每一领域又细分为若干层次。

② 品德心理研究成果认为，品德的形成过程是一个知、情、意、行的心理作用过程，认知、情感的发展水平是影响和制约着品德形成发展的重要因素。行为是品德形成的外化表现。

③ 1994 年中宣部颁发的《爱国主义教育实施纲要》中，要求进行中华民族悠久历史、优秀传统文化、党的基本路线和社会主义现代化成就、国情、社会主义民主和法制、国防和国家安全、民族团结、“和平统一、一国两制”等内容的教育。在每一具体内容的教育中，都含有认知、情感和行为的要求。在 2004 年颁发的《中共中央关于进一步加强和改进未成年人思想道德建设的若干意见》中也指出，“从增强爱国情感做起，弘扬和培育以爱国主义为核心的伟大民族精神，深入进行中华民族优良传统和中国革命传统教育、中国历史特别是近现代历史教育，引导广大未成年人认识中华民族的历史和传统，了解近代以来中华民族的深重灾难和中国人民进行的英勇斗争，从小树立民族自尊心、自信心和自豪感”。既包含认知的要求，也包括情感、行为的要求。

学习动机上，小学生基本上是与活动本身相联系的，而不能与社会发展的要求相联系；初中生则有了远大的动机，能独立主动地学习。在学习兴趣上，小学生只能对具体的事件和活动感兴趣，初中生则能把学习兴趣与社会需要结合起来。在知觉方面，低年级的小学生仍然有很明显的无意性、情绪性；高年级的小学生能在老师的指导下，分析和综合出事物各部分之间的联系；初中生则能把一般原理、规则按一定的逻辑关系联系起来。在思维方面，小学生能掌握具体的概念，并能进行一些判断推理，但不能调节、检查或论证自己的思维过程。初中生的逻辑思维逐渐表现出优势，但容易出现片面和表面性的缺点，好钻牛角尖。在想象方面，小学生能够进行有意识的想象，比如通过想象来理解大自然，增强对祖国大好河山的热爱；初中生的有意想象已占主导地位，特别是具体理想占绝对优势。在社会认知方面，小学生能够意识到他人有不同的观念，并能以一个旁观者的身份来解释和反应；初中生已有了离开父母，寻求自己的朋友和人际关系的趋向。相对于小学生和初中生，高中生的认知发展水平更加成熟。尤其是在思维发展特点上，高中生的形式逻辑思维已经发展到了相当完善的程度，辩证逻辑思维也在迅速发展，能够用发展的、全面的、统一的辩证思维来分析问题和解决问题。我国中小学生认知发展水平的特点，决定了对他们进行爱国主义教育的不同内容和方式。对于小学生来说，如果爱国主义教育的内容超越了具体事件和具体活动，爱国主义教育就超越了小学生理解的范围而成为空谈；同样，小学生如果离开了老师的指导，爱国主义教育的想象也无法完成。所以，对小学生的爱国主义教育只能是在老师的指导下，在具体的事件和活动中进行。而对于初中生来说，老师在爱国主义教育中的作用固然重要，但也不能忽视同学和朋友的作用。同时，在进行爱国主义教育时，也必须把直观教育与理论教育结合起来，避免他们极端的、片面的观念的产生。对于高中生而言，更多的得偏重于理性爱国主义方面的教育，引导他们从理论上正确认识历史与现实，成就与困难，正确对待传统文化，明确责任和义务，树立社会主义理想和信念等。

以中小学生认知发展的特点和《爱国主义教育实施纲要》所

规定的八个方面的内容为基础，中小学生爱国主义教育认知目标体系，由简单到复杂、由低层次到高层次，包含了如下内容：一是小学生爱国主义教育的认知目标。按照现行的学年制，小学有6个年级。小学阶段的孩子一般都在12岁以下，他们只能关注和理解跟自己生活相关联的事物。因此，小学生的爱国主义教育认知目标，也只能是围绕他们所能认识到并接受的内容来制定。对于小学低年级（1~2年级）的学生来说，爱国主义教育的认知目标应该包括：初步了解自己的学校、家乡的历史，能列举家乡的名胜古迹、名人和主要物产；认识中国的版图、国旗、国徽，并初步具有国籍意识；初步了解祖国的疆域，知道中国是由56个民族组成的大家庭，台湾是祖国的宝岛，知道中国传统节日。对于小学中年级（3~4年级）的学生来说，爱国主义教育的认知目标应该包括：更加熟悉和了解自己学校、家乡的历史和现状；初步了解个人、小学、家乡和祖国之间的关系；初步了解中华民族精神及优良传统和影响中国发展的重大历史事件；初步了解祖国各民族的组成、语言及宗教习惯。对于小学高年级（5~6年级）的学生来说，爱国主义教育的认知目标应该包括：在进一步巩固低、中年级形成的关于班级、学校、家乡的认知的基础上，更加熟悉和了解自己家乡、学校的历史和现状，并由此延伸至对祖国国情的初步了解；更加明确个人、学校、家乡和祖国之间的关系；更加熟悉和了解中华民族精神和优良传统；初步了解国防、法纪知识。

二是初中生爱国主义教育的认知目标。初中学生正处于理性认识逐步加强的阶段。这一时期的学生，开始了对自身意义的思考，并且对自我以外的事物开始有了更多的关注。所以，构建初中生爱国主义教育的认知目标，在侧重点上，不再仅是识记、理解方面，而是要更加关注对理论、意义的需求。具体来说，初中生爱国主义教育的认知目标应该包括如下几个方面的内容：正确认识国家与民族、公民与祖国之间的关系，知道各民族共同缔造了伟大的祖国，维护祖国统一是国家最高利益之所在，明白爱国主义的核心是人们对自己祖国和民族的自信心、自尊心和荣誉感；了解中华民族自强不息、百折不挠的发展历程，了解我国各族人民对创造中华文明的卓越贡献；了解我国历史上的重大事件和著名人物，了解中国人民在反对外来侵略和压迫、反抗腐朽统治、争取民族独立和解放上前仆后继、浴血奋战的精神和业绩，特别是中国共产党领导全国人民为建立新中国而英勇奋斗的崇高精神和光辉业绩；了解中华民族优秀传统文化，不仅包含了哲学、社会科学、文学艺术、科学技术等方面的成就，而且蕴含着崇高的民族精神、民族气节和优良道德，不仅孕育了无数杰出的政治家、思想家、文艺家、科学家、教育家、军事家，还留下了丰富的文物史迹、经典著作；了解中国与世界的关系，知道中国的发展离不开世界，中国文明与世界他国文明和而不同，共同构成世界文明的多样性；了解国防和国家安全的重要性。总之，初中生爱国主义教育的认知目标，应该侧重于在对祖国的自然实体和人文实际了解的基础上，更理性地认识爱国主义。

三是高中生爱国主义教育的认知目标。与初中生相比，高中生的认知水平更加成熟。他们已经初步具备辩证地观察和认识事物的能力。因此，高中生爱国主义教育认知目标的制定，应该更加注重对爱国主义有关理论的认识。具体来说，高中生爱国主义教育的认知目标应包括如下内容：更加深刻地理解爱国主义的含义和意义，并把爱国与爱党、爱社会主义相结合；初步了解中国的基本国情，过去和现实，懂得走中国特色社会主义道路的历史必然性；初步了解我国社会主义的基本路线和建设成就及经验，了解社会主义制度相对于资本主义制度的优越性；初步了解祖国和平统一的基本方针和民族政策，维护祖国统一和民族团结；初步了解国防与国家安全的相关知识，明确自己的责任和义务。

2. 中小学生爱国主义教育的情感目标

康布斯（A. W. Combs，1981）曾指出，教育目的绝不只限于教学生获得知识或技能，更重要的是要符合学生的情意需求，使他们在知、情、意三方面均衡发展。爱国主义品德的形成，与中小学生的情感水平密切相关。关于中小学生情感的发展，不少心理学家得出了一些结论。如皮亚杰就认为，儿童只有发展到 12 岁以上，才能对“祖国”这一概念获得恰当的情感价值。根据国内的一些学者的研究结论，随着我国中小学生集体活动的增多，其情感生活也在不断地丰富和发展。对于小学生尤其是高年级的小学生来说，文艺作品中的优秀人物已经能使他们产生敬仰、爱慕之情；在对祖国历史、地理的深入了解中，已经产生了爱国主义情感；在共同的集体生活中，也产生了友谊和集体荣誉感；而在学习的兴趣上，越来越显示出理智感。但是，小学生的意志还是比较弱的，他们在日常生活中还是更多地表现出无条件执行老师或者家长的意见，而不管他们的意见是否正确。对于初中生来说，由于其自我意识的发展，他们喜欢别人尊重自己，有强烈的成人感要求；他们能够根据成人的社会道德标准来评价自己和他人，并产生相应的态度体验；他们的意志力有所增强，意志行动中具有社会性的动机成分明显增加，能认识到“为祖国明天的建设作贡献”而学习。高中生的情绪发展逐渐接近成人，他们的爱国主义情感、集体主义情感、义务感、责任感、正义感等道德情感已经发展起来；对祖国河山的热爱，已能上升到抽象的水平；能根据爱国主义的原则，从公民对国家的责任和义务出发作出判断①。

中小学生情感发展的实际状况，也决定了不同阶段爱国主义教育的情感目标应有所不同。首先，对于小学生而言，其情感教育应该遵循由近及远、由小到大的原则。这是由小学生的认知水平所决定的。小学生的爱国主义认知教育的内容，比较侧重于对家乡、对学校、对祖国灿烂历史的了解和识记，因此，其情感教育也应是在此基础上发展起来的。具体而言，小学低年级（1~2 年级）爱国主义教育的情感目标应该包括：初步形成爱自己的家乡、学校的情感；初步形成对本国国旗、国徽、国歌的敬畏感和庄严感；初步具有中国传统节日意识和尊崇中国优良传统的意识。小学中年级（3~4 年级）爱国主义教育的情感目标应该包括：进一步巩固对学校、家乡的热爱之情；在了解祖国的地理历史的基础上，初步形成对祖国的情感价值；初步形成各民族平等观念。小学高年级（5~6 年级）爱国主义教育的情感目标应该包括：在了解祖国的地理历

① 参见沈德立：《发展与教育心理学》，辽宁大学出版社 1999 年版，第 138~247 页。

史的基础上，初步形成对祖国的情感价值；初步具备锻炼身体、保卫祖国的国防意识、拥军优属意识；具备遵纪守法的意识。

其次，对于初中生来说，其爱国主义教育的情感形成，应建立在初中生爱国主义认知教育的基础上。如果说小学生的爱国主义情感教育目标侧重于感性的爱国情感教育，那么初中生的爱国主义情感教育目标，则应侧重于爱国信念教育。因为初中生经过了小学时期的爱国教育和情感积累，他们的情感教育应该注重向理性方面发展。具体来说，初中生爱国主义教育的情感目标应该包括：在了解祖国的历史尤其是近代历史的基础上，初步形成正确的历史观、祖国观；初步具有民族自尊心、自信心和自豪感，对祖国、对中华民族、对中华民族文化有基本的认同感；初步具有个人利益服从国家利益和为国作贡献的正确价值观；国防意识、国家安全意识、法纪意识进一步增强；初步具备世界意识、人类意识。

最后，高中生经过小学和初中的情感教育，其情感发育应该更加成熟。因而高中生的爱国主义情感教育，更多地应该侧重于把爱国信念转变为爱国信仰的教育。具体来说，就是要更加重视爱国的责任感和义务感教育。即在了解中国的基本国情，过去和现实的基础上，初步形成以民族复兴为己任的历史责任感；在了解我国社会主义的基本路线和建设成就及经验，了解社会主义制度相对于资本主义制度的优越性的基础上，基本形成爱社会主义的情感；在了解祖国和平统一的基本方针和民族政策的基础上，初步形成维护祖国统一和民族团结的义务感；在了解国防与国家安全的相关知识的基础上，形成支持国防与维护国家安全的责任感和义务感。

3. 中小学生爱国主义教育的行为目标

爱国行为是中小学生爱国主义品德外化的表现。根据品德形成的有关原理，中小学生爱国主义品德的形成也包括从内化到外化的心理过程。其中内化是把爱国主义的有关观念、观点和规范内容转化为中小学生的爱国意识、信念和信仰，外化就是把中小学生已形成的爱国意识、信念和信仰转化为相应的爱国行动。爱国行为是以一定的爱国认知和爱国情感为前提的，是在一定的爱国认知和爱国情感的支配下而采取的行动，因而是我们评判中小学生爱国主义品德的外部标志。爱国行为包含两类：一类是通过语言来表达的行为，另一类是通过行动来表达的行为。这两种爱国行为的发生，都是以一定的爱国动机和爱国认识为条件的。一般来说，只有理性的爱国认识和正确的爱国动机，才能产生合理的爱国行为；而非理性的爱国认识和不正确的爱国动机，可能会产生非理性的爱国行为。比如2009年3月22日下午发生在武汉大学的穿和服赏樱花事件。本来穿什么衣服拍照应该是个人的自由选择，别人是无权干涉的。可一对母女在武大赏樱花时，因为穿了和服拍照，就遭到了众多学子的围观声讨。而且，当这件事被放在网上讨论时，竟有五成以上的人支持"赶出武大樱园，抵制和服，抵制日本文化"①。也许这些学子是想表达一种"爱国"情绪，但由于他们对爱国主义非理性的理解，其行为却把非理性的民族主义当成了爱国主义。我们判断一个人是否真正具备爱国品德，不是光看他的言论有多激烈，喊的口号有多响亮，更要看他是否具有一贯的爱国行为。换句话说，爱国行为才是爱国品德的外部标志。事实上，一个人即使有了理性的爱国认知和情感，却不一定会有爱国的行为。认知和行为相脱节，这不是一个新鲜的话题。因此，要把中小学生爱国认知和情感转化为持久的爱国行为，最关键的是要培养他们的理性的爱国行为习惯。理性的爱国行为习惯的养成，需要在行为的多次反复和训练中实现。换句话说，也只有把爱国认知和爱国情感、信念、信仰都落实到爱国的行为习惯中来，才能培养出中小学生持久的理性的爱国行为。正如洛克所说："只有你给它的良好原则与牢固习惯，才是最好的，最可靠的，所以也是最应该注重的。因为一切告诫与规则，无论如何反复叮咛，除非是形成了习惯，全是不中用的。"②

关于教育的行为目标，辛普森（E. J. Simpson）等在1972年也提出了一个分类理论。该理论把行为目标分为七级：知觉，即运用

① 《母女穿和服在武大樱园拍照 惹众怒遭轰赶》，网易新闻网，2009年3月22日。

② ［英］洛克：《教育漫话》，傅任敢译，人民教育出版社1985年版，第30页。

感官获得信息以指导动作；定向（定势），即对稳定的活动的准备；有指导的反应，即复杂动作技能学习的早期阶段，包括模仿和尝试错误；机械动作，即学习者的反应已成习惯，能以某种熟练和自信水平完成动作；复杂的外显反应，即包含复杂动作模式的熟练动作操作；适应，即技能的高度发展水平；创新，即创造新的动作模式以适合具体情境。尽管辛普森的理论是根据个人行为发生的微观过程来做分类，但无疑也为我们制定中小学爱国主义教育的行为目标提供了微观层面的参考。作为爱国主义品德外化表现的爱国行为，具体表现在中小学生的爱国主义教育中，与中小学生的认知发展和情感发展水平有着整体的关联性。因此，中小学生爱国主义教育的行为目标，是一个层次性和整体性相统一的目标体系。小学低年级（1~2 年级）的行为目标包括：尊重和爱护国旗、国徽，会唱国歌；能充满热爱的感情介绍自己的学校、家乡，并为学校和家乡做一些力所能及的事；能在中国传统节日里做一件与节日有关的事，如端午节包粽子、清明节扫墓等；能在生活中做一些体现中国优良传统的事，如助人为乐、孝敬父母等。小学中年级（3~4 年级）的行为目标包括：在进一步巩固小学低年级爱校、爱家乡、爱祖国行为的基础上，能够开始关心班级、学校、家乡的发展问题；尊重各民族的风俗习惯。小学高年级（5~6 年级）的行为目标包括：在继续增强小学低、中年级爱国行为的基础上，遵纪守法，拥军优属。

初中生爱国主义教育的行为目标，应该在小学生行为目标的基础上，增加：牢记国耻的行为；以自己是中国人为骄傲的行为；个人利益服从国家利益的行为；自觉维护祖国利益，不发布不利于民族国家的过激言论，不做出不利于民族国家利益的过激行为，不做损害民族自尊和国格的事，坚决反对一切出卖国家利益、损害祖国尊严、危害国家安全、分裂祖国的言行，等等。

高中生爱国主义教育的行为目标，应该在初中生爱国主义教育行为目标的基础上，着重理性爱国行为目标的构建。具体来说，高中生爱国主义教育的行为目标应包括：以高度的责任感和使命感关注祖国的前途和命运；坚持四项基本原则，抵制资产阶级自由化；维护祖国的尊严、荣誉和利益；维护祖国统一和民族团结；大力支持拥军优属，积极应召入伍，等等。具体内容见表 4-1。

表4-1 “认知—情感—行为”视角下中小学生爱国主义教育培养目标

中小学生爱国主义教育总的培养目标：把中小学生培养成理性的爱国者		
小学	低年级（1~2年级）	认知目标：初步了解自己的学校、家乡的历史，能列举家乡的名胜古迹、名人和主要物产；认识中国的版图、国旗、国徽，并初步具有国籍意识；初步了解祖国的疆域，知道中国是由56个民族组成的大家庭，台湾是祖国的宝岛，知道中国传统节日 情感目标：初步形成爱自己的家乡、学校的情感；初步形成对本国国旗、国徽、国歌的敬畏感和庄严感；初步具有中国传统节日意识和尊崇中国优良传统的意识 行为目标：尊重和爱护国旗、国徽，会唱国歌；能充满热爱的感情介绍自己的学校、家乡，并为家乡和学校做一些力所能及的事；能在中国传统节日里做一件与节日有关的事，如端午节包粽子、清明节扫墓等；能在生活中做一些体现中国优良传统的事，如助人为乐、孝敬父母等
	中年级（3~4年级）	认知目标：更加熟悉和了解自己学校、家乡的历史和现状；初步了解个人、小学、家乡和祖国之间的关系；初步了解中华民族精神及优良传统和影响中国发展的重大历史事件；初步了解祖国各民族的组成、语言及宗教习惯 情感目标：进一步巩固对学校、家乡的热爱之情；在了解祖国的地理历史的基础上，初步形成对祖国的情感价值 行为目标：在进一步巩固小学低年级爱校、爱家乡、爱祖国行为的基础上，能够开始关注班级、校园、家乡的发展问题；尊重各民族的风俗习惯
	高年级（5~6年级）	认知目标：在进一步巩固低、中年级形成的关于班级、学校、家乡的认知的基础上，更加熟悉和了解自己家乡、学校的历史和现状，并由此延伸至对祖国国情的初步了解；更加明确个人、学校、家乡和祖国之间的关系；更加熟悉和了解中华民族精神和优良传统；初步了解国防、法纪知识 情感目标：在了解祖国的地理历史的基础上，初步形成对祖国的情感价值；初步具备锻炼身体、保卫祖国的国防意识、拥军优属意识；具备遵纪守法的意识 行为目标：在继续增强小学低、中年级爱国行为的基础上，遵纪守法、拥军优属

续表

中小学生爱国主义教育总的培养目标：把中小学生培养成理性的爱国者		
初中	7~9年级	认知目标：正确认识国家与民族、公民与祖国之间的关系，知道各民族共同缔造了伟大的祖国，维护祖国统一是国家最高利益之所在，明白爱国主义的核心是人们对自己祖国和民族的自信心、自尊心和荣誉感；了解中华民族自强不息、百折不挠的发展历程，了解我国各族人民对创造中华文明的卓越贡献；了解我国历史上的重大事件和著名人物，了解中国人民在反对外来侵略和压迫、反抗腐朽统治、争取民族独立和解放上前仆后继、浴血奋战的精神和业绩，特别是中国共产党领导全国人民为建立新中国而英勇奋斗的崇高精神和光辉业绩；了解中华民族优秀传统文化，不仅包含了哲学、社会科学、文学艺术、科学技术等方面的成就，而且蕴含着崇高的民族精神、民族气节和优良道德，不仅孕育了无数杰出的政治家、思想家、文艺家、科学家、教育家、军事家，还留下了丰富的文物史迹、经典著作；了解中国与世界的关系，知道中国的发展离不开世界，中国文明与世界他国文明和而不同，共同构成世界文明的多样性，知道国防和国家安全的重要性 情感目标：在了解祖国的历史尤其是近代历史的基础上，初步形成正确的历史观、祖国观；初步具有民族自尊心、自信心和自豪感，对祖国、对中华民族、对中华民族文化有基本的认同感；初步具有个人利益服从国家利益和为国作贡献的正确价值观；国防意识、国家安全意识、法纪意识进一步增强；初步具备世界意识、人类意识 行为目标：在小学生行为目标的基础上，增加：牢记国耻的行为；以自己是中国人为骄傲的行为；个人利益服从国家利益的行为；自觉维护祖国利益，不发布不利于民族国家的过激言论，不做出不利民族国家利益的过激行为，不做损害民族自尊和国格的事，坚决反对一切出卖国家利益、损害祖国尊严、危害国家安全、分裂祖国的言行，等等

续表

中小学生爱国主义教育总的培养目标：把中小学生培养成理性的爱国者		
高中	1~3 年级	认知目标：更加深刻地理解爱国主义的含义和意义，并把爱国与爱党、爱社会主义相结合；初步了解中国的基本国情，过去和现实，懂得走中国特色社会主义道路的历史必然性；初步了解我国社会主义的基本路线和建设成就及经验，了解社会主义制度相对于资本主义制度的优越性；初步了解祖国和平统一的基本方针和民族政策，维护祖国统一和民族团结；初步了解国防与国家安全的相关知识，明确自己的责任和义务 情感目标：在了解中国的基本国情，过去和现实的基础上，初步形成以民族复兴为己任的历史责任感；在了解我国社会主义的基本路线和建设成就及经验，了解社会主义制度相对于资本主义制度的优越性的基础上，基本形成爱社会主义的情感；在了解祖国和平统一的基本方针和民族政策的基础上，初步形成维护祖国统一和民族团结的义务感；在了解国防与国家安全相关知识的基础上，形成支持国防与维护国家安全的责任感和义务感。 行为目标：以高度的责任感和使命感关注祖国的前途和命运；坚持四项基本原则，抵制资产阶级自由化；维护祖国的尊严、荣誉和利益；维护祖国统一和民族团结；大力支持拥军优属，积极应召入伍，等等

三、中小学生爱国主义教育的课程目标和教学目标

任何一种教育目的和培养目标的实现，都得具体化为相应的课程目标及其教学目标。课程目标和教学目标就是人们希望通过所提供的教育计划而取得的具体目标。为确保教学计划有意义，我们不仅要把目标程式化，而且这种程式化必须精确、清晰。由于课程目标和教学目标是相对培养目标更为具体的目标，且爱国主义教育课程具有多样性，因而本部分内容只是从总体上探讨课程目标和教学目标制定的相关原则。

（一）社会价值与个人价值的统一

在课程目标的定位上，一直存在着社会本位和个体本位的争论。社会本位论认为，社会才是真正的存在，个人只是实现社会目的的工具，“人实际上是因为生活在社会中才是人”①，因而主张课程目标的设置、内容的选择，应该以社会价值为中心，以社会的需要来规划课程，构建教育活动。爱国主义教育过程，就是把一定社会关于爱国主义的政治观、道德观和价值观传递给中小学生，把他们培养成为符合社会要求的公民。在中国古代的爱国主义教育实践中，从来就体现社会本位的价值立场。对人们进行“大一统”国家观念、天下为公、忧患意识、协和万邦、献身祖国、知耻兴邦、御辱振邦、富民强国等思想教育，目的就是要培养忠诚于国家、精忠报国的臣民。在西方，也不乏社会本位的爱国主义教育思想，比如美国前总统肯尼迪在其演说词里说道：“不要问你们的国家能为你们做些什么，而要问你们能为自己的国家做些什么。”美国前总统克林顿更是强调：“我们必须像家庭供养子女那样供养自己的国家，让我们大家不仅为自己和家庭而且也为社会和国家担负起更多的责任。”

个体本位论则认为，个人价值高于社会价值，个人是目的，社会只是个人实现的手段，因而强调课程目标的设置、内容的选择应该以个人的需要为本，根据学生的本性，以个人自身完善和发展的需要为出发点。持这种观念的最极端、最典型的代表就是卢梭。他认为儿童性本善，儿童发展有其内在固有的规律，道德教育应该顺应孩子的天性，使其内在德性发展、健全。对公民自身而言，自觉接受爱国主义教育和培养自身的爱国主义品质，实际上是公民作为一个人最起码的道德追求。这是由人与国家的一种天然的血肉联系所决定的。一个人在一个国家里出生、成长，国家不仅给了他特定的种族遗传、生活基础、社会关系、价值文化观念，而且塑造了他

① 涂尔干：《教育及其性质与作用》，转引自张人杰：《国外社会教育社会学基本文选》，华东师范大学出版社1989年版，第13页。

的民族精神、民族个性。国家的名誉、利益与个人的名誉、利益是相互依存、紧密相连的。这种利益的一致性从客观上要求每个公民用自己的辛勤劳动创造祖国的繁荣昌盛，用自己的全部力量甚至生命来维护国家的安全和主权的独立。

这两种观点各有千秋，各有价值，各有侧重点，都为中小学生爱国主义教育课程目标和教学目标的制定提供了理论依据，促成我们形成完整的爱国主义教育课程价值观。中小学生爱国主义教育课程要实现的社会价值应体现为如下方面：第一，培养学生正确的祖国观、历史观和利益观；第二，培养中小学生正确的民族意识、全球意识，发展他们对本民族的归属感和热爱之情，对其他民族的尊重和理解，使他们能够关注人类的共同命运；第三，培养学生的公民意识和公民素质，使他们具有民族自尊心、自信心和自豪感，社会主义的理想和信念，认真履行自己公民的权利和义务，愿意对国家、对社会作贡献。在个人价值方面，爱国主义教育课程首先要唤醒中小学生的民族自尊心、自信心和自豪感，另外，要促进中小学生爱国的政治理性、道德理性和社会行为理性的形成。

（二）爱国主义美德与爱国理性人格的统一

中国是一个富有爱国主义传统的民族。在中国历史上，爱国主义从来就是动员和鼓舞人民团结奋斗的一面旗帜，在维护祖国统一、民族团结，抵御外侵略和推动社会进步中，发挥了重大作用。但是，爱国主义的具体内涵在每一个时代，都在发展变化，对每一个爱国者的具体爱国要求也在不断发展变化。比如，在古代中国，爱国主义不仅要求人们要有“大一统”的国家观念，还要求人们“天下为公”，具有博爱大众的“仁爱”思想、“革故鼎新”的改革创新意识、“忧以天下，乐以天下”的忧患意识，精忠报国、经世致用、协和万邦等。因而，古代爱国主义精神也具体表现为反对分裂、维护祖国统一和民族团结，反对民族压迫和外来侵略，辛勤创造中华文明，开发和改造祖国河山，推动社会进步和政治革新等。而在近代，由于中华民族承受着帝国主义和封建主义的双重压迫，遭遇了极大的民族灾难，所以，救亡图存、振兴中华，成为中华民族压倒一切的历史任务，爱国主义则要求人们要献身祖国、争取民族独立，要知耻兴邦、御辱振邦，要科技富民、科技强国等。在新民主主义革命时期，爱国主义则在继承古代和近代爱国主义传统的同时，更加突出爱国主义与社会主义、集体主义、国际主义的结合。改革开放以来的新时期，爱国主义更是要求围绕建设中国特色社会主义这一伟大时代主题，树立民族自尊心、自信心、自豪感，增强中国特色社会主义理论自信、制度自信和道路自信。

不可否认，在爱国主义的传统中，始终存在着一些超越历史和意识形态的美德和精神，但也有与时代不相符合的内容和观念，比如爱国要忠诚于君王、忠诚于一家天下，就已经远远落后于现代民主、国家观念，需要摒弃。因此，一个爱国的人，应该是一个具有爱国理性的人，是一个对现实情况具有自己自主的、独立的思考和判断，并能适当地作出行为选择的人。21世纪以来，越来越多的人在一些事件，尤其在外交事件中，人云亦云、人动我动地表现出非理性的举动，这就更加凸显了爱国主义教育从中小学起，就要注重通过相关课程及其教学，培育学生的爱国理性。爱国理性人格是人的主体性的表现，它能使人在原有的知识和规范面前，能够根据实际情况实时地调整和创造性地适应新的具体问题。坚持传统爱国主义美德无疑可贵，但爱国的具体内容和行为要求不是一成不变的，它“必须植根于人的活生生的现实，必须依据人性的现实内容进行不断的变动和改造，一种不了解人性真实状况和现实需求的道德规范是毫无意义的”①。

（三）爱国认知、情感和行为的统一

长期以来，学校课程设计只是关注学生爱国主义认知发展过程，以及社会要求的爱国教育内容，并不关注学生有没有接受，是否真的接受。很多人都认为，我们的德育培养了学生的道德认知能力，关注了学生的道德情感发展。而事实是，我们连学生的道德认

① 方朝晖：《重建价值主体——卡尔·雅斯贝尔斯对近现代西方自由观的扬弃》，中央广播电视大学出版社1993年版，第103页。

知培养这点都没达到，而只是培养了他们的道德记忆力。

认知是品德形成的基础。苏霍姆林斯基曾断言："在我们这个时代，没有良好的教育，没有牢固的知识，没有丰富的智力素养和多方面的智力兴趣，要把一个人提到道德尊严的高度，是不可思议的。"① 美国的心理学家科尔伯格也指出，一切道德行为，都不是主体按特定的规则机械做出，而是以已有的认知对自身、事件、他人、社会期望、法律等因素进行分析决策的结果。这种道德认知是与道德判断互为基础的。在道德判断中，有情感的因素，但更多的是认知在起作用。他认为，情感始终是以个人理解情景中的权利和义务的具体内涵为基础的。无论是情感的发展，还是判断时情感的作用，都是一种内在具有浓厚认知成分的结构体。情感的力量包含于道德决定之中，但它本身是中性的，只有被纳入道德方向，才是道德。而道德引导工作本身就是道德认知。道德认知水平越高，其情感就越稳定，对行为的推动力就越大。美国社会教育学家涂尔干也支持了这一观点，他认为认知与情感是同一道德判断的不同方面，所有的心理活动都具有这两个方面，道德认知结构的任何变化都从这两种成分中反映出来，两者不能相互替代。他说："诚然，道德判断中时常包含着强烈的情感，但绝不会减弱判断的认知成分。"② 情感是品德形成的必需条件，品德的形成也与情感水平密切相关。苏联心理学家鲁克曾说："高水平的情感不是遗传下来的，而是对每个儿童加以培养的结果。如果轻视这方面的教育，就会使整个一代全部生活中的相应的情感、道德回到原始状态中去。"③ 人本主义心理学家康布斯也强调，教育目的绝不只限于教学生知识或获得技能，更主要的是要符合学生的情意需求，使他们

① 转引自杜殿坤、采石：《知识对于道德形成具有重要作用——苏霍姆林斯基论道德教育之二》，载《湖南教育》1982年第3期。

② 转引自冯增俊：《科尔伯格道德认知发展构建观的探讨》，载《中外教育研究》1999年第2期。

③ 转引自蒋雨诗：《浅谈初中语文课堂中的情感教育》，载《中学语文》2010年第24期。

在知、情、意三方面均衡发展①。行为是知识和情感的外显，缺少持久的爱国行为，就无法判定一个人是否真的爱国。因此，中小学生爱国主义教育课程目标和教学目标的制定，不仅要提高中小学生的爱国认知，更重要的是要注重爱国情感的激发，使之形成稳定的、理性的情感，并能促进价值理解、体验理解，实现理性的爱国行为。

① 转引自吴彩霞、赵呈领：《情感网络教育中不可缺少的组成部分》，中国教育技术网，2010年1月5日。

第五章　中小学生爱国主义教育的课程体系

爱国主义教育课程是中小学生爱国主义教育的中心环节，是连接爱国主义教育者与中小学生的重要纽带。正如 Philip H. Talor 和 Colin Richards 在《课程研究导论》中所说："课程是教育事业的核心，是教育运行的手段，没有课程，教育就没有了用以传达信息、表达意义、说明价值的媒介。"① 因此，构建中小学生爱国主义教育的有效课程体系，对实现爱国主义教育目标和提升爱国主义教育效果，有着非常重大的现实意义。

一、　中小学生爱国主义教育课程的内涵和特点

关于课程的定义，国内外学者有着不同的观点。如美国学者鲁尔在其博士论文《课程含义的哲学探索》中，就曾列举了 119 种课程定义。《中国大百科全书》将课程从广义和狭义两个方面进行了区分：广义的课程指所有学科（教学科目）的总和，或者指学生在教师指导下各种活动的总和；狭义的课程是指一门学科②。但是随着课程观念的进化，我国学者对课程的定义也提出了新的概括方式，如余双好教授在《现代德育课程论》中就提出，"课程是学习者在学校教育环境中所获得的整体性教育经验，这种教育经验是

---

① Talor P H and Richards C, *An Introduction to Curriculum Studies*（《课程研究导论》），NFER Publishing Company，1979，p. 11.

② 《中国大百科全书·教育》，中国大百科全书出版社 1985 年版，第 207 页。

由学校提供的，是学校作为整体提供给学生的教育经验的总和，是学校通过显性或隐性的方式，有目的、有计划地（或在这个过程中无意识、暗示）使学生获得的整体性教育内容和因素的总和"①。根据这一定义，我们可以把中小学生爱国主义教育课程理解为，学校通过把爱国主义教育与现代课程相结合，使包括全日制小学、初中和高中在内的学生在学校教育环境中，所获得的关于爱国主义的直接经验和间接经验的总和。换句话说，中小学生爱国主义教育课程是学校通过整体提供给学生关于爱国主义的直接经验和间接经验，以塑造学生爱国主义品德的课程形式，它应该具有以下几个方面的特点：

第一，直接课程与间接课程的统一。在要不要设立直接的爱国主义教育课程的问题上，目前国内外学者很少有更深入的研究和探讨。在中国的爱国主义教育文件和实践中，也没有专门设定一门爱国主义教育课程。但是，作为一种培养人的爱国主义品德的教育活动，学校爱国主义教育一直是通过一定的课程方式进行。所以，设置一些直接对中小学生进行爱国主义教育的课程，是完全可以而且应该的。同时，也要设立一些间接课程，因为间接课程对中小学生爱国主义品德的形成也很重要。列宁曾在《共青团的任务》中，深刻地阐述了直接课程和间接课程对青年人学习共产主义的重要性。他说："初看起来，总以为学习共产主义就是领会共产主义教科书、小册子和著作里所讲的一切知识。但是，给学习共产主义下这样的定义，就未免太草率、太不全面了"②；"单从书本上来领会关于共产主义的论述，是极不正确的"③，"只有了解人类创造的一切财富以丰富自己的头脑，才能成为共产主义者"④。中小学生爱国主义品德的形成，也是爱国主义教育的直接课程和间接课程

① 佘双好：《现代德育课程论》，中国社会科学出版社 2003 年版，第 24 页。

② 《列宁选集》第 4 卷，人民出版社 1995 年版，第 282 页。

③ 《列宁选集》第 4 卷，人民出版社 1995 年版，第 283 页。

④ 《列宁选集》第 4 卷，人民出版社 1995 年版，第 285 页。

综合作用的结果。因此，中小学生爱国主义教育课程具有直接课程与间接课程相统一的特征。

第二，显性课程与隐性课程的统一。中小学生爱国主义教育是目的性非常强的、有计划有组织的教育，它往往需要以明确的、外显的方式来进行，使学生获得爱国主义方面的经验。而这种由学校以明确的、外显的方式提供给中小学生的爱国主义经验的总和，就是中小学生爱国主义教育的显性课程。根据不同的组织方式，中小学生爱国主义教育的显性课程可以分为以学科形式进行的课程和以活动形式进行的课程。中小学生爱国主义品德的形成，除了受显性课程的直接的、间接的影响外，还离不开环境的熏陶。学生从学校的教育环境中获得爱国主义教育方面的经验，实际上是以一种不明确的、内隐的方式来进行的。也就是说，在爱国主义教育中，学生既没有明显地感觉到教师在“教”，也没有明显地感觉到自己在“学”。这种课程是隐含在各科教学活动中的，校园文化环境中，学生通过自己实践感受、体会和参与获得的，因而是一种隐性的课程。中小学生爱国主义品德的形成，是显性课程与隐性课程综合的结果。因此，中小学生爱国主义教育课程具有显性课程与隐性课程相统一的特征。

第三，学校课程与校外课程的整合。中小学生爱国主义教育是一项社会系统工程，不仅需要学校的重视，还需要家庭和社会的共同重视。学校是中小学生爱国主义教育的主阵地，学校通过一系列的直接课程或间接课程、显性课程或隐性课程的设计、实施，使爱国主义教育的有关目标、内容为中小学生所体现、接受。但同时，好的家庭和社会教育对中小学生爱国主义教育有着正向的促进作用；不好的家庭和社会教育，则会引起消解学校教育的结果。中小学生爱国主义教育还必须整合校外课程资源，使校外爱国主义教育与学校爱国主义教育能同向运动，巩固爱国主义教育的效果。由于中小学生爱国主义品德的形成，既是学校课程作用的结果，又是校外课程作用的结果，所以，中小学生爱国主义教育课程也具有学校课程与校外课程相统一的特征。

二、当前我国中小学生爱国主义教育课程概况及评价

长期以来，由于学校始终把爱国主义定位为德育的核心内容，把中小学生爱国主义教育内容融入相应的德育课程中，因而探寻目前中小学生的爱国主义教育课程，必须把视野投向德育课程。当前我国中小学生德育课程已经基本形成一套包括学科课程、活动课程在内的课程体系，爱国主义教育就蕴含在这些课程之中。

（一）当前我国中小学生爱国主义教育课程概况

在学校正式的教学计划、课程表和学校的培养方案中加以规定的，并以教学科目为主要形式的课程形态中，政治课、历史课、国防教育课和其他各门学科课程中，都富有爱国主义教育内容和要求。如政治课，不仅是学校德育工作的主导渠道，也是对中小学生进行爱国主义教育的直接学科课程之一。根据2004年的新课程标准改编的中小学政治教材，不论从内容还是形式上，都更加注重依据学生的实际和教育的规律进行爱国主义教育。比如思想品德课中的爱国主义教育，非常注重引导学生在认识“成长中的我”的基础上，明白“我与他人的关系”，进而正确认识“我与集体、国家和社会”的关系；在引导学生树立自尊自强的品德时，也引导他们承担对祖国、社会和自然环境的责任；在塑造学生文化认同的心理时，使他们树立社会主义的共同理想；教育学生了解我国国情，并上升为爱我中华的情感。政治理论课在帮助学生逐步形成良好的道德品质和心理素质，养成遵纪守法和文明礼貌的行为习惯，增强爱国主义、集体主义的思想情感的同时，也更加注重对国家观念、道德观念、法制观念、社会发展、基本国情、社会责任、民族自尊心、民族自信心和为社会主义奋斗的理想和信念教育。形势与政策课也非常注重让学生通过了解国内外重大时事，全面认识和正确理

解党的基本路线、重大方针和政策，认清形势和任务，激发他们的爱国主义精神，增强他们的民族自信心和社会责任感。历史课程则更注重中国的悠久文化传统和古代文明的教育，让学生“逐渐了解中国国情，理解并热爱中华民族的优秀文化传统，形成对祖国历史与文化的认同感，初步树立对国家、民族的历史责任感和使命感”①；注重“中国是一个统一的多民族国家”的观念教育，促使学生形成维护祖国统一、民族团结的爱国主义思想；注重全球意识和国际主义思想教育，使学生初步形成正确的国际意识，理解和尊重其他国家和民族所创造的文明成果；注重引导学生学习和继承人类的传统美德，从人类社会历史发展的曲折历程中理解人生的价值和意义，逐渐形成正确的世界观、人生观和价值观。国防教育既是爱国主义教育的重要内容，也是实现爱国主义教育的重要途径。目前国防课程开设的形式主要是军训。其教学内容可分为两类：一是国防常识和理论课程；二是国防军事技能课程。国防常识和理论课程一般蕴含在学校的有关课程中，其主要内容根据学生的实际有所不同②。在《爱国主义教育实施纲要》，中共中央办公厅、国务院办公厅《关于适应新形势进一步加强和改进中小学德育工作的意

① 中华人民共和国教育部：《全日制义务教育历史课程标准》（实验稿），北京师范大学出版社 2001 年版。

② 小学生国防教育的内容主要是有关国防常识的教育，如国旗、党旗、军旗知识教育，国徽、国歌、版图知识教育，中国人民解放军军史教育，国家领土及主权知识教育，中华民族反侵略斗争历史知识教育，常规兵器知识教育，核武器、化学武器及高技术武器常识等教育，古往今来的爱国英雄教育等。初中生国防教育的内容主要有国防与战争常识，《国防法》《兵役法》等法律法规及公民国防义务知识，中国国防简史，国防方针政策及武装力量知识，领土、领海、领空和边防、海防、空防知识及与周边国家关系，军事高技术知识，“三防”知识，轻武器射击、战场简易救护、野外生存知识等。高中生的国防教育主要是关于国防理论的教育，如党的三代领导核心关于国防与军队建设的思想，公民国防义务与权利知识，国防政策、方针和原则，国防战略，武装力量体制，近现代国防历史、爱国英雄人物和事迹，高技术战争和军事高技术武器知识，国际军事冲突热点问题等。

见》等文件的要求下①，中小学语文、历史、地理、数学、物理、化学、生物、自然、体育、音乐、美术等学科也根据各自的特点，结合教学内容对学生进行了爱国主义、社会主义、中国近现代史、基本国情、民族团结和辩证唯物主义世界观教育。1994年以来，关于中小学爱国主义教育的期刊论文，不少都是间接学科教学经验的总结。

在中小学正式设立的以活动为主要形式的德育课程中，涉及爱国主义教育的主要有升国旗、爱国主义主题演讲会或知识竞赛活动、利用爱国主义教育基地开展的活动、利用重大纪念日展开的爱国主义教育活动等。其中，由于升国旗是一项比较容易实施、具有切实可操作性的活动，从农村到城市的中小学校都能够达到建立升国旗制度的条件，所以，各地各级中小学基本都建立了升国旗制度，形成以升国旗仪式为教育契机，激发学生爱国主义情感的教学制度。而爱国主义主题演讲、爱国主义知识竞赛、观看爱国主义教育题材的影视作品、爱国主义歌曲比赛、办爱国主义教育专栏、爱国主义读书活动等形式，因为操作性强，且大多数学生比较喜欢，因而也是当前各级各类学校最常见的日常爱国主义教育活动课程。有些学校也在综合实践活动、班队活动、成人仪式、春游、秋游、读书比赛等其他活动中渗透爱国主义教育内容；或者会利用一些重大纪念日，如国庆日、五四运动纪念日、“九一八”纪念日、红军长征胜利周年纪念日、反法西斯战争胜利周年纪念日，以及中国传统节日如元旦、春节、清明节、端午节、中秋节、七夕等的节俗活动，寻找其与爱国主义教育的切入点，挖掘爱国主义教育资源；或

① 《爱国主义教育实施纲要》要求，各级教育部门制订各学科（包括自然科学在内）的爱国主义教育分科计划，把爱国主义教育内容分解、贯穿到各相关学科的课堂教学中去。2000年12月，中共中央办公厅、国务院办公厅《关于适应新形势进一步加强和改进中小学德育工作的意见》也要求，中小学语文、历史、地理、数学、物理、化学、生物、自然等学科要根据各自的特点，结合教学内容对学生进行爱国主义、社会主义、中国近现代史、基本国情、民族团结和辩证唯物主义世界观教育，以及科学精神、科学方法、科学态度的教育。体育、音乐、美术等学科也要结合学科特点，陶冶学生情操，激发爱国主义情感，培养团结协作和坚忍不拔的精神。

者利用寒暑假在爱国主义教育基地办“夏令营”“冬令营”活动等，进行爱国主义教育。

在中小学校以不明确的、内隐的方式，使学生获得爱国主义方面的经验的教育内容和因素，主要体现在学校的物质环境和精神环境中，如：优美的校园环境、独特的建筑风格、现代化的教学设备，以及教室、图书馆、食堂等处的标语、图像等；学校的管理制度、生活制度和各种仪式，如日常的管理制度、行为规范，以及开学典礼、毕业典礼等仪式；学校教师与学生团体等。由于各个学校对隐性课程的认识程度不一样，所以，对爱国主义教育的隐性课程的开发程度也不同。但总体来说，各学校在隐性课程的开发上，都还没有形成明确的意识和统一的方针。即便在改善校容校貌、建设校园文化的过程中，也不是把爱国主义教育作为其主要目标的。

（二）当前我国中小学生爱国主义教育课程的评价

课程是连接教育者和受教育者的桥梁，也是实现学校爱国主义教育的主要方式。尽管经过新中国成立60多年的探索和建设，中小学生爱国主义教育已经伴随德育课程的改革和完善，很好地融入中小学德育课程体系之中，但是仍然存在一些不足，不能满足中小学生爱国主义教育培养目标的需求。

（1）课程结构和内容的整体性不够，缺乏相关的背景帮助学生理解爱国主义的意义。

爱国主义是一个认知、情感、行为内在统一的范畴，通过课程设置培养学生的爱国主义品质，首先必须考虑的是把学生看成一个具有认知、情感和行为相统一的整体生活中的人。所以，爱国主义教育课程结构和内容的设置，应该有助于学生爱国主义认知、情感和行为的内在统一，使其具有整体生活的人格。这就需要课程结构和内容的设置，能够以整体等于部分之和并能够通过部分预测和推知整体为假设，把最小的、自明性的事实定为课程知识的起点，通过这些事实的不断增加，最后构建出知识的整体。但是，目前中小学生爱国主义教育课程的结构和内容基本被片段化，知识也被分割成为不同的学科科目，每个科目又被分成更加离散的单元，每个单元又被分成分立的事实。如爱国主义教育的直接学科课程就被分为政治、历史、国防教育等科目，而政治课程中关于爱国主义教育的内容，又被分为几个单元。在这样的课程教学中，由于相关背景的缺乏，学生们在片段化的思考方式中，很难理解爱国主义的意义，因而也很难达到爱国主义认知、情感、行为的一致。正如克拉克所描述的："获得一种教育就像拼凑一幅智力拼图。学生们花了很多年尽可能多地记忆拼图组件的形状、颜色和大小。他们学习收集组件并把组件分成适当的一组，每组贴有一个标签——数学、科学、历史、艺术等。偶尔他们能把几个组件拼在一起。但是他们因为无法获得更多有关谜底的提示，所以他们没有相关的画面用以了解怎样组合单独的组件。没有相关的背景帮助他们理解，他们所搜集的组件在本质上是无意义的，因此也是无用的。"①

（2）课程评价和课程价值的异化，导致课程效果的弱化。

在现有的爱国主义教育过程中，课程目标和内容一般都会被事先预设和规范，即课程内容的实施是为了达到和实现课程目标。所以，在评价爱国主义教育课程时，往往是把教学效果与事先设定的课程目标相对照，课程目标成为课程评价的核心。而爱国主义课程目标的设定，往往又受理性工具的影响，更多关注学生的知识接受和堆积，却失去了发展爱国主义情感的内在价值。因此，爱国主义教育课程评价也变成了学生爱国主义认知评价，主要考察学生是否掌握了爱国主义教育的内容，而对爱国主义情感和行为的考察，则无从谈起。在这样的课程目标和评价下，教师和学生都被外在的目标和内容所控制，其行为也都带有被迫性：教师只能把文本信息传递给学生，学生只能接受和堆积知识。由此而产生的结果就是教师与爱国主义教育教学活动的分离和对立，学生与教师及爱国主义教育活动之间的分离和对立。这种对立与分离，必然导致爱国主义教育效果的弱化。

---

① Clark E T, "The Search for a New Educational Paradigm: The Implications of New Assumption About Thinking and Learning," in Miller R, *New Directions in Education*, Brandon: Holistic Press, 1991, p. 30.

(3) 由于应试考试的需要，许多课程教学课时被考试科目课程挤占，使得有些课程形同虚设。

不可否认，经过新中国成立以来的探索，特别是新时期以来的改革，中小学德育课程已经基本形成了一套非常完整的体系。翻开中小学生们沉重的书包和课表，你会发现，教育者们为了把他们培养成为德、智、体、美全面发展的一代新人，为他们所做的课程设计和教材是多么完美。然而，这些完美的课程设计和教材，在应试考试的实际面前，最后都显得是那么苍白无力。在中小学生的课表上，有每周2学时的历史课、政治课，小学还有每周2学时的校本课，但在我们的调查中，老师直言不讳地告诉我们，这些课程都很难达到理想的效果。真实的情况是，凡是参加小升初、初升高、高考的科目，常常占用不参加考试的科目课时。在武汉市，虽然规定历史、政治参加中考，但因为是开卷考试，加上有些老师的讲解没有到位，学生们基本是抄完就丢，根本没有达到课程目标的要求。高中虽然也开设每周1学时的文科综合课程，但因不纳入理科生高考考分，学生大多在其课堂上做其他参加高考科目的作业。对课表上的课程尚且如此，活动课程就更可以想象。因为不参加考试，升国旗时，国旗下的讲话常常成为老师宣读通知，进行工作安排，或者干一些其他的事情；因为不参加考试，爱国主义并不是考核学生和教师的指标，教师的主观意愿不强，参观、主题活动也缺乏精心的组织和准备，有些活动开展了，也没有真正触动学生。正因为如此，在我们向学生调查爱国主义课程的时候，毕业班学生的感受更强烈，他们大多认为学校不重视爱国主义教育，没有组织参观爱国主义教育基地的活动①。

三、中小学生爱国主义教育课程体系的重新构建

学校教育发生作用主要是通过课程计划，所以课程设置是中小

① 参见附录《关于我国中小学生爱国主义教育现状的调查》。

学生爱国主义教育的重要问题。美国学者埃利奥特·W. 艾斯纳认为，不管学校遵循哪种课程意识形态，他们能提供给学生的有三种课程：显性课程、隐性课程和空无课程①。佘双好则将现代德育课程分为显性德育课程和隐性德育课程，其中显性德育课程又包括学科德育课程和活动德育课程，隐性德育课程又包括显性课程中的隐性课程、学校物质环境中的隐性课程、学校精神文化研究中的隐性课程②。无论是哪一种课程分类，都表明爱国主义教育课程应该是一个由多种课程构成的体系。由于爱国主义教育课程是为了实现一定的课程目标，而课程目标又是对培养目标的具体化，因而，本课程体系的构建，也将遵循中小学生的爱国认知、情感、行为形成发展规律，从综合课程、网络课程和隐性课程方面进行思考。

（一）中小学生爱国主义教育综合课程的构建

在思考中小学生爱国主义教育课程的时候，首先要考虑的问题，就是目前中小学应试教育的大环境和大前提下，学时如何保证的问题。因为在还没有找出能代替目前的高考升学制度的办法之前，中小学教育只会围绕“高考”这根指挥棒打转，不可能会有太多的时间和精力去关注爱国主义教育，甚至是德育。其次，还要考虑到已经成形的中小学德育课程体系。要改变一种课程模式，也不是一件容易的事情，因为这涉及教材、师资等诸多方面的问题。在此基础上，我们试图从整体上构建一套从小学到高中阶段的关于爱国主义教育的综合课程，既能实现中小学生爱国主义教育的培养目标，又能与中小学德育课程相衔接。

1. 中小学生爱国主义教育综合课程构建的基本原则

构建中小学生爱国主义教育综合课程的目的，最终是为了实现中小学生爱国主义教育目标。由于爱国主义教育内容的广泛性和爱

---

① 参见［美］埃利奥特·W. 艾斯纳：《教育想象——学校课程设计与评价》，李雁冰主译，教育科学出版社 2008 年版，第 91～101 页。

② 佘双好：《现代德育课程论》，中国社会科学出版社 2003 年版，第 26 页。

国主义教育目标的非认知性，这就需要我们在中小学生爱国主义教育课程的设置中，坚持以下原则。

(1) 整体性原则。

整体性原则要求中小学生爱国主义教育课程设置体现如下层次的内容：一是要把中小学生看作一个整体的人，即爱国主义认知、情感和行为内在统一并具有整体生活的人格的人。这就需要我们改变现代课程所表现的重智力、轻情感，重工具理性、轻价值精神的缺陷，强调学生中心地位和经验传递的同时，特别强调人生来需要一种与世界的联系，把课程转变为教师以活生生的现实教育学生，在教师、学生和世界的交互作用中，通过移情学习和灵性学习，利用情感、身体感受力、直觉等认知方式去认识和体验生活，来构建爱国主义教育课程。二是课程目标的整体性。爱国主义教育课程目标应该是爱国主义教育目标的具体体现，也是课程有效实施的前提。中小学生爱国主义教育，作为把中小学生培养成为爱国认知、情感和行为相统一的爱国者的实践活动，不仅有着体现认知、情感和行为目标的差异与衔接的整体要求，而且有着体现不同年龄段教育目标的差异与衔接的整体要求。中小学生爱国主义教育课程的设置应该遵循整体性原则，使各阶段的课程目标既有差异性，又有整体性。三是中小学生爱国主义教育课程内容的整体性。中小学生爱国主义教育课程是以中小学生获得的有关爱国主义思想方面的直接经验和间接经验作为课程内涵，用“经验”代替传统课程中的“学科”等定义的，这就使其不仅包含了直接经验的学习内容，而且包含了间接经验的学习内容；不仅包含了由学校提供的教育内容，也包含了学生主动参与所获得的课程内容。虽然这些内容以不同的形式出现，并以不同的方式作用于中小学生的思想，但它们以一个整体在发生作用，共同促进中小学生爱国主义品德的形成与发展。因此，在设置中小学生爱国主义教育课程时，必须遵循整体性原则，使设置的各种具体课程共同发挥作用。

(2) 综合性原则。

中小学生爱国主义教育内容具有广泛性，涉及历史、文化、国情、建设成就、基本路线、民主法制、国防安全等诸多方面。而中小学生身心发展的年龄特征决定了中小学课程的门类不宜过多，分科不宜太细，这就使我们在设置中小学生爱国主义教育课程时，必须遵循综合性原则。目前，世界各国在学科综合化方面主要有两种做法：一种是将具有联系的各学科组合起来，保持原有的学科划分，确定各学科之间的联系点；另一种是将几门学科合并，实行合科教学①。中小学生爱国主义教育课程设置的综合化，更应该打破学科界限，注重学生的情感、身体感受力、直觉等在课程目标实现中的作用。

（3）目标遵循性原则。

爱国主义教育作为一种自上而下的、具有实现社会政治品德要求的教育实践活动，是具有明确的目标和任务驱动性的。在爱国主义教育活动中，目标和任务是课程开发和建设的指导和感召，为课程建设和开发提供方向和动机。因此，要使中小学生爱国主义教育课程有意义，必须要在遵循爱国主义教育目标的基础上，确立明确的、清晰的课程目标。因为课程目标不仅阐述发生在学生身上的预期变化，也是学校有效地评估学校课程或教育内容、教学方法的依据。课程目标既是对教育目标的细化和程式化，也是使教育内容与教育目标相一致的重要纽带。对于中小学生来说，不同的学习阶段有不同的爱国主义教育目标要求。针对不同的教育对象，中小学生爱国主义教育课程的设置，应在对不同阶段的目标进行分解的基础上，对不同的教育内容进行课程化。

（4）意识形态性原则。

任何教育实践要达到某一理性目标状态，都需要依赖于一种较大的价值母体来确认它所运行的方向并为之辩护。这一价值母体便是教育的意识形态性，它指导学校教育目标的实现。中小学生爱国主义教育课程设置的母体价值，应该是学校所坚持的课程理念。在现行的学校教育中，课程一般被理解为学校为学生所做出的“教

① 张蓉：《走进国外中小学教育——花朵是这样绽放的》，天津教育出版社2006年版，第62页。

育活动计划"①，或"孩子在学校的支持下拥有的所有经验"②。不论哪一种课程理解，都影响着学校课程的设置。中小学生爱国主义教育综合课程的设置，应该以整体教育理念为基础，克服现行课程的分科教育带来的内容片段化和背景意义的缺失。

（5）学生中心原则。

爱国主义教育从根本上来说是塑造人的教育活动，人的主体性决定了学生接受爱国主义教育的选择性。对于学生而言，只有当他们通过制造与自己联结的、对自己有意义的模式，满足自己的需要并实现自己的目标的方式来组织他们的思想，创造他们自己的意义时，也就是只有当他们处于中心并享有课程开发过程的主动权时，真实的学习才会到来。因此，强调学生在爱国主义教育课程设置中的中心地位，考虑他们不同的认知、情感、行为特点，为他们创造出有意义的背景联结非常重要，正如詹姆斯所说，"了解年轻人如何构架议题及关注点以组织课程，以及了解哪些经验可以帮助他们学习，是很重要的"③。

2. 中小学生爱国主义教育综合课程模式的分层构建

根据中小学生爱国主义教育的"认知—情感—行为"目标体系，我们将按照小学阶段、初中阶段和高中阶段的划分，分别从课程目标、课程内容和课时要求进行构建（见表5-1）。

毫无疑问，我们对中小学生爱国主义教育课程进行综合设计，最重要的目的是整合爱国主义教育课程和提升课程效果。我们无法改变目前中小学为升学应试而不能落实已有德育课程计划的现实，但仍然希望在有限的教学计划中，改善目前存在的诸如课程结构和内容的整体性不够，缺乏相关的背景帮助学生理解爱国主义的意义问题。因此，我们参照背景统整模式和故事统整模式，设计了两种

---

① ［美］埃利奥特·W. 艾斯纳：《教育想象——学校课程设计与评价》，李雁冰主译，教育科学出版社2008年版，第26页。

② ［美］埃利奥特·W. 艾斯纳：《教育想象——学校课程设计与评价》，李雁冰主译，教育科学出版社2008年版，第27页。

③ James A. Beane：《课程统整》，单文经等译，华东师范大学出版社2003年版，第14页。

表 5-1　**中小学生爱国主义教育综合课程模式的分层构建**

小学低年级（1～2年级）	校史教育	不少于 2 学时	课程目标：帮助学生了解学校的校史、校貌、校况，培养学生对学校的情感和珍惜学校荣誉的行为	
			课堂教学（1 学时）：可结合入学仪式、报告讲解学校的名称、学校的创办时间、历任校长、历任老师、杰出校友、校训校歌等	活动课程（不少于 1 学时）：参观学校环境、校史展览室，进一步了解校史、校貌、校况。参观后讨论如何继承和发扬学校优良传统，做一名合格的小学生。学唱校歌
	国旗教育	不少于 3 学时	课程目标：帮助学生了解国旗、国徽、国歌，培养学生对国旗、国徽、国歌的敬畏感及庄重态度和行为	
			课堂教学（1 学时）：结合中国地图，帮助学生了解祖国地图的形状、国旗、国徽，并学会唱国歌	活动课程（不少于 2 学时）：参加学校升国旗仪式，进行升国旗礼仪教育，知道升旗时要立正敬礼。开展唱国歌比赛、寻找挂国徽的地方等活动；举办"祖国地图像个大公鸡""国旗国旗我爱你"等主题班会
	认识家乡的教育	不少于 5 学时	课程目标：帮助学生了解自己的家乡，培养他们对家乡的自豪感和热爱之情	
			课堂教学（不少于 2 学时）：了解家乡的名称、地理位置、行政区属、民族分布、物产资源、历史今天、文化传统、名人轶事	活动课程（不少于 3 学时）：开展"家乡美"系列活动，结合春游、秋游参观家乡的一些地方，结合家乡的传统节日，开展剪纸、绘画、歌咏、讲故事等活动
	我与祖国的关系教育	不少于 5 学时	课程目标：帮助学生了解个人与祖国的关系，培养他们的民族国家身份认同感和国家主人翁责任感使命感	
			课堂教学（不少于 3 学时）：结合中国地图，帮助学生了解祖国的名称、首都、地理位置、气候、民族构成，寻找家乡、宝岛台湾的位置；结合新生入队仪式活动，进行少先队员的历史责任感和使命感教育	活动课程（不少于 2 学时）：组织观看少年英雄电影，如《闪闪红星》《小兵张嘎》《西瓜炮》等，开展电影主题曲联唱、欣赏和表演等活动；开展讲古代民族英雄、近代革命先烈和少年英雄的故事活动，等等

续表

小学中年级(3～4年级)	责任感教育	不少于3学时	课程目标:帮助学生树立集体意识,增进他们对自己家乡的关心和责任感	
			课堂教学(不少于1学时):关于责任感的教育	活动课程(不少于2学时):结合校运动会、文明先进班级评比等活动,进行班级集体荣誉感教育;结合区(乡)级学校运动会等活动,进行学校集体荣誉感教育
	关于祖国的教育	不少于10学时	课程目标:帮助学生进一步了解自己的祖国,培养他们对祖国的自豪感和民族的自尊心	
			课堂教学(不少于5学时):帮助学生了解:中国是统一的多民族国家;祖国的自然风光、物产资源、名人轶事、胜地古迹、文化科技、文物史迹;西藏、新疆、香港、澳门、台湾,都是中国领土不可分割的组成部分	活动课程(不少于5学时):开展"祖国之最"的寻访活动;结合传统节日,开展以"弘扬民族传统文化"为主题的书法、国画、剪纸、雕刻、戏曲等竞赛活动;参观本地自然的、文化的、革命的资源,如历史博物馆、文化遗址、名人展馆,进行爱祖国大好河山、历史文化等方面教育
	革命精神教育	不少于3学时	课程目标:帮助学生了解中国近代历史及家乡在中国革命中的地位和作用,学习革命先烈的崇高精神	
			课堂教学(不少于2学时):利用本地的红色资源进行革命先辈的光辉业绩和崇高思想教育	活动课程(不少于1学时):参观革命纪念馆(烈士陵园);结合本内容开展读书、讲故事、唱歌比赛等活动;组织观看革命题材电影,如《董存瑞》、《闪闪红星》等

续表

小学高年级（5～6年级）	家乡精神教育	不少于3学时	课程目标：帮助学生了解家乡，培养学生对家乡的热爱	
			课堂教学（不少于2学时）：结合乡土教材，对学生进行家乡地方精神教育，如精神丰碑、家乡魅力、精神名片、精神传承等	实践教学（不少于1学时）：开展探寻家乡首创之路、感悟我心中的家乡地方精神、争取做家乡地方精神的践行者等活动
	爱国立志教育	不少于5学时	课程目标：帮助学生树立爱国意识，立志成才	
			课堂教学（不少于3学时）：了解革命先辈的光辉业绩并学习其崇高思想	活动课程（不少于2学时）：参观（网上参观）本地革命遗址、祭扫烈士墓，并围绕此内容开展读书、讲革命故事、观看革命题材电影、唱革命歌曲等活动
	科技意识教育	不少于5学时	课程目标：帮助学生了解我国科学的历史，使他们初步树立科技意识	
			课堂教学（不少于3学时）：帮助学生了解我国科学的历史、历史上的科技文明成果、伟大的科学家	活动课程（不少于2学时）：组织参观（网上参观）自然博物馆、科普教育基地，观看科教电影，阅读科学书籍，寻找中国伟大的科学家，办祖国科技成就小报，参加科技制作，培养对科学的兴趣
	法纪教育	不少于5学时	课程目标：帮助学生树立遵纪守法的观念	
			课堂教学（不少于3学时）：帮助学生了解什么是法律、纪律，违反了法律、纪律会造成什么社会后果，自己又应该承担什么后果	活动教学（不少于2学时）：组织参观监狱或少管所，聆听监狱或少管所的讲座

续表

小学高年级（5～6年级）	国防意识教育	不少于10学时	课程目标：帮助学生初步树立国防意识	
			课堂教学（不少于5学时）：进行国防知识教育。如国旗、党旗、军旗知识教育，国徽、国歌、版图知识教育，中国人民解放军军史教育，国家领土及主权知识教育，中华民族反侵略斗争历史知识教育，常规兵器知识教育，核武器、化学武器及高技术武器常识等教育，古往今来的爱国英雄教育等	活动教学（不少于5学时）：参观军营和武警的训练，知道中国人民解放军是祖国的保卫者，学习他们保卫祖国的英勇战斗精神
初中（7～9年级）	中国历史教育	不少于100学时	课程目标：帮助学生系统了解中国历史，尤其是中国近代史，使他们树立民族自尊心、自豪感	
			课堂教学：祖国的自然风光、地理人文、疆域领土；中华民族自强不息、百折不挠的发展历史及其对人类文明的贡献；我国历史上的重大事件和著名人物；中国近代以来反对外来侵略和压迫，反抗腐朽统治，争取民族独立和解放的精神和业绩等	活动课程：结合教学内容，开展探究活动；组织相关主题的知识竞赛、板报、征文等活动；组织参观历史文化博物馆等爱国主义教育基地
	世界历史教育	不少于60学时	课程目标：帮助学生系统了解人类历史，使他们初步树立全人类意识、世界意识、全球意识	
			课堂教学：世界是一个整体，世界文明属于人类共同文明，由世界人民共同创造；世界重大历史事件和著名历史人物；世界文明发展历程	活动课程：结合教学内容，开展探究活动；观看纪录片《大国崛起》等

续表

初中（7～9年级）	中国国情教育	不少于20学时	课程目标：帮助学生在世界大背景下了解我国基本国情，使他们增强使命感和责任感	
			课堂教学：我国的经济、政治、军事、外交以及社会、文化、教育、科技、人口、资源等方面的历史与现状；我国现代化建设的目标、步骤、宏伟前景；我国与国外相比较的优势与差距，有利因素和不利因素	活动课程：开展与国情相关的主题社会调查活动；组织参观相关主题的展览
	民主法制教育	不少于30学时	课程目标：帮助学生初步了解我国的社会主义民主与法制，使他们增强国家观念和国家主人翁责任感	
			课堂教学：我国是人民当家作主的法治国家；宪法是国家的根本大法，要依法参与国家政治的、经济的生活	活动课程：参观监狱、少管所等进行体验教育；参观关于酗酒、贩毒、吸毒等违法乱纪行为的图片展；观看全国“两会”视频，了解宪法规定的选举程序
	中华民族精神教育	不少于20学时	课程目标：帮助学生初步了解中华民族的以爱国主义为核心的民族精神和以改革创新为核心的时代精神，培育他们的民族精神	
			课堂教学：以爱国主义为核心的民族精神；爱国主义与近代历史结合形成的优良革命传统；以改革创新为核心的时代精神	活动课程：观看弘扬民族精神的电影如，《林则徐》《岳家将》《焦裕禄》《邓小平》等；组织开展关于民族精神的读书、书画展、演讲比赛等活动；组织参观爱国主义教育基地的相关展览

续表

<table>
<tr><td rowspan="6">初中(7~9年级)</td><td rowspan="2">中国社会主义建设成就教育</td><td rowspan="2">不少于10学时</td><td colspan="2">课程目标:帮助学生了解新中国成立以来的社会主义建设成就,使他们拥护党的基本路线和社会主义的坚定立场</td></tr>
<tr><td>课堂教学:社会主义初级阶段的基本路线,新中国成立以来特别是改革开放以来社会主义建设的伟大成就、成功经验</td><td>活动课程:组织观看介绍新中国成立以来我国建设成就方面的纪录片;发动学生自主探究改革开放以来我国在工业、农业、交通、教育、文化、体育、卫生、政治民主、法制等方面的建设成就,举行探究成果评比报告会;组织参观爱国主义教育基地的相关图片展览</td></tr>
<tr><td rowspan="2">国防和国家安全教育</td><td rowspan="2">不少于50学时</td><td colspan="2">课程目标:提高学生的国防意识和国家安全意识,增强他们维护国家主权和领土完整的自觉性</td></tr>
<tr><td>课堂教学:国防与战争常识;《国防法》《兵役法》等法律法规及公民国防义务知识;中国国防简史;国防方针政策及武装力量知识;领土、领海、领空和边防、海防、空防知识及与周边国家关系;军事高技术知识,“三防”知识,轻武器射击、战场简易救护、野外生存知识等</td><td>活动课程:军训、野外生存体验</td></tr>
<tr><td rowspan="2">民族团结教育</td><td rowspan="2">不少于20学时</td><td colspan="2">课程目标:进一步增强学生的民族团结意识,维护祖国统一,反对民族分裂</td></tr>
<tr><td>课堂教学:中华民族自古以来是统一的多民族国家,56个民族共同创造了灿烂的中华文明;祖国统一是中华民族最根本的利益,民族利益与祖国利益是一致的;民族理论常识、国家民族政策</td><td>活动课程:利用民族节日、班会、团(队)会开展民族团结教育的主题活动;参观民族团结主题的展览</td></tr>
</table>

续表

高中（1~3年级）	坚持共产党的领导	不少于20学时	课程目标：帮助学生了解共产党执政的合法性，增进他们对共产党执政的认同感	
			课堂教学：坚持中国共产党的领导是历史的选择；党的发展历史、根本宗旨和任务；党在社会主义初级阶段的基本路线和基本纲领	活动课程：组织观看《建党伟业》等反应党的历史的影片；参观革命展馆；举办“党在我心中”的主题活动
	社会主义制度	不少于20学时	课程目标：帮助学生了解我国社会主义制度，并在比较中认识我国社会主义制度的优越性，增强制度自信	
			课堂教学：人民民主专政、人民代表大会制度、中国共产党领导的多党合作与政治协商制度、民族区域自治制度、基层民主制度、社会主义法律体系等政治制度；我国宪法规定的以公有制为主体、多种经济共同发展的基本经济制度，以及建立在此基础上的按劳分配为主体、多种分配方式并存的分配制度；文化、教育、科技体制等具体制度	活动课程：组织参观基层政府办公楼，了解基层组织机构；参观基层政协办公楼，了解政协的职能；参观法院、检察院等，了解我国的司法程序；举办模拟法庭、模拟选举等活动，探讨民主法制建设的相关热点问题
	民族团结、祖国统一	不少于10学时	课程目标：帮助学生进一步增强维护民族团结、维护祖国统一的意识	
			课堂教学：民族构成、民族政策，马克思主义的民族观、宗教观、祖国观；香港、澳门和台湾问题的由来；“一国两制”的提出与内涵，“一国两制”在香港、澳门的成功实践；统一台湾的障碍和努力	活动课程：自主探究我国各少数民族经济社会发展的历史和现状；组织观看有关香港、澳门回归的纪录片；自主探究台湾问题的由来及两岸统一的障碍，举办辩论会，讨论该以怎样的行动促进两岸统一；有条件的学校可以利用节假日组织学生赴台湾、香港进行实地考察交流

续表

高中(1~3年级)	国家核心利益	不少于10学时	课程目标:帮助学生了解祖国的核心利益,使他们在任何时候都能自觉维护国家核心利益	
			课堂教学:国家主权,国家安全,领土完整,国家统一,中国宪法确立的国家政治制度和社会大局稳定,经济社会可持续发展的社会保障	活动课程:自主探究国家核心利益为什么为这几个方面,为什么要维护国家核心利益
	国防和国家安全教育	不少于10学时	课程目标:进一步提高学生的国防意识和国家安全意识,增强他们维护国家主权和领土完整的自觉性	
			课堂教学:高中生的国防教育主要是关于国防理论的教育,如党的三代领导核心关于国防与军队建设的思想,公民国防义务与权利知识,国防政策、方针和原则,国防战略,武装力量体制,近现代国防历史,爱国英雄人物和事迹,高技术战争和军事高技术武器知识,国际军事冲突热点问题等	活动课程:结合南海争端、中美问题、中日问题等热点,开展航母建设问题、军队现代化问题等的讲座活动;组织学生就自己所了解的军事武器、军事理论,开展报告会;开展拥军优属活动
	社会主义共同理想	不少于10学时	课程目标:帮助学生把个人理想与社会理想、爱国与爱社会主义统一起来	
			课堂教学:新中国成立以来的社会主义成就;社会主义才能救中国,中国特色社会主义才能发展中国;国家强盛、民族振兴、人民富裕的中国梦;爱国与爱社会主义是一致的;为社会主义祖国努力奋斗	活动课程:开展“中国梦”主题活动;开展“我的梦想”主题演讲、书画展览、征文等活动

关于整体课程教学的一般模板，作为参考。

一是背景统整模式。根据背景统整模式的理论，任何事情都不是在真空中，而是在一定的文化背景中发生的。文化背景是由社会、经济、政治和生态因素相互影响所构成的复杂关系网络，正是这些关系，创造了我们的经验所具有的意义，课程设计就是创造意义的背景。也就是说，在给定的任何一个情景中，都有四种基本的关系，即主体的背景（我们同自己或他人的关系），时间的背景（我们与过去、现在和未来的关系），符号的背景（我们与信息和知识世界的关系），全球的背景（我们与自然世界的关系）。课程开发，就是教师根据学生所探究的某个问题，引导学生从问题情境出发，探讨这一问题的主体背景、时间背景、符号背景和全球背景，揭示这一问题所处的复杂关系网络，从而在关系网络中明晰探究这一问题意味着什么。具体来说，就是如下七个策略：一是课程始于“事物连通性”的假设；二是课程以学习者为中心；三是课程是任务驱动的；四是课程是背景性的，一般通过问题和概念加以创造；五是课程集中探讨的相关问题一般是与学习者的生活经验有关的现实问题；六是课程由一组普遍原则和概念架构而成；七是课程是由学习共同体所共享①。

以背景统整模式为参照，我们试着设计一个关于爱国主义教育的课程。首先，教师根据教学目的，指导学生选择一个要探究的问题，然后从主体背景、时间背景、符号背景和全球背景这四种关系出发，设计与核心问题有关的背景性问题。比如，教师试图通过教学引导学生的民族身份认同，并增加学生的社会责任感，与学生一起选择出了“作为一个中国人意味着什么？”这样一个要探究的问题。而后，就与学生一起对这一问题进行背景设计：

主体背景：我是谁？我为什么是中国人？中国在哪里？中国有什么特点？中国人有什么特点？

① 参见安桂清：《整体课程论》，华东师范大学出版社2007年版，第124~129页。

时间背景：我的祖先是谁？他们与中国是怎样联系的？中国的过去、现在和未来是怎样的？我现在应该怎样与中国发生联系？未来的我应该怎样与中国发生联系？

符号背景：我的语言是什么？它是如何影响我与人、与世界的沟通的？又是如何影响和塑造我的思维方式的？技术对我感知、组织和沟通信息有什么样的影响？

全球背景：中国与世界是什么关系？我跟世界有什么关系？我该怎样对待中国和世界？

在探讨背景性问题的同时，还需要引导学生探索一些与核心问题相关的特定概念。通常也是以问题的形式呈现。依然以“作为一个中国人意味着什么?”为例，与之相关的具体概念如下：

中国人有哪些特点？他们有什么样的生活习惯、民族性格和文化传统？

中国是一个什么样的国家？它有怎样的地貌？气候特征如何？有哪些民族？这些民族又各有什么特点？它们以怎样的方式相处？

中国有什么样的历史？它的现状又怎样？它的前景该如何预期？

中国与世界是如何相处的？

作为一个中国人，我应该受哪些规则约束？我打破这些规则时，会产生什么样的后果？

历史上的中国人是怎样对待中国的？我应该怎样对待中国？又该怎样对待世界？

如上所述，根据核心问题所发展的背景性问题和具体概念的设计，基本涵盖了爱国主义教育的历史、文化、国情、成就、民主法制、国防外交等内容，并且这些知识与学生的经验相联系，从而实现了爱国主义教育课程的综合。

二是故事统整模式。故事统整模式有两种形态：一是“说故事的课程”，二是“故事模式”。“说故事的课程”是引导学生思考个人生活的故事和事件，并最终发展出新的观点的课程。“说故事的课程”一般按以下过程展开：（1）教师或师生共同选择一个故事，共同讨论故事的详细内容。（2）教师与学生叙述自己与故事有关的生活经验或个人故事。（3）让学生提出对故事内容的质疑或相关问题，教师也可以提出值得探究的问题。（4）师生共同探究所提出的问题，并让学生提出自己的观点。（5）依据自己的观点与期望，共同构建新故事。“故事模式”是把故事当作一种学习方式用来探究各种不同的主题或议题，使人们围绕个人、文化与全球性的故事，通过追问过去故事中的价值观念，以新的价值构建理想故事。教师在实施故事模式时，一般按以下步骤进行：（1）以学生或教师所选择的任一主题开始。（2）用网状结构图画出所要探究的内容。（3）检视学生过去所学的经验，以协助其了解目前的学习内容或经验。（4）带领学生到未来的情景，探讨目前的价值观，鼓励学生持续目前的行动方案，以及规划未来的理想计划。（5）教师与学生协力发展新的故事，使学生有能力以新的方式应付新的问题。（6）将新的故事融入个人的故事，形成新的价值，以作为行为的准则①。

以“故事模式”为参照，我们也试着设计一个关于爱国主义教育的课程。首先，教师或学生选择民俗中的“端午节”为主题。学生们从了解居住地端午节的变迁历史或轶事开始，继而考察现在端午节的特色，通过现在与过去的比较，了解民俗的变迁。然后由老师带领学生探究端午节的来历，了解屈原所处的时代背景以及屈原的事迹和精神，并引导他们比较以屈原为代表的、以爱生养自己的诸侯国为内容的爱国主义和以孔子为代表的、以促进封建统一国家形成为内容的爱国主义。最后通过让学生构想自己在未来处理与祖国、与世界的关系的故事，促使他们形成全球视野下的理性爱国观。

① 参见安桂清：《整体课程论》，华东师范大学出版社 2007 年版，第 130~134 页。

3. 中小学生爱国主义教育综合课程的实施条件

（1）教材。

教材是一门课程开设的重要条件。中小学生爱国主义教育综合课程的开发，必须首先根据中小学生爱国主义教育各个阶段目标的具体要求，并结合中小学生的情感、认知发展水平，编写符合中小学生实际要求的学科教材。教材的编写，除了要综合历史、地理、文化、军事、国防、国情、成就、民主、法制、民族团结和民族精神等方面的知识内容外，最重要的是要突出统整特点。不论是采取背景统整模式还是故事统整模式，教材所涉及的内容都要突出学生的中心地位，要有学生参与课程创造的空间。在内容的设置上，尤其要使其融入地方情景，因为学生与生养自己的土地的联结最直接，这最能激起学生的经验和情感。比如历史，就不能把历史作为记忆的事实来教，而要把历史作为贯通现在并接近未来的一次机会。自传的、地方的和个别的历史才是本质的历史。所以，教材的编写，应该融入地方情景，给学生和教师创造的空间。

教材的编写，还要突出爱国主义情感的主旋律。比如历史方面，应选取中小学生能够理解并能表现中华民族爱国主义传统的历史事件、历史人物，激发他们的爱国主义情感；在文化方面，不仅要选取一些代表中华民族文化精粹的内容，也要能激起中小学生的文化自信、自豪感。同时，尤其要重视乡土文化课程的开发。乡土文化是极富特色的民间文化，是一切文化得以滋生的根基，它发轫于淳朴的农村生活，具有强烈的地域特征，它是中华民族得以繁衍发展的精神寄托和智慧结晶，也是中华文明区别于其他文明的重要特征，是民族凝聚力和进取心的真正动因。中国的乡土文化丰富多彩，比如，早在1992年就被国家文化部授予“中国民间艺术之乡”称号的庄河市，就有民间书画、剪纸、根雕、大秧歌、踩高跷、舞龙狮等艺术形式。这些乡土文化形式无论是物质的还是非物质的，都是在漫长的创造和沉积的过程中形成的独创风格和表现手法，具有不可替代性。因此，挖掘乡土文化的精神内涵，从历史沿革、民俗风情、传说故事、古建遗存、名人传记、村规民约、家族族谱、传统技艺、古树名木等诸多方面对其进行保护与传承，制成学习教材，供中小学生进行爱国主义教育，非常有意义。

（2）教师。

教师是教育活动的主体，在把课程目标和内容传递给学生的教学活动中起着主导作用。在以情感、身体感受力、直觉等认知方式去认识和体验的爱国主义综合课程中，教师的角色尤为重要，因为这种课程更加注重教师、学生和世界的交流。所以，教师不仅首先要为自身精神世界打开心扉，融入学生，与学生一道学习、一道创造，还应有自主创设学习环境以适应每一个学生需要的能力。教师不仅要了解、熟悉每一个学生的需要、差异和能力，尊重每一个学生不可替代的个体性和主体性，而且要具备教授学生形成爱国主义品质过程中应该具备的感受力和情感态度。只有这样的教师，才能真正地实现爱国主义教育课程的实施目标。因此，爱国主义教育综合课程的实施，尤其需要教师身份的构建。

教师究竟如何构建自己的身份才是合理的？统整课程理论认为，应该是在自己与现在面对的事物之间的关系中求得。“我是通过与客观世界以及他人之间的互惠式关系而获得人性的。我的身份并不是先于那些关系而存在的某种固定的东西，而正是通过那些关系找到的。”① 所以，教师和学生身份构建的依据，不是教师比学生掌握“更多”的知识或者学生比教师更“无知”，而是他们每一个人都带着不同的历史、经验、期待、梦想和理解走进教室这一共享世界，并对这一世界的意义产生影响。教师要想获得真正意义上的身份，必须首先忘记自我预先设定的“教师”身份，使自己进入学生的世界，同时使学生走进自己的世界。

（3）活动。

中小学生爱国主义教育综合课程的建设，应该承认经验的关键作用。“向学习者提供丰富的经验，使之能够与世界沟通，这就是教育；向学习者提供与社区的经济和社会生活接触的机会，使之能同社会工作相联系，这就是教育；向学习者提供艺术、诚实的交谈

① ［加］大卫·杰弗里·史密斯：《全球化与后现代教育学》，郭洋生译，教育科学出版社 2000 年版，第 228~229 页。

和安静思考的时间，使之了解自己的内心世界。不了解自己内心的需要，所有的外部知识都是虚幻的、无目的的，这就是教育。"①爱国主义教育课程应该有相应的活动来保证中小学生理论与实践相结合，从而增强和巩固爱国主义知识、情感和行为。一是要把爱国主义教育与节日的纪念活动、其他的日常爱国主义教育活动结合起来，尤其要注重国家的重要纪念活动。二要与地方的特色资源和学校自身的条件结合起来，有利于经常性地开展活动。三是要充分利用爱国主义教育基地开展教育。四是必须与各种仪式相结合，如每周一次的升旗仪式和国旗下讲话、开学典礼、毕业典礼等。这些活动必须是经过深思熟虑、精心安排的，而不是一场华而不实的表演，才能真正产生作用。因为如果一项参观或者考察活动只是为了减轻学习的压力、对学生进行奖赏或者使学校课表看起来更加丰富多彩，就失去了与地方联结、与社会经验联结的真实意义。

（4）学时。

根据目前中小学的总体课程设置原则，爱国主义教育也应把国家课程和地方课程、学校课程结合起来，进行多层次的教学。比如，对于《爱国主义教育实施纲要》规定的教育内容，通过中小学生爱国主义教育教学综合学科课程来实现；而关于地方乡土文化、民族风情的内容，可利用地方课程、校本课程来实现。对于高中生，还可以采用必修课与选修课相结合的方式。在学时的规定上，教学学时每周不应少于1个学时，课外实践的设计也应该保证一定的学时，并保证完成质量。除此之外，在其他如语文、数学、外语、音乐、美术、体育等学科课程的教学中，也应明确爱国主义教育的目标和渗透爱国主义教育的内容。

4. 中小学生爱国主义教育综合课程的实践运用——以小学为例

根据前文所述的关于中小学生爱国主义教育综合课程的开发原则、理论依据及实施条件，我们与湖北荆州南门小学的老师们进行合作，开发设计了一组关于小学生爱国主义教育的综合课程。由于

---

① Flake C L, *Holistic Education: Principles, Perspectives and Practices*. Brandon: Holistic Education Press, 1993, Appendix A.

小学生爱国认知、情感和行为的培养目标，主要应定位于对家乡、对学校、对祖国的认知、情感和行为方面，因此，这组课程的具体内容主要是从熟悉家乡来整合的。

课程一：立志创造未来——参观荆州博物馆（作者：叶婵）

课程背景：清明前后，配合扫墓祭祖，拓宽学生视野，丰富活动内容，组织学生参观荆州博物馆，让孩子们去领略那优美的环境、丰富的文化，进而了解自己的家乡——古老的荆州。

课程目标：让学生了解荆州历史，培养"荆州人"的光荣感、自豪感，激励学生立大志，为创造美好未来勤奋学习，培养学生的观摩实践能力以及学生的团队精神。

课程方案及实施过程：（1）课程的准备。教师先行参观博物馆，并搜集学习相关的资料；做好活动实例，制订活动方案，搞好相关的联系；做好活动前的动员，让学生有所准备。（2）具体实施过程。整体活动共分四步进行，活动时间为半天。第一步，组织集体参观，由解说员带领，参观主展馆："江汉平原原始文化展""江汉平原楚汉文化展" "传世文物展" "楚汉简牍展" →参观"珍品馆"→到"楚乐宫"观赏楚乐演奏→参观"开元观"（这步为重要活动内容，要求孩子们边看边听边记，培养学生观察、理解、记事方面的能力，以及团队精神）。第二步，学生自由活动，即让学生去"补课"，在集体活动中没看好、没记住、没搞懂的地方自己去看、去问、去记、去讨论（这部分为学生留下一个活动空间，以培养学生的主动意识和创造性）。第三步，组织学生分小组交流笔记，并自己整理笔记；第四步，写（谈）参观感想——先小组谈，再全班交流。（3）总结。参观完了荆州博物馆，我们不禁浮想联翩，心情激荡。古老的荆州，过去曾创造了无数的辉煌，今天的荆州儿女，在以习近平总书记为首的党中央领导下，也正在谱写壮丽的新的历史篇章。作为荆州儿女，应该为过去的荆州感到自豪和骄傲！

课程二：扬凤凰精神，树南小学生形象（作者：刘利萍）

课程背景："闻听三国事，每欲到荆州。"到了荆州，游人不仅会醉心于三国鼎立的传奇故事，惊叹至今保存完好的古代城墙，也定会被傲然耸立在古城东门九龙桥畔那座神奇的雕塑折服：在规模宏大、构思精巧的金凤广场中心，一只展翅欲飞的金凤，脚踏九齿风火轮，正欲展翅翱翔。人们为何要倾情于这只金色的凤凰，将它作为古城荆州的城标呢？现在外地人到荆州来，都想了解荆楚文化，作为一个荆州人，更应该先于别人了解自己的祖先，了解荆楚文化。

课程目标：了解荆楚文化，领悟凤凰精神的真谛，感受凤凰文化的熏陶；将凤凰精神与树立学生新形象结合起来，培养其人文精神；培养学生在活动中相互关怀的健康情感、合作交往能力。

课程方案及实施过程：（1）活动准备。活动前带学生参观凤凰城标，利用一节课的时间围绕主题和同学们一起交流应如何开展研究，需要解决哪方面的问题。确定如下相关的子课题：①荆楚历史文化渊源；②凤凰传奇；③火神之说；④弘扬凤凰精神，树立自身新形象。学生自主选题，分成4个组，每组约20人，每组可选出一位负责人对其他成员进行明确分工。（2）主动参与，深入探究。这次活动的开展，对学生来说是一种从未有过的经历。参加活动的每个同学带着兴奋、怀着好奇，开始了各子课题资料收集的工作。各组组长对组员做了分工。家里有电脑的同学在网上查询、下载资料；有的同学通过向历史教师咨询查阅相关书籍；有的同学查询报纸杂志，搜寻相关的研究性文章，并展示成果。引导学生弘扬凤凰精神、树立自身新形象。

课程三：家乡的桥（作者：李晓蓉）

课程目标：通过对桥的研究，使学生认识桥型，了解桥的历史及其作用；使学生学会搜集、整理资料，培养学生动手、动口、动脑的能力；培养学生的合作意识，发展学生的创新思维；通过对桥的认识，引导学生观察生活，激发学生对家乡、对祖国的热爱之情。

课程方案及实施过程：（1）课前准备。光盘；学生收集、整理的资料；制作模型的材料。（2）确立主题。荆州长江大桥建成通车了，荆州人民群情振奋。前不久，老师和大家经过成丰桥，走东门的九龙桥，终于来到了荆州长江大桥。看到荆州长江大桥，大家兴奋地问这问那：“老师，这座桥是用什么材料建成的？”“它有什么作用？”“老师，荆州还有哪些桥？”……大家都很关注有关桥的问题，我们班就确定开展以“家乡的桥”为主题的综合实践活动。（3）确立子课题。在这次研究性综合实践活动中，大家勤于动脑，积极提问。将大家提出的问题进行归纳、整理，拟出了一些子课题。（4）研究子课题。同学们根据各自的兴趣爱好，自由组成5个小组。各组选择了一座熟悉的桥为研究对象，制定了研究方案，还进行了方案论证。（5）研究成果展示。教师说明展示要求。在展示成果时，学生自主发言，其他组的同学要注意听，有不明白的问题可以提问，由展示小组回答。成果展示结束后，学生自由发言谈体会。（6）设计、制作未来的桥。教师介绍国外先进桥梁：“桥的建设确实给人们的生活带来了极大的便利，桥也反映了一个地区或一个国家在一定时期的经济和文化状况。看，这是老师收集的国外先进桥梁。”然后由学生讨论设计未来的桥。（7）交流评比。让各小组代表上台介绍本组设计的桥。大家设计的桥各具特色，到底哪座桥最好呢？学生评议并颁发“最佳设计奖”“最佳说明奖”“最佳制作奖”“小组合作奖”等。

活动小结：通过本次综合实践活动，你学会了什么？

课程四：荆州名肴——鱼糕（作者：朱森林）

课程目标：了解荆楚名肴——鱼糕的制作过程，培养学生热爱家乡的感情；了解鱼糕的来历，增强学生对博大精深的荆楚文化的了解和兴趣；学生通过自己动手，了解荆州饮食悠久的历史；通过实践活动培养学生从多种渠道获取知识的方法，并使学生在活动中体验成功的乐趣，激发学生的好奇心和求知欲；培养学生与他人合作的社会交往能力。

课程方案及实施过程：（1）准备工作。学生收集资料，了解鱼糕制作所需的原料；教师把学生分成采买组、准备组和制作组；

聘请厨师对学生讲解鱼糕制作的过程，以及所需原料在采买时要注意的事项。(2) 实施过程。学生根据分组在厨师的带领下到菜场进行原料的采买（草鱼、鸡蛋、猪肉、淀粉及相关调味品）；学生在厨师的指导下整理原料（鸡蛋去掉蛋黄，草鱼去掉皮、刺，猪肉去皮并剁成泥）；学生在厨师的指导下把鱼、肉、淀粉倒入盒中按一定的比例加入水和蛋清搅拌；把搅拌好的原料放入笼屉中，大约十五分钟蒸熟，取出；学生品尝自己亲手制作的鱼糕；厨师向学生进一步讲解鱼糕制作的过程及要点。(3) 学生谈活动中的体会。

活动小结：本次活动受到了家长和学生的高度评价，学生不仅在活动中增强了自己的劳动技能，也体验到成功的喜悦，了解了荆州饮食文化的博大精深。

课程五：荆楚传说（作者：许惠兰）

课程目标：组织学生通过调查“息壤、马跑泉、石马槽、关公的洗马池”的传说，走访了解家乡的名胜古迹，更加了解自己的家乡古荆州；增强学生爱家乡的意识及对家乡古迹的保护意识。

课程方案及实施过程：(1) 问题收集。由学生和老师提出问题，归类整理，供以后研究学习讨论。(2) 选择探究方向。学生凭自己的兴趣选择一处古迹、一个传说进行探究，探究方向一致的学生组成一组，以便分工合作，发挥团体优势。(3) 资料查询及讨论。学生利用各种途径收集所需的资料，教师给予一定的指导，然后汇集所有资料，进行有效选择，组内进行集体讨论、整理。(4) 成果汇报。由各组选出一名代表整理本组探究学习中的心得体会。

课程六：荆楚有名肴　饭中藏八宝（作者：徐冬）

课程背景：一次谈话活动中，同学们假想若干年后当他们已远离家乡，在异乡生活时最思念故乡的什么。同学们在相互交流中谈到最多的是荆州名吃——八宝饭。还有位同学讲了一个有趣的故事：清朝末年，清政府腐败无能，被八国联军欺压，割让土地。朝廷外务大臣（相当于现在的外交部长）李鸿章为在八国领事面前挽回点颜面，同时弘扬民族文化，在宴请他们时最后推出了一道甜点——八宝饭，由于八宝饭外面裹了一层油，看不见热气，八国领事以为是他们那儿的冰淇淋，一人来了一大口，结果可想而知，这让当时在场的中外人士非常震惊，再也不敢瞧不起中国的饮食文化了。当同学们听完这个故事，教室里沸腾了，他们禁不住低声探讨，一个地方名吃，为什么会在国际人士面前引起轰动？看到同学们如此感兴趣，老师灵机一动，让孩子们自己去找资料，准备各种材料，把了解制作荆州八宝饭定为本次综合实践活动的主题。

课程目标：通过收集资料和交流，让学生们知道八宝饭的来历及材料和制作方法。在活动过程中让学生们知道在荆州过年过节为什么要有八宝饭，从而激发学生爱自己的家及亲人，受到热爱家乡的教育。

课程方案及实施过程：（1）准备阶段。将学生提出的问题进行归类，引导学生根据兴趣爱好和特长自由组合成两个活动小组：原料采购组、传说收集组。各小组策划自己的活动方案，拟订活动计划，聘请指导老师，推选好小组长，安排好小组成员的分工合作。教师做好活动培训，注意团结协作、安全常识，对活动的方式方法进行指导。（2）收集资料，实地考察。师生一同走进荆州聚珍园，让学生亲耳去听一听大师傅们的讲解，亲眼去看一看他们是如何制作八宝饭的。各活动小组根据自己的研究专题及目的去参与，获得切身的体验；调查采访，采访当地民间老人，请他们谈谈对八宝饭的了解及八宝饭的传说；查阅相关文字资料、图片资料，了解八宝饭的来历。（3）成果汇报。各小组把收集的资料整理出来，向各位同学汇报，进行讨论，记录最后的讨论结果；用文字介绍荆州八宝饭的各种原料、品尝成品后的感觉及八宝饭对人体健康的好处；各小组亲自动手，制作八宝饭，品尝自己的劳动成果；讨论对八宝饭的制作和推广有何感想。

活动小结：通过这次活动，同学们知道了荆州特产八宝饭的制作方法及其历史，在体验劳动的快乐、懂得尊重他人劳动成果的同时，也增强了对荆州的认同感和自豪感。

课程七：寻访家乡的名胜古迹（作者：刘才姣）

课程背景：中华传统文化源远流长，博大精深。古城荆州，风光秀丽，人杰地灵，资源丰富，尤其蕴有灿烂的古文化。了解荆州传统文化的辉煌成就，可以增强我们的民族自豪感，并激励我们去创造更大的辉煌。“寻访家乡的名胜古迹”实践活动，就是为了让学生在活动中继承和创新荆州传统文化，弘扬民族精神，培养爱国主义情感。

课程目标：学生通过寻访家乡的名胜古迹，了解相关的历史，在大自然中增长见识，陶冶情操；培养学生热爱家乡，教育学生爱护名胜古迹；帮助学生树立为振兴家乡经济而努力学习的奋斗目标。

课程方案及实施过程：（1）准备阶段。①成立活动小组。学生自由选择摄影爱好组、采风组、神话传说收集组、广告艺术组。②搜集资料。通过摄影、网上查资料、走访家长等方式，了解相关的传说和景区开发情况。③确定地点。各小组策划自己的活动方案，经商讨确定了三处名胜：关公的洗马池、神奇的马跑泉、荆州城南门外的息壤。（2）参观游览。①马跑泉。老师带领学生观看马跑泉，诵读纪念碑文，了解马跑泉的传说；让学生把自己知道的马跑泉的故事讲给同伴听；品尝甘甜的泉水。②关公的洗马池。师生共同观赏洗马池。学生调查、采访当地的民间老人，请教当地有名的教师、专家；让学生把自己调查到的洗马池的传说讲给同伴听，并谈谈自己从故事中受到了什么启发。③息壤。师生共同参观“息壤”旧址，清扫石碑上的灰尘；让学生把自己知道的息壤的传说故事讲给同伴听。（3）课堂教学。各小组根据获得的文字和图片资料，结合自己小组的特长做好展示准备；欣赏各小组的作品；精彩画面再现。利用学生搜集的资料，各小组派一名学生，以导游的身份带我们再一次走进名胜古迹，并讨论：名胜古迹美吗？你觉得还有哪些不完美的地方？学生谈感受，提建议，写一份关于“保护名胜古迹”的倡议书。师生共同小结，立志建设美好家园。（4）课后活动。培养学生做义务宣传员，宣传保护名胜古迹；利用假期清理、打扫名胜古迹以及周边环境；设计广告语，加大宣传力度。(5) 课后总结。实地观景后，再回到课堂，教育学生爱护名胜古迹，为家乡拥有众多名胜古迹而骄傲、自豪。

课程八：粽叶飘香话端午（作者：王芳）

课程背景：端午节、中秋节、春节是中国人生活中的三个重大节日。连续几年，中共荆州市委市政府都在端午之际举办了大型的龙舟竞渡活动，护城河人山人海，孩子们嬉笑逗乐，小商贩们生意兴隆。为了让孩子们了解荆州，从被视为中华民族爱国主义精神源头之一的荆楚名人身上吸取精髓，特在4—5月开展“粽叶飘香话端午”的综合实践活动，让孩子们在娱乐和享受美食的同时身心得到发展。

课程目标：了解我国伟大爱国主义诗人屈原的生平事迹，培养学生的爱国主义情感；了解各地端午节异彩纷呈的节日习俗，培养学生对我国博大精深的民族文化的浓厚兴趣；通过亲自动手学习包粽子，了解有关粽子的饮食文化。

课程方案及实施过程：（1）准备工作。①教师的准备。语文老师利用每周的阅读指导课开展“话端午，思古人”的诗歌朗诵，学习屈原诗歌的经典名句、片段；数学老师利用数学活动课开展“端午节中的数学”活动；英语老师教学生学习简单的有关端午节文化的英文单词；美术老师指导学生进行“彩笔绘端午”活动；音乐老师进行端午节歌曲的教学和欣赏活动；信息老师指导学生上网搜集有关资料，为学生积极参与其他活动做好准备。②学生的准备。首先围绕主题和同学们一起交流应如何开展研究，需要解决那些方面的问题。确定了五个研究课题：屈原的生平事迹、端午节的由来、端午节的食俗、端午节的庆祝活动、粽子的营养价值与饮食文化。本着自愿的原则组成5个小组，每组20人左右，学生根据条件和兴趣选择一个研究课题。要求各组选出一名负责人，对小组成员进行明确的分工，并适时合作。然后各小组研究讨论小组活动计划，形成初步的活动方案。（2）具体的实施过程。①屈原的生平事迹小组：通过走访、上网了解到屈原的出生地是湖北荆州。他是中国文学史上第一位伟大的爱国主义诗人。屈原爱祖国、爱人民，坚持真理、宁死不屈的精神和他“可与日月争光”的巍巍人格，千百年来感召和哺育着无数中华儿女，尤其是当国家民族处于危难之际，这种精神的感召作用就更加明显。同学们还了解到屈原投江的三大原因（遭谗害、被放逐，政治主张不得实施；联齐抗秦的理想破灭；国土沦丧、宁死不当亡国奴）和屈原留下的大量的文化财富，不禁对屈原敬佩有加。②端午节的由来小组：综合大家的资料，知道在中国历史上，屈原是一位颇受人民景仰和热爱的诗人，于五月初五抱石投江自尽，享年71岁。中国民间端午节包粽子、赛龙舟的习俗就源于人民对屈原的纪念。1953年，屈原还被列为世界“四大文化名人之一”，受到世界和平理事会和全世界人民的隆重纪念。③端午节的食俗和庆祝活动小组：同学们收集了大量的图片、音像资料向大家展示。④粽子的营养价值与饮食文化小组：同学们深入家庭，向大人们学习各种粽子的做法并现场制作，请众人品尝。除此之外，还上网了解了日本、缅甸、越南、新加坡等地的粽子习俗。虽然自己动手很辛苦，但孩子们从中体会到了劳动带来的快乐。（3）总结与反思。这次活动，师生都以极大的热情投入其中，端午节时以多种形式在全校举行了以“粽叶飘香话端午”为主题的成果汇报展示活动。

（二）中小学生爱国主义教育网络课程的构建

网络课程是以课程学习的网络支持系统为条件的，包括学习者利用网络进行远程学习的教材、通过网络表现的某门学科的教学内容及实施的教学活动。随着科学技术的进步和网络的普及，中小学生爱国主义教育必须重视探索信息技术与其课程整合的思路与方法，占领网络阵地，开设网络课程。

1. 中小学生爱国主义教育网络课程设计与开发的原则和要求

中小学生爱国主义教育网络课程是按照爱国主义教育教学目标和教学策略进行组织的。在网络课程开发实践中，应该根据中小学生的实际特点和爱国主义教学目标，遵循相应的原则进行设计与开发，这样才能取得较好的效果。从学习理论和教学设计实践这两个方面看，进行中小学生爱国主义网络课程的设计时应遵循以下几个原则：

（1）以学生为中心的原则。网络环境下，中小学生爱国主义教育是中小学生利用网络环境提供的学习支持服务系统主动探索、发现问题、建构意义的协作学习过程。这就需要爱国主义教育网络课程设计以中小学生为中心，充分关注学生的主观能动性和创造性的发挥。在课程的设计过程中，要注重以多种多样的形式向中小学生提供与爱国主义教育内容相关的现象、观点、数据、资料和灵活多样的检索方式，形成强有力的学习支持服务体系，以保持中小学生利用网络课程接受爱国主义教育的学习兴趣、学习质量和学习效率。

（2）基于资源学习的设计原则。要保持中小学生利用网络课程接受爱国主义教育的学习兴趣、学习质量和学习效率，最重要的条件就是要有高效、丰富的信息资源作为保证。网络课程提供给中小学生的，应是一个以课程学习资源利用为特点的开放式系统，包括多种形式的课程资源，如教师的讲解视频、文本讲稿课件、经典的案例、相关的背景知识和研究成果等。

（3）开放性和交互性原则。开放性和交互性既是网络课程的基本特性，又是构建中小学生爱国主义教育网络课程的基本原则。其中，开放性原则要求爱国主义教育课程内容是开放的，能及时调整和更新；要求课程的体系结构有较强的扩展性和关联性；要求教学活动过程是开放的，中小学生可以随时登录网络课堂，参与学习活动，完成学习任务。交互性原则要求在爱国主义教育课程的结构设计上，应该有网上论坛、在线讨论、在线作业、实时答疑等师生互动模块；在学生的任务活动设计上，既要有个别化活动，又要有小组协作活动；在线作业既要有及时评价，又要有效果分析，让学生能够对自己的学习情况进行客观、正确的评估。

2. 中小学生爱国主义教育网络课程资源建设与管理

资源与教学管理平台是学生进行课程学习的重要依托，也是学生进行网上课程学习的基础，所以对中小学生爱国主义教育课程资源的建设和管理也至关重要。中小学生爱国主义教育网络课程资源建设分为两部分：资源内容的建设和资源管理系统的设计。

（1）资源内容的建设。中小学生爱国主义教育网络课程资源库的建设，主要应该包含以下几个方面：一是课程教学计划、教学大纲、教案和多媒体教学课件。这是保证爱国主义教育课程实施方向性与科学性的前提条件，是实现爱国主义教育教学目的的根本保证。二是网上图书馆和相关的知识点，如中国面貌（自然风光、物产资源、乡土风情），悠久的历史（重大历史事件、经典中国、地方变迁），华夏文明（千年文化、传统艺术、煮酒论史、龙的传人、字画古玩等），中国名人（地方名人、全国名人），社会主义现代化成就（中国经济、中国科技、中国教育），中国国情，社会主义民主法制，国防天地（武器展览、国家安全），民族团结，和平统一、一国两制，爱国主义教育基地，热点聚焦（中国人权、社会热点、历史热点、经济观察），爱国图片、爱国歌曲、爱国文学、爱国视频等。三是热点透析、专家报告、专题解答。四是师生优秀科研成果、教研成果展示。五是交互性课程资源，如网络论坛、趣味知识游戏、网上咨询（聊天室）和网上作业等。六是示范与交流（爱国示范单位、爱国活动），以及其他爱国主义教育网站的链接等。

（2）课程资源内容的组织管理。中小学生爱国主义教育课程资源数量非常大，而且形式多样，为了方便中小学生高效地利用，就需要按照一定的标准对这些课程资源进行组织管理。首先，要设有专门的课程研发机构，由教育技术人员和从事爱国主义教育的专业教师有计划、有步骤地研发、制作高质量的网络课程，并组织开课的教师按资源建设规范，提交课程的电子稿件、多媒体素材课件等。同时根据教学需要，从互联网上收集整理相关的素材、网站或网页录入到资源库中。其次，要对上传的课程资源实施管理。也就是说，上传的资源在录入资料库前，必须经过创建课程的教师的审核，由该教师实施对资源的上传、审核和信息修改。

3. 中小学生爱国主义教育网络课程模式设计

中小学生爱国主义教育网络课程模式，应是融传统爱国主义教育课程模式与网络环境下学生的自我学习模式于一体的新的课程模式。它一方面强调教师在教学过程中的导向性、主导性，另一方面也非常重视学生的中心地位。它不仅能充分保证爱国主义教育教学的政治方向性、计划性、科学性、目的性，而且能更大程度地提高学生的学习积极性，增强爱国主义教育的实效性、针对性。中小学生爱国主义教育网络课程模式设计，主要应包括以下内容：

（1）中小学生爱国主义教育网络课程结构设计。结构设计亦可称为版面设计，其主要功能是为中小学生创设一个有助于他们学习的环境，为其学习提供及时的帮助。一般来说，网络课程的结构大体上分为学习模块、交互模块、管理与评价模块、学习帮助模块四个部分。因此，中小学生爱国主义教育网络课程的结构设计，也主要参照此标准进行。

（2）中小学生爱国主义教育网络课程内容设计。中小学生爱国主义教育网络课程的内容组织上既要符合学生的认知规律，也应考虑各知识点之间的逻辑结构，比较适合采用超文本模块化的方法，用文本、声音、图像、动画等多种形式来表现。每一个知识点或教学单元，在内容上都应包括学习目标、教学内容、问题探究、课外阅读等，以及相关主题网页或网站的链接、学习方法建议等部分。

（3）中小学生爱国主义教育网络课程学习活动和学习环境设计。一是自主学习环境的设计。自主性是网络学习的一大特点，一个良好的自主学习空间是实现自主学习的保障。因此，中小学生爱国主义教育网络自主学习环境的设计应包括：精彩的课程内容、有效的学习指导、丰富的学习资料和交互的在线答疑。二是协作学习环境设计。应为学生之间、学生与教师之间的交流与协作设计一个良好的支撑环境，让不同地点的学生在该环境中通过协商、会话共同完成特定的学习任务。其设计应包括双向语音视频系统、论坛交流园地和内部邮件系统。学生之间、师生之间借助于这些系统，或同步交流信息，或异步讨论问题。

（4）学习评价设计。中小学生爱国主义教育网络课程的学习评价方法大体分为两种：形成性评价和总结性评价。形成性评价是教师在网络教学活动中，利用程序设计技术对学生的学习情况进行详细记录，获取相关数据和资料来调整完善教学的过程。形成性评价的方式主要有讨论、开展学生调查等。总结性评价是教师在教学活动完成以后，对网络教学活动的最终效果所进行的价值判断，其主要方式为总结性测验。一般来说，中小学生爱国主义教育网络课程对学生的考核应从以下三个方面进行：一是课程结业考试，主要考核学生对课程基本知识点的掌握程度，约占总成绩的30%；二是课程论文（或相关调研论文），主要考核学生运用本课程知识分析新问题、解决新问题的能力，约占总成绩的40%；三是日常考核，包括上课的纪律情况、参加课堂讨论的情况、参加网上专题讨论的情况、完成其他网上作业的情况，约占总成绩的30%。

（5）反馈机制设计。反馈机制，即对中小学生爱国主义教育过程中遇到的问题等给予及时反应。中小学生爱国主义教育网络课程的反馈机制，可以从以下三条途径进行设计：一是课程教师通过课上讨论、提问和课下交流等形式，搜集反馈信息。二是在主题网站中，通过专题讨论、BBS论坛、E-mail的情况及相关材料的点击率分析，获得反馈信息。三是作业及相关考核的信息反馈，包括课堂与网上两种形式。教师依据相关教学理论，深入分析各反馈信息，进一步调控教学过程，保证爱国主义教育课教学的方向性、科学性与实效性。

（三）中小学生爱国主义教育隐性课程的开发

自1968年美国教育社会学家菲利普·W. 杰克逊在其专著《课堂生活》中首次提出隐性课程以来，众多学者对隐性课程给予了高度的关注。由于隐性课程是通过渗透到学生内心深处产生影响，学生也往往是在无意识的情况下摄取了教育经验，因而其作用更加持久和深刻，正如美国道德教育心理学家柯尔柏格所指出："隐性课程作为道德教育的重要手段，比显性课程来得更为有力。"① 因此，开发中小学生爱国主义教育的隐性课程，无疑也十分必要。

---

① 转引自谭伟平：《论隐性课程与大学精神》，载《现代大学教育》2004年第6期。

1. 中小学生爱国主义教育隐性课程开发的原则

隐性课程所具有的特征和重要的教育功能，使其在中小学生爱国主义教育中具有重要优势，具有显性课程不可替代的作用。由于隐性课程是中小学生爱国主义教育课程体系中特殊的课程形态，它的开发无疑更加复杂。中小学生爱国主义教育的隐性德育课程开发应遵循以下原则：

（1）创新性原则。隐性课程的研究和开发是中小学爱国主义教育课程开发的一个新的命题。长期以来，我国中小学生爱国主义教育主要是依靠专门的学科课程和活动课程来进行的，虽然也有日常教育的空间，也讲渗透教育，但从课程功能的整合性、完整性的角度去设计与开发，还是一个需要用新的教育理念和现代课程观去进一步探索和创新的课题，因此，必须遵循创新性原则。

（2）整体性原则。隐性课程覆盖的空间十分广泛，对学生的影响具有全方位的特点。不同层次、不同方面的隐性课程应该是作为一个整体发挥作用。因此，中小学生爱国主义教育隐性课程的设计，应把学校的各种隐性教育因素作为一个整体进行构建，使之符合学校总体的爱国主义教育目标。

（3）方向性原则。方向性即政治性。在当代中国，爱国主义与社会主义、集体主义在本质上是一致的。建设中国特色社会主义是爱国主义教育的时代主题。因此，中小学生爱国主义教育隐性课程的开发应服务于这一宗旨，也就是说，中小学生爱国主义教育隐性课程必须充分体现社会主义的方向性，把它贯彻于课程的设计、实施和评价之中。

（4）主体性原则。即以学生作为隐性课程开发的主体，在隐性课程的开发中，要考虑学生的现实需要和学生身心的发展规律。根据学生身心发展的规律把那些反映学生和社会发展需要的、代表先进文化发展方向的资源开发出来。

2. 中小学生爱国主义教育隐性课程开发资源

一般来说，中小学生的生存空间延伸到哪里，爱国主义教育课程就应该覆盖到哪里。即换句话说，爱国主义教育课程应该覆盖中小学生的日常生活。因此，中小学生爱国主义教育隐性课程资源开发，也应分布在中小学生日常生活的各个层面。

(1) 学校核心价值理念。

一所学校的核心价值理念是在学校历史传统的支持下经过其成员现实的交往与互动而形成的一种超个体的价值观念，它既是生活于其中的每一个成员行为的基本准则，也是每个成员德性发展追求的目标。学校的核心价值理念是把具有不同的生活经历、文化背景和个体生活体验的学校成员凝聚成为一个整体的最重要的隐形力量。因此，开发中小学生爱国主义教育隐性课程资源，首先应该重视学校核心价值理念建设，在校园文化的建设中体现学校的核心价值理念。首先，把爱国主义教育的元素体现在学校的物质文化建设中。校园的建筑、规划、布局景点等作为校园文化的物质形态，蕴含于其中的人文要素的作用是巨大的。校园物质文化建设，要像苏霍姆林斯基所说的一样，让每一块墙壁都会说话，努力体现出文化艺术素养和审美情趣，把历史传统和时代精神有机结合起来，创造出具有浓郁人文氛围的校园物质文化环境，给学生一种高尚的中国文化审美享受，获得奋发向上的动力。其次，把爱国主义教育元素渗透于校园精神。校园精神主要指弥漫于整个学校校园的一种精神和文化氛围，它是校园文化的灵魂和核心，集中体现和反映了学校的历史传统、精神风貌及学校成员共同的价值体系、目标追求、道德情感和行为模式，是最富渗透性的一种教育因素。不论是学校的校训、校风，还是学校的历史和现实中的榜样或典范人物，都是校园精神的重要体现。学校要努力挖掘这些资源，提炼爱国主义精神，营造校园文化，并通过榜样、典范人物的示范作用和社会舆论的约束力来发挥爱国主义教育的作用。最后，要在校园网络文化中体现校园核心价值理念，营造爱国主义教育氛围。互联网的发展，正在改变着人们的工作和生活方式，也在改变着教育和学习方式。互联网是一把双刃剑，它既给中小学生爱国主义教育提出了严峻的挑战，也为中小学生爱国主义教育拓展了新的阵地。信息网络交往的自主性、内容的生动性、信息占有的公平性、互动的间接性为爱国主义教育隐性课程提供了丰富的资源。在中小学生爱国主义教育隐性课程的设计与开发中，要充分利用网络资源，把校园文化和网络文化有机重组，把爱国主义教育元素渗透于校园网络文化。比如引导学生自行设计形式多样的带有爱国主义元素的网上文化活动，在专门的网站，如热点网、体育网、美术网、文学网、音乐网中增加爱国主义教育元素的内容板块等。

（2）教师资源。

教师的职业特点和使命，决定了教师的人格是全部教育的基础。教师的道德人格是任何教科书、任何道德箴言都不能代替的一种教育力量。“教育中，最根本的问题，是教师与学生之间的相互接触……假如这种关系被扭曲了，其他任何改善都是无意义的。”① 教师和学生在日常和非日常的交往中形成联系，这种联系是否能产生正面的情感和品格，关键在于教师。因为教师在教学中不仅是拿着教材去教学，而且是要用心灵去教学，教师的知识、态度、情感、品格也是学生学习的重要内容，对学生的思想品格有着潜移默化的影响。这就决定了教师资源是一种重要的隐性德育资源。开发教师资源在隐性课程中的作用，首先要全面提升教师的人格素养，强化教师的爱国情感。一个人格素养高尚的教师，除了具备以高尚的师德、超人的才情、深厚的学养为基础升发而成的具有感召性的人格魅力和精神气质外，还应该具备爱的能力和强烈的爱国情感。因为教师对学生的信任和爱，不仅滋润着学生的心灵，而且激发学生相应的情感，并有利于爱的情感迁移，使他们产生由爱老师到爱祖国的移情。其次，要注重教师日常教学行为中的资源开发和利用。教师每日重复的教学行为和教学实践蕴含着丰富的爱国主义教育资源。比如，教师每天都能提前到教室，认真做好上课准备，就蕴含了教师对工作认真负责的态度和对学生的责任心，通过教师日复一日的重复，反复向学生传递，学生也不知不觉地体悟并内化为自己的品德，在一定的条件下，就转化为自己对祖国前途命运的历史责任感。

（3）制度资源。

① ［日］池田大作、［德］狄尔鲍拉夫：《走向21世纪的人与哲学——寻求新的人性》，宋成有等译，北京大学出版社1992年版，第261页。

学校制度是学校成员社会互动的行为模式，是每个成员必须遵循的，与每个成员的生活息息相关。一般来说，学校制度是建立在一定的价值理念的基础上的，隐藏在制度后的价值理念其实就是一种不说话的制度，在沉默不语中，就对生活于其中的成员进行着深层的精神渗透。正如美国学者怀特所言："社会制度或社会机构的文化，在很大程度上或好或坏地塑造着在这些机构中工作着的人们的愿望、习惯和素质。"① 因此，中小学生爱国主义教育隐性课程开发还应该注重利用制度背后的价值理念资源。首先要通过道德规范引导学生以热爱祖国为荣，以背叛祖国为耻，鼓励他们践荣御辱，行当荣之事。其次是通过行政规范、纪律规范、学生守则、学籍管理规定、日常行为准则、宿舍管理制度、环境管理办法等引导学生养成遵纪守法、文明礼貌的行为习惯，同时强化爱国责任和义务。

（4）同辈群体的活动资源。

随着年龄的增长，中小学生会逐渐产生一些有共同目标和共同行为标准的同伴群体。同伴群体是儿童在成长过程中通过自己的社会互动所形成的社会关系，也是他们自主性、社会性发展的必然结果。同伴群体在一定程度上是青少年对成人社会的模仿，比如群体内有等级分工、有追随者和支配者。青少年时期特殊的心理特点，使他们更愿意与同辈群体进行交流，因而同辈群体对青少年的思想行为影响非常大。一般来说，同辈群体中起主导和号召作用的，往往是其中的"领袖"或"首领"，"领袖"或"首领"的爱国情感可以在同辈群体中直接产生传染效应。所以，中小学生爱国主义教育隐性课程开发，尤其要注重对同辈群体的引导和利用。比如通过社团组织青年志愿者活动、社会调查等，培养他们的集体主义精神和协作精神，比如引导他们开展关于爱国主义的系列讲座、专题报告、论辩、演讲、讨论、咨询、社团活动、热点沙龙、文化节、科技节等，让他们自己策划、安排，自己提出问题、解决问题等。

---

① ［英］帕特丽夏·怀特：《公民品德与公共教育》，朱红文译，教育科学出版社1998年版，第7页。

第六章　中小学生爱国主义教育的评价体系

中小学生爱国主义教育评价，从本质上来说，是对中小学生爱国主义教育价值的评判，即根据中小学生爱国主义教育的目标，运用科学的技术和有效的方法，对中小学生爱国主义教育的实施者、受教育者，以及教育目标、教育内容、教育载体、教育方法、教育效果等方面作出客观的价值判断的活动。在中小学生爱国主义教育评价的实践中，必须根据具体的教育评价目的和特定的评价对象，构建相应的评价标准体系，选择相适应的评价方法来实施。因此，构建科学合理的评价体系，是中小学生爱国主义教育评价的前提和基础。

一、构建中小学生爱国主义教育评价体系的目的和意义

构建科学合理的评价体系，主要目的是为了对中小学生爱国主义教育状况进行更加科学合理的评价，并在总结经验的基础上，进一步提升中小学生爱国主义教育的效果。因此，构建中小学生爱国主义教育评价体系，无论是对中小学生爱国主义教育评价本身，还是对完善中小学生爱国主义教育理论和实践，都有重要的意义。

（一）有利于更加科学合理地评价中小学生爱国主义教育

德育工作是学校工作的最重要的组成部分，居于核心地位。爱国主义教育作为德育工作的首要内容，其重要地位也是不言而喻的。我党历来重视青少年的爱国主义教育，无论是党的领导人讲话

还是中央文件，以及一些重要的政策法规，都一再强调爱国主义教育的重要性，充分肯定爱国主义在社会主义革命、改革和建设中的价值。爱国主义教育培育的是学生的爱国品德，品德具有非认知性和效果后置性的特点，这使人们对爱国主义教育活动的效果很难有个准确判断。也就是说，爱国主义教育对人的发展和社会进步的作用的客观存在是一回事，人们是否认识或把握了爱国主义教育的价值又是另一回事。从具体的实践来看，长期以来由于缺乏科学的评价体系，中小学生爱国主义教育的价值得不到及时、客观、公正的体现和反映，从而使爱国主义教育总是处于“说起来重要，做起来次要，忙起来不要”的状况。构建中小学生爱国主义教育评价体系，就是要运用评价的基本原理、技术与方法，对不同时期、不同阶段的中小学生爱国主义教育的价值进行科学的揭示，使其得到社会公正的评价与承认。因此，构建一套科学合理的中小学生爱国主义教育评价体系，对爱国主义教育效果进行全面的评价，并作出合乎事实的判断，无疑意义重大。

（二）有利于增强中小学生爱国主义教育的效果

爱国主义教育评价是中小学生爱国主义教育过程中一个必不可少的环节，它对整个中小学生爱国主义教育过程起着一种调控作用。它不仅为中小学生爱国主义教育目标的确立、内容的确定、方法的选择提供客观的依据，而且评价得出的结论，经上级有关的主管职能部门或领导机关采取相应的措施得到体现，可以形成中小学生爱国主义教育发展的外在推动力。同时，评价活动对中小学生爱国主义教育工作者的价值判断和价值倾向也发生影响，如使其进一步了解在中小学生爱国主义教育方面，有哪些成功的经验值得总结，存在哪些问题或缺陷需要改正或改进，哪些问题是学生比较关注甚至是敏感的，学生对哪些问题比较淡漠，并分析原因，思考对策。另外，通过对中小学生爱国主义教育效果的评价，对其成绩和经验、失误和教训加以判定，肯定爱国主义教育中好的经验、做法，能够有效地巩固、拓展、深化爱国主义教育成果；对那些否定性的评价，即在爱国主义教育中所出现的失误和教训，也能够在一定程度上有效克服教育的不良后果，促使教育者反思，激发受教育者扬善救失。因此，构建中小学生爱国主义教育评价体系，不仅具有判断教育效果的作用，而且能够进一步提升中小学生爱国主义教育的针对性和效果。

二、中小学生爱国主义教育评价的原则与方法

中小学生爱国主义教育评价，本质上是评价者运用一定的标准对爱国主义教育的主客体进行价值评判的过程。为了使评价结果更具客观性，在评价的过程中应该遵循如下原则与方法。

（一）中小学生爱国主义教育评价的原则

1. 自我评价与他人评价相结合的原则

自我评价是评价者对自己所作的评价。从教育者的角度而言，自我评价既包括团体评价（如实施中小学生爱国主义教育的某个部门或单位），也包括个体评价（如教育者个人）；从受教育者的角度而言，自我评价主要是指中小学生个体的自我评价，这种评价方式简便易行，不受时间和场合的限制，有利于发挥评价对象的主体作用，但由于缺少外界参照系，不易于进行横向比较，因而容易出现评价结论过高或过低的趋向，客观性较差，因而自我评价的评价结果不能作为评价对象的最终评价结果。为了客观、公正地对评价对象作出实事求是的评价，还必须进行他人评价，即由评价对象以外的其他主体对评价对象进行评价。如社会有关方面、上级教育行政部门或教育督导机构对中小学校的爱国主义教育进行的评价，学校（或教师）、同学、家长等对中小学生接受爱国主义教育的状况进行的评价，都属于他人评价。他人评价不仅客观性强，有利于避免主观片面性，而且可信度较高，可避免评价中出现较大的偏差。但是，他人评价这种评价方式组织工作难度较自我评价大得多，并且耗时、耗力较多，因此，不能频繁地进行。只有将自我评价与他人评价相结合，先进行自我评价，之后再组织适当规模的他人评价，才能达到既客观、公正，又节省人力、时间的评价目的。

2. 阶段性评价与终结性评价相结合

阶段性评价是指对评价对象在某一具体时间段在爱国主义教育方面的状况进行评价，它包括教育主管部门对一校某一阶段在爱国主义教育方面的表现进行评价，也包括教育者对中小学生在一段时期内，在德育活动过程中在爱国主义方面的表现进行的系统性评价，其功能主要是对一校或一生在某一阶段的表现进行及时反馈。终结性评价是指为了给评价对象作一个结论而作出区分优劣、评定等级的评价，如期末评语、毕业鉴定等。阶段性评价能够及时对评价对象的表现作出判断，有利于及时发现问题，纠正偏差，但阶段性评价只能反映评价对象在短期内的表现，不易于发现评价对象的一贯表现，也不易于分析评价对象在爱国主义教育方面的发展趋势。而终结性评价则是对评价对象较长时间内在爱国主义教育方面所表现的一系列思想、行为的概括和总结，它能反映评价对象在爱国主义教育方面相对稳定的特质。对评价对象进行评价，既要进行阶段性评价，及早发现问题，又要进行终结性评价，给评价对象一个客观的评价结果，促使评价对象扬长避短，取得最佳效果。

3. 普遍性评价与特殊性评价相结合的原则

普遍性是指对中小学生爱国主义教育评价对象进行评价时，必须采用统一的、普遍的标准，使所有评价对象知道自己的实际状况和在群体中所处的位置，从而作出好坏、优劣的自我判断，查找不足，向好的、优的看齐。但是评价对象之间存在着个体差异，比如，由于各学校设施、教学条件、地理位置所决定的校园周边环境的不同，各中小学校长办学理念的不同，教师能力水平的不同，中小学生家庭氛围和家庭环境的差异，接受能力的强弱，个性的差别等，导致学校与学校之间、教师与教师之间、学生与学生之间存在较大差异。因此，在对中小学生爱国主义教育进行评价时，不能搞一刀切，不能用一个模式、一套标准进行评价，而要针对不同地区、不同层次的学校，不同类型的学生，提出不同的要求。进行评价时，在评价指标的确立、评价标准的制定、评价方法的采用、评价程序的设立、评价内容的安排上，都应该考虑这些差异，将普遍性要求与特殊性表现相结合。

4. 动态评价与静态评价相结合的原则

教育本身是一个不断发展的实践过程，教育者和受教育者的思想认识也是不断发展的、变化的，因此对中小学生爱国主义教育评价应先进行动态评价。中小学生爱国主义教育效果的产生绝非一日之功，中小学生在接受爱国主义教育的过程中会不断接受社会上各种各样的信息，受各种不同因素的影响，因此，爱国主义教育效果的呈现必将是一个动态的、反复的过程，要经过量的积累才能最终实现质的飞跃，有时甚至会出现多次反复，呈波浪式前进、螺旋式上升状态。尤其是21世纪，改革开放不断深入，各种信息资源鱼目混杂，中小学生思维敏锐，对人对事对物有自己的独立见解，但判断力较弱，因而不能因为一句话、一件小事就否定他的爱国主义表现，而应该考察他在爱国主义方面原有的基础和目前的状况，预测他发展的趋势和潜力，用历史的眼光和发展的眼光来进行评价。当然，实施动态评价，不应该也不可能否定静态评价。任何事物都有其相对静止的一面，如果离开相对静止，运动就找不到参照对象。中小学生爱国主义教育同样也存在着暂时稳定的状态。进行静态评价，就是对评价对象在某一时期内相对稳定的现实表现，已达到的水平或已具备的条件，作出客观的评价。只有将动态评价与静态评价相结合，才能达到既考察中小学生爱国主义教育是否符合爱国主义教育规律和中小学生思想发展规律，又考察中小学生爱国主义教育者和受教育者在某一时期内所取得的现实效果和所达到的认识水平的评价目的。

5. 定性评价与定量评价相结合的原则

定性评价与定量评价是以评价对象的质与量的规定性为客观依据对评价对象作出评价的两种方式。对中小学生爱国主义教育进行定性评价，就是在爱国主义教育的过程、结果、内容、效果等方面从性质的角度进行描述、分析与结合，从而得出定性结论的评价。如中小学生爱国主义教育内容设置是否合理，方向正确与否，是正效果还是负效果，受教育者接受爱国主义教育是积极状态还是消极状态，是主动还是被动，等等，都要用定性评价的方法。定性评价往往采用等级鉴定、评语鉴定等具体方法，但这种评价方法只能对中小学生爱国主义教育状况作出大致的、原则性的、粗略的、趋向性的判断，它侧重于质的方面，主要依靠人们的认识、经验和主观判断，因而带有一定的主观性和片面性。为了客观地评价对象，还必须运用定量评价方法，将定性评价与定量评价相结合。定量评价法是指对中小学生爱国主义教育的过程、结果、内容、效果等方面的内容从数量方面进行描述、分析与结合，并采用数学的方法取得数量化结果的评价方法。定量评价法必须首先确定评价指标，并赋予每项指标以一定的分值，再对分值进行求和，每个评价对象都会有一个得分，并以此作为重要的评价依据。由于计算机的普及，数据信息的处理越来越方便快捷，定量评价法在中小学生爱国主义教育评价中使用得越来越广泛。

（二）中小学生爱国主义教育评价的一般方法

科学有效的评价方法，是完成评价任务，实现评价目的的手段和途径。目前对中小学生爱国主义教育进行评价，比较普遍和常用的方法主要有测验法、问卷调查法、访谈法、观察法等。

1. 测验法

测验法是通过书面测试和口试的方式对评价对象进行检测的方法。对中小学生爱国主义教育进行评价可运用测验法，它是一种收集评价对象信息的重要方法。这种方法便于操作，有利于评价者对评价对象信息的处理，并能及时发现问题，测验的结果能较客观、真实地传达评价对象的有关信息，因而通过这种方法获取的信息较为可靠。按照测试方式的不同，测验可分为书面测验和非书面测验，书面测验即笔试方式，也包括书面报告、书面知识竞赛等方式。非书面测验可以是口试，也可以是演讲等其他形式。书面测试主要考察中小学生对爱国主义知识的了解程度，非书面测验则可以把握中小学生的爱国情感、动机、观点等。

2. 问卷调查法

问卷调查法是评价者通过精心设计，将所要调查的项目和所关注的问题制作成问卷，然后向评价对象发放问卷，在评价对象完成问卷后集中回收问卷，并通过对问卷的整理分析，获取评价对象有关信息的方法。问卷调查法的关键在于科学、合理地设计问卷，要做到重点突出，结构合理，问题明确，题量适当，便于信息处理。问卷的设计要达到既考察评价对象的主观情况，也考察客观环境的目的。在对中小学生爱国主义教育进行评价时，既可向教育行政主管部门、教育者发放问卷，了解他们对中小学生爱国主义教育的态度、动机、观点，也可向中小学生发放问卷，了解他们接受爱国主义教育的态度、动机、效果等。问卷中的项目或问题的设计应该包括客观题型和主观题型，或封闭式题型和开放式题型，使评价对象既能沿着评价者的思维去完成评价者所关注的问题，又能提出评价者思维以外的新的问题或观点，从而能够做到更加全面、客观地反映评价对象的状况。

3. 访谈法

访谈法是评价者通过与评价对象交谈而获取有关信息的方法，访谈可以是面谈，也可以是书面交流，还可以是网上交流。访谈法绝不是信口开河，评价者在与评价对象交谈之前，心中必须做好访谈设计，如访谈对象的选择，访谈的时间、地点、内容等，要做到有的放矢。访谈的最佳形式是面谈，面谈容易进行观察，也容易建立评价者与评价对象之间融洽的关系，易于调节交谈气氛，消除评价对象的疑虑，反映真实想法。但访谈法时间和精力花费较大，成本较高，有时由于评价者与评价对象地位的不平等会阻碍评价对象真实想法的表达，因此，在对中小学生爱国主义教育进行评价时，为了解更多评价对象的个人信息，不宜大面积地使用访谈法。

4. 观察法

观察法是评价者对评价对象在自然状态和特定状态下的行为表现进行考察分析，从而获取评价对象有关信息的方法。通过这种方法，所获取的信息非常直接、真实，不需任何中间环节，但通过观察所获取的信息必须经过整理和分析，才能成为可以运用的资料。如对中小学生接受爱国主义教育的效果进行评价，既可以观察中小学生在日常生活、学习中，自然而然流露、表达出的思想和行为，也可以观察他们对特定环境和行为，如涉及国家安全、国家利益、国家荣誉等时事和行为的反应，从而对他们接受爱国主义教育的效果作出较为客观的判断。

三、中小学生爱国主义教育评价的标准体系

标准是认识和评价事物的准则，是中小学生爱国主义教育评价得以顺利进行的基本要素，也是中小学生爱国主义教育评价能否得出科学结论的关键。因此，科学的评价标准是人们正确而客观地评价中小学生爱国主义教育的主客体的前提和基础。构建中小学生爱国主义教育评价体系，首先必须科学合理地设立中小学生爱国主义教育评价标准。

（一）构建中小学生爱国主义教育评价标准的基本要求

中小学生爱国主义教育评价标准的确立，是中小学生爱国主义教育评价方案设计的中心环节，也是难度最大的一道“工序”。因为评价标准所涉及的指标、权重、效度和信度，都决定着中小学生爱国主义教育评价的客观性、准确性。所以，构建中小学生爱国主义教育评价标准，应该遵循以下基本要求：

第一，应以社会对中小学生在爱国主义教育方面的期望和要求及中小学生的身心发展规律为依据。设立中小学生爱国主义教育评价标准，既要以中小学生爱国主义教育方针、政策、法规以及政府有关部门对中小学生爱国主义教育的要求为依据，也要以中小学生的认知水平和能力发展状况为依据。这就要求构建中小学生爱国主义教育评价标准时，评价者应认真查阅相关文献资料，全面掌握相关信息，掌握教育客观规律，了解中小学生的思想状况、认知水平和身心发展规律，明确中小学生爱国主义教育评价标准的大方向。

第二，应注重评价标准的相对稳定性和变动性。中小学生爱国主义教育评价标准一经设立，并非是一成不变的，因为从爱国主义教育评价标准内各指标内涵来看，评价标准有相对稳定性和变动性。评价标准的相对稳定性是指在相当长的一段时期内其各项指标内涵保持不变，这些指标往往体现中小学生爱国主义教育的客观规律，不因时间、地点、方式的变化而变化。评价标准的变动性是指

其各项指标内涵随着中小学生爱国主义教育内容、教育方式、教育主体的变化而需更换的特性。这就要求中小学生爱国主义教育评价标准，必须用发展的眼光，科学合理地、创造性地予以构建。

第三，应考虑标准的可比性、完备性、可行性。中小学生爱国主义教育评价标准应该是通过各指标系统的、有层次的相互关联，能对评价对象进行综合评价的体系。因而对中小学生爱国主义教育评价标准的构建，不仅要求所设立的指标在操作时要便于鉴别和辨认，要做到定义规范、词义明确、易于操作，还要能反映出评价对象的共同属性，反映评价对象属性中共通的东西。指标体系可进行必要的分解，以便达到评价的目的，但分解不宜太多太细，否则会影响评价结果。

第四，应注重信度和效度的统一。构建中小学生爱国主义教育评价标准时，还应注重评价标准的信度与效度问题，因为评价标准的信度与效度是中小学生爱国主义教育评价实现的前提条件，是衡量中小学生爱国主义教育评价标准构建质量的一个重要尺度。评价标准的信度，是指评价标准的可信程度，即在多大程度上是正确的，它反映的是中小学生爱国主义教育评价指标和评价标准的可靠性和正确性。评价标准的效度，是指评价标准能够在多大程度上表达所需表达的含义，它反映的是中小学生爱国主义教育评价指标和评价标准的有效性和代表性。中小学生爱国主义教育评价指标的信度受多种因素影响，如评价过程、评价方法、评价环境，评价者个人的价值观、专业背景等，都可能影响到评价指标体系的设立。一般来说，各项指标之间内涵越独立，指标间差异越大，硬性指标越多，评价标准的设立越明确，各等级之间界限越分明，表明其信度越高。反之，如果各项指标之间内涵交叉，指标间内容相似，硬性指标过少，软指标过多，各等级之间的界限模糊不清，评价者就难以区分各项指标间的差异，表明评价指标的信度较低。对信度较低的评价指标，评价者应修改和调整指标内容，使其更加具有针对性和准确性。评价指标效度的高低反映的是评价者运用此评价指标体系进行评价所取得的效果与预期评价目标之间的关系，即评价标准的设立是否说明评价对象的思想属性，评价结果是否符合期望评价目标，评价指标是否真实有效地体现评价者所要评价的内容，等等。如果评价者运用此评价指标体系进行评价所取得的效果与预期评价目标接近，表明所设立的评价指标体系是准确的、有效的。反之，表明所设立的评价指标体系不合理，评价标准不科学。中小学生爱国主义教育评价指标体系的效度受评价者对相关理论的理解程度、评价目的、评价方法等因素的影响较大。

（二）中小学生爱国主义教育评价标准体系的基本内容

中小学生爱国主义评价标准是根据一定时期的爱国主义教育价值观、目标、实际情况以及评价的具体目的而设计，对中小学生爱国主义教育现象进行价值判断的规定和准则，是反映爱国主义教育现象本质属性的因素集合。爱国主义现象的复杂性决定了我们在实际的评价中，需要对中小学生爱国主义教育标准进行层层分解直到具体可测，即形成一个标准体系，我们也称之为中小学生爱国主义评价指标体系。任何事物都是质和量的统一，正如恩格斯所指出的："每一种质都有无限多的量的等级，如色彩的浓淡、软硬、寿命的长短等等。"① 质是区别于他事物的内部所有的规定性；量是事物的规模、程度、速度，以及它的构成成分在空间上的排列组合等可以用数量表示的规定性。中小学生爱国主义教育，既有区别于他事物的质的方面，也有达成质变的量的积累。因此，中小学生爱国主义教育主客体评价标准体系，也应该包括质的方面和量的方面。

1. 中小学生爱国主义教育评价体系质的标准

中小学生爱国主义教育的质，是指爱国主义教育的诸要素对爱国主义教育活动和爱国主义品质的形成所起作用的性质。一般来说，这种作用有三种：一是积极的、健康的、科学的正效益，二是消极的、腐朽的、有害的负效益，三是没有起作用的零效益。所以，我们也从中小学生爱国主义教育的诸要素分析其质的规定性。

（1）对受教育者评价的质的标准。

中小学生爱国主义教育的根本任务在于，教育中小学生通过了

① 《马克思恩格斯选集》第4卷，人民出版社1995年版，第339页。

解祖国的锦绣河山、悠久的历史、灿烂的传统文化、光荣的革命传统、优越的社会主义制度，激发热爱祖国的情感，增强民族自豪感、自尊心、自信心，从而激励他们为祖国的繁荣富强，为中华民族的伟大复兴而坚持不懈努力。因此，对受教育者的评价可以从三个大的方面设计评价标准：一是认知方面，中小学生是否对祖国的标志、祖国的历史、祖国的国情、祖国的文化等基本知识有足够的了解；二是情感方面，中小学生是否对祖国有深厚的感情，是否对中华民族有一种自豪感，对于一些危害祖国的言行，是否会从情感上产生反感，等等；三是行动上，是否尊重国家标志，维护国家尊严、荣誉，是否热爱和平，同各国人民友好交往，是否积极拥护党在社会主义初级阶段的基本路线，在个人利益和集体利益、国家利益发生冲突的时候，是否个人利益服从国家利益，是否积极为加强民族团结、反对民族分裂而努力，是否积极维护国家主权、反对霸权主义，发展国际友好合作关系。

（2）对施教者评价的质的标准。

高素质的施教者是中小学生爱国主义教育顺利进行的必要条件。中小学生爱国主义教育的实施者包括专业施教者——教师和“孩子的第一任教师”——家长。对中小学生爱国主义教育实施者的评价既包括对专门从事德育工作的教师的评价，也包括对家长的评价。对教师进行质的评价，主要看其政治素质是否过硬，教育方法是否先进，是否热爱德育工作，是否具有强烈的事业心和责任感，教师队伍结构是否合理。合理的德育工作教师队伍的结构应是既有经验丰富的老教师，又有精力旺盛、思维敏捷、敢于开拓创新的年轻教师，还有一大批挑大梁的中年骨干教师；既有在教育教学一线长期与学生打交道的专业教师，又有居于教育行政部门，专门从事德育理论工作的组织者和策划者。对家长的评价，主要是看家长是否具备对中小学生进行爱国主义教育的知识素养和文化素养，是否采取行之有效的、科学的教育方法，是否言传身教，是否积极与学校配合，在教育内容和教育观念上是否与学校保持一致。

（3）中小学生爱国主义教育目标评价的质的标准。

爱国主义教育目标是爱国主义教育本质的重要体现，是爱国主义教育活动中最根本的问题。它不仅规定了中小学生爱国主义教育的方向和内容，也影响了中小学生爱国主义教育的途径和方法。对爱国主义教育的目标进行评价，主要是了解爱国主义教育目标本身是否科学。具体来说，包括四个方面：

第一，中小学生爱国主义教育目标是否反映了爱国主义教育的长期性和阶段性的特点。爱国主义教育是一项长期的系统工程，同时在不同的具体历史阶段有不同的任务，这就决定了爱国主义教育目标是一个由各个阶段性目标按序列组成的并指向总目标的目标系列。评价爱国主义教育目标，首先是评价它能否反映爱国主义教育的长期性和阶段性的特点。

第二，评价中小学生爱国主义教育目标是否反映了特定时代的社会要求。爱国主义具有强烈的时代性，在不同的时代有着不同的阶段性目标和任务。如新中国成立之初，国家在政治、经济、文化方面的建设刚刚起步，祖国的建设急需大量人才，同时由于国家经济基础薄弱，在许多方面还必须依靠国际上发达国家的援助和支持。因而1954年4月，政务院发布了《关于改进和加强中小学教育的指示》，其中明确提出："爱国主义教育，是要培养学生对祖国的热爱和献身于祖国社会主义建设事业的意愿，加强国家观念，树立个人利益服从国家利益的观念，同时，应注意培养国际主义精神。"而在改革开放新的历史时期，面对世界范围内各种思想文化的相互激荡，西方敌对势力对我国实行"西化""分化"和争夺下一代的图谋，以及全面建设小康社会的宏伟目标、实现中华民族伟大复兴的重任、日益开放的环境和发展社会主义市场经济的新要求，中宣部、教育部于2004年3月印发了《中小学开展弘扬和培育民族精神实施纲要》，明确规定中小学爱国主义教育目标是要通过在中小学开展弘扬和培育民族精神教育，倡导一切有利于民族团结、祖国统一、人心凝聚的思想和精神，倡导一切有利于国家富强、社会进步、人民幸福的思想和精神，倡导一切用诚实劳动创造美好生活的思想和精神，引导中小学生树立以热爱祖国、报效人民为最大光荣，以损害国家和人民利益、民族尊严为最大耻辱的思想意识，不断增强广大青少年对民族优秀文化的认同和自信，振奋民族精神，凝聚民族力量。评价爱国主义教育目标是否科学合理，应该评价中小学生爱国主义教育目标是否反映了特定时代的社会要求。

第三，评价中小学生爱国主义教育目标是否反映了中小学生的认知、情感和行为特点，是否具有科学的序列性。尊重中小学生认知、情感和行为的特点制定教育目标，并形成科学的目标序列，是爱国主义教育目标有效性的基本前提。

第四，评价中小学生爱国主义教育目标是否具有现实的可操作性。目标制定后，能否在实践中变为现实，关键看其是否具有可操作性。评价中小学生爱国目标是否具有现实的可操作性，也是爱国主义教育目标评价的主要内容。

（4）中小学生爱国主义教育内容评价的质的标准。

中小学生爱国主义教育的内容，《爱国主义教育实施纲要》从历史、文化、基本路线、社会主义建设成就、国情、民主和法制、国防和国家安全、民族团结和祖国统一等方面进行了规定。对爱国主义教育内容的评价，主要从以下几个方面进行：

第一，教育内容是否符合中小学生的认知、情感和行为特点。爱国主义教育，简单地说，就是教育学生要热爱祖国的大好河山、悠久的历史和灿烂的文化，学习和继承我们党的光荣革命传统，热爱社会主义制度。中小学生由于身心发展的差异，对爱国主义在认知、情感等方面也存在着差异，因而对中小学生进行爱国主义教育，在内容上也应有所区分。对于小学生，爱国主义教育的内容主要是认知上的，即教育他们知道我们国家的名称、首都、国旗、国徽、国歌，以及春节、国庆节、中秋节等中华民族传统节日；知道我国是一个统一的多民族国家，各族人民团结和睦；知道我国是一个地大物博、山河壮丽、历史悠久、文化灿烂的国家，家乡是美丽的，祖国是可爱的；知道台湾是祖国不可分割的一部分，一定要完成祖国统一的大业；知道中国人民解放军是祖国坚强的保卫者，要热爱解放军；知道我们的国家是属于人民的，人民是国家的主人，人民代表是人民选举产生的，人民政府为人民办事，等等。对于中学生，则主要从情感上培育他们对祖国的热爱。具体来说，对初中生进行爱国主义教育，主要是对他们进行热爱祖国的版图河山、语言文字、悠久历史、灿烂文化和著名民族英雄、爱国志士、革命先驱、文化名人的教育；中国近、现代史和社会主义新中国伟大成就的教育；初步的国家观念——尊重国家标志，维护国家尊严、荣誉的教育；完成祖国统一大业的教育；尊重兄弟民族，加强民族团结的教育；国防和国家安全及热爱和平，同各国人民友好交往的教育。对高中生进行爱国主义教育，则主要是对他们进行报国、建国的教育，使他们从爱国的情感上升为报国、建国的实际行动，即进行：中国人民斗争史、革命史、创业史和继承发扬爱国主义光荣传统的教育；社会主义现代化建设发展前景和报效祖国的教育；进一步的国家观念——国家利益高于一切、个人利益服从国家利益的教育；完成祖国统一大业的教育；加强民族团结、反对民族分裂的教育；正确认识中华民族优秀思想文化传统，汲取世界先进文明成果的教育；维护国家主权，反对霸权主义，发展国际友好合作关系的教育。

第二，评价教育内容是否具有科学的序列性。爱国主义品德的形成，是一个由浅入深，包括认知、情感和行为三个层次转化的过程，即知国—爱国—报国。中小学生爱国主义教育也应是建立在这三个层次基础上的一个完整的教育体系。著名教育家加里宁曾说，对儿童的爱国主义教育，须从深入认识自己的祖国开始。在小学阶段，就是要通过《小学生国情十知道》《祖国》《小学生守则》等爱国主义教育材料，唤起他们对祖国真挚的爱，激发其民族自豪感，使其树立民族自尊心、自信心，维护祖国的尊严和荣誉，尊重国家的标志，这是爱国主义精神的主要表现。进入中学，必须使青少年对祖国产生自觉的、有目标的深厚感情，懂得没有共产党就没有新中国、只有社会主义才能救中国的道理，使爱国主义在学生的头脑中形成一个牢固的观念，一种强烈的责任感，认识到为祖国作贡献是个人最大的光荣，从而奋发进取，时刻准备为国争光。可见，小学阶段主要是教育学生认识祖国，热爱祖国，到了中学就要进一步深化，教育学生要献身祖国。这是一个完整的教育过程，即从小学到中学体现出认识祖国—热爱祖国—报效祖国，从感性到理性再到实践的过程。

第三，评价中小学生爱国主义教育内容是否反映时代的特点。爱国主义是一个时代特征非常强烈的范畴，不同的历史时期具有不同的具体内容和表现。在当代中国，爱国主义与社会主义在本质上是一致的，建设中国特色社会主义是爱国主义教育的主题。因而，中小学生的爱国主义教育必须同国情教育、热爱社会主义和热爱中国共产党教育、继承和弘扬中华民族精神教育、改革开放教育、国防教育、国家安全教育等内容结合起来。

（5）中小学生爱国主义教育载体评价的质的标准。

中小学生爱国主义教育载体既包括进行爱国主义教育所依托的环境、承载物，也包括依托这种载体所开展的爱国主义教育的形式。对中小学生爱国主义教育载体的评价，主要是考察中小学生爱国主义教育依托的环境、承载物是否具有爱国主义教育的功能，所采取的爱国主义教育形式是否符合中小学生身心发展规律、思维能力以及智力发展水平。中小学生由于年龄较小，理性思维尚未完全建立，因而对其进行爱国主义教育，必须寓之于教学和活动之中，充分利用家乡的自然环境和乡土教材、历史文化古迹、革命遗址、校史、老红军、老八路、老干部、重大节日和纪念日开展形式多样、生动活泼的爱国主义教育活动。小学生的思维有较大的形象性、直观性，学习和活动的自主性、自觉性、独立性尚未完成，因此，小学生的爱国主义教育形式应比中学生的更加生动活泼、丰富多彩，更加具体化、形象化、直观化。进入初中，随着学生年龄的增长、思维的进一步发展，可以开始进行一些带知识性、科学性、哲理性的教育活动。课堂是对中小学生进行爱国主义教育的主要途径和渠道，课堂教学是中小学生爱国主义教育的主要形式。中小学校可以充分利用语文、思想品德、历史、地理甚至数学、物理等学科的教学，在教学内容中渗透爱国主义教育的内容，其他学科的教学也可以有计划地结合学科特点进行爱国主义教育。同时，学校可以有计划地组织学生观看一些爱国主义教育影片。此外，还可以利用乡土教材所具有的对学生进行思想教育的优势，寓思想教育于教学中，进行爱家乡、爱祖国的教育。

（6）中小学生爱国主义教育效果评价的质的标准。

中小学生爱国主义教育是中小学德育工作的一项重要内容，是一项系统的社会工程。对中小学生爱国主义教育效果的评价应从爱国主义教育工作者的工作实效、爱国主义教育作用于中小学生的实际情况、爱国主义教育在德育系统内部产生的影响几个方面进行评价。对爱国主义教育工作者的工作实效的评价，主要考察中小学生爱国主义教育者是否把握住了中小学生爱国主义教育的连续性和阶段性的统一，是否按照中小学生的思想特点、行为特点、身心发展规律，并且按照教育本身的特点和发展规律，由浅入深、由近及远、由低向高、由感性到理性，循序渐进地逐渐升华，使教育效果呈现出螺旋式上升的态势。考察爱国主义教育作用于中小学生的实际情况，主要考察爱国主义教育是否提升了中小学生对爱国主义的认知水平，是否激起中小学生内心的爱国情感，是否提高了中小学生实施爱国行为的自觉性。对中小学生爱国主义教育在德育系统内部产生的影响的评价，应着重考察中小学生爱国主义教育是否与中小学生集体主义教育、社会主义教育、艰苦奋斗教育、礼仪教育等内容形成教育合力，中小学生爱国主义教育的目标、内容、方法、途径等是否与思想品德其他内容的教育内在地保持了一致，中小学生爱国主义教育的结果最终能否促进中小学生整体道德水平和道德素质的提升。

2. 中小学生爱国主义教育评价量的标准

中小学生爱国主义教育的量，是指中小学生爱国主义教育诸要素投入产出比。用公式就可以表达为：

$$\text{爱国主义教育收益率} = \frac{\text{教育诸要素的收益}}{\text{教育诸要素投入（时间、精力、物质）的积}} \cdot 100\%$$

爱国主义教育各要素的投入时间、物质等非常容易量化，但爱国主义教育各要素的收益很难量化，一般都是用“好、坏”或“优、良、中、差”等来评估的，投入的精力也一般用“多”和“少”来衡量。所以，关于爱国主义教育评价量的标准，一般可以用模糊数学综合评判的方法来处理。

所谓模糊数学综合评判法，就是运用模糊数学方法对评估对象的综合素质组成集合，建立数学模型的定性、定量相结合的评估方法①。用模糊数学进行综合评判，包括三个方面的内容：系统分析，模糊数学处理，计算机运算。系统分析是指对评判内容进行分析，从而

① 陈秉公：《思想政治教育学原理》，辽宁人民出版社 2001 年版，第 368 页。

选择能体现评判对象效果的若干指标和相应的权重系数；模糊数学处理是指在系统分析的基础上，运用模糊数学的方法进行处理运算；计算机运算是指经模糊处理后，进行运算。其主要步骤为：

第一，组织评委会。评委会代表应具有代表性，人数适量，办事公道。

第二，确定因素集U。即确定能体现评价对象效果的指标(因素)，用公式表达为：$U=\{U_1, U_2, U_3, U_4, \cdots\}$。在每一个大指标中，包含一到多个具体指标，用公式表达为：$U_1=\{U_a, U_b, U_c, U_d, \cdots\}$。

第三，确定评价集V。有了评价指标，还要把评价指标分为若干等级，如优、良、中、差等。用公式表达为：$V=\{V_1, V_2, V_3, V_4, \cdots\}$。

第四，确定模糊关系矩阵R。确定因素U和评价集V后，评价者根据实际情况进行评判并填写综合评判表，然后进行统计并填写评判统计表。这样就列出了模糊关系矩阵R。

$$R_{ij}=\{r_ij_1, r_ij_2, r_ij_3, r_ij_4, \cdots\}，其中，j=1, 2, 3, 4, \cdots$$

$$R_i=\begin{Bmatrix} r_{i11} & r_{i12} & r_{i13} & r_{i14} \\ r_{i21} & r_{i22} & r_{i23} & r_{i24} \\ r_{i31} & r_{i32} & r_{i33} & r_{i34} \end{Bmatrix}$$

第五，确定权重系数A。确定因素集即评价指标，但每个评价指标因影响程度有差异，因而需要进行权重系数确定。权重系数的确定要体现工作的难易、主次。用公式表达为：$A=\{a_1, a_2, a_3, a_4, \cdots\}$。权重系数有原始因素权重系数和子因素权重系数。子因素权重系数用公式表达为：$A_i=\{a_{i1}, a_{i2}, a_{i3}, a_{i4}, \cdots\}$。

第六，进行计算，对评价结果做最后处理。综合评判模糊矩阵$B=A\cdot R$，再进一步运算综合评价结果。

对各原始因素进行综合评价，就是各子因素的权重系数与单因素评价的模糊关系矩阵的乘法运算。可表示为：

$$B_i=A_iR_i=\{a_{i1}, a_{i2}, a_{i3}, \cdots\}\cdot\begin{Bmatrix} r_{i11} & r_{i12} & r_{i13} & r_{i14} \\ r_{i21} & r_{i22} & r_{i23} & r_{i24} \\ r_{i31} & r_{i32} & r_{i33} & r_{i34} \end{Bmatrix}$$

总的综合评价就是各原始因素的权重系数与各自原始因素综合评价的模糊关系矩阵的乘法运算。可表示为：

$$B=A\cdot R=\{a_1,\ a_2,\ a_3,\ a_4,\ \cdots\}\cdot\begin{Bmatrix} b_{11} & b_{12} & b_{13} & b_{14} \\ b_{21} & b_{22} & b_{23} & b_{24} \\ b_{31} & b_{32} & b_{33} & b_{34} \\ b_{41} & b_{42} & b_{43} & b_{44} \end{Bmatrix}$$①

根据以上步骤，中小学生爱国主义教育收益和投入评价可以这样来进行：

第一，组成评价小组，对中小学生爱国主义教育收益逐级评定等级。评价小组由8~10人组成，包括长期从事中小学生爱国主义教育的管理者、有经验的德育教师以及中小学生道德教育领域尤其是中小学生爱国主义教育领域的理论工作者、专家、学者。这些评价者的条件要求：一是能够正确地掌握评价指标及标准，办事公道，认真负责；二是了解中小学生爱国主义教育的情况；三是由各种途径产生；四是具有较强的分析判断能力。

第二，确定中小学生爱国主义教育收益的因素 U 和评价集 V，V 包括爱国主义教育目标(X)和价值(Y)，并转化为量表。

第三，确定权重系数 A。评价组成员各自对中小学生爱国主义教育评价指标体系内各项指标的地位、意义、重要程度的不同理解，根据同一种权重表达法，给各项具体指标赋予不同的数值，然后课题组对相应指标权重的数值进行平均，求出平均值，并以此作为评价指标权重的最后结果。中小学生爱国主义教育收益的权重可在0~1取值，每个等级可以设标准阶，如0.85~1为优，0.70~0.84为良，0.50~0.69为中，0.49以下为差。根据评价标准，在评价时，针对具体因素在影响爱国主义教育收益中的作用的主次情况，可以适当加减权重。

---

① 参见田曼琦、白凯：《思想教育系统工程学》，人民出版社1989年版，第305~306页。

第四，评价者根据实际情况进行评判，填写综合评判表和统计表，并进行计算。假设在评价某个阶段中小学生爱国主义教育目标实现情况时，评价小组10个成员中有4人评优，5人评良，1人评中，0人评差，那么，该中小学生爱国主义教育目标实现情况(X_1)项可列出模糊集合：$V_{x1}=\{0.4, 0.5, 0.1, 0\}$，以此类推出其他因素模糊集合。假设$V_x$的权重$A_1=\{0.2, 0.4, 0.3, 0.1\}$，综合评价解为$B_1$，则$B_1= A_1 \cdot X$

$$B_1=\{0.2, 0.4, 0.3, 0.1\} \cdot \begin{Bmatrix} 0.4, 0.5, 0.1, 0 \\ \cdots \\ \cdots \end{Bmatrix}$$

对此阶段爱国主义教育价值测量，方法同上。

假设通过运算，B值为$\{0.502, 0.378, 0.108, 0.012\}$，并将模糊评价集合$U=\{$优，良，中，差$\}$分别赋值为2、1、0、-1，则综合评判值为：

$$\{0.502, 0.378, 0.108, 0.012\} \cdot \begin{Bmatrix} 2 \\ 1 \\ 0 \\ -1 \end{Bmatrix} = 1.394$$

把1.394与等级分数$\{2, 1, 0, -1\}$相对比，此阶段的爱国主义教育收益状态已经超出了“良”，比较接近优的等级。

用同样的方法测量出中小学生爱国主义教育诸要素的投入成本，计算出中小学生爱国主义教育的收益率。由于爱国主义教育很多方面是很难用数字计算出来的，所以，在中小学生爱国主义教育评价中，应该在质的分析为主的前提下进行量的分析，综合地评判爱国主义教育的效益。

四、中小学生爱国主义教育评价体系的模式

模式，一般指可以作为范本、模本、变本的式样。美国学者比尔和哈德格雷夫认为，模式“是再现现实的一种理论性的、简化

的形式”①。也就是说，评价模式是一种可以为实践的人们提供结构方式和运行程序的简化理论形式。所以，中小学生爱国主义教育评价模式，实际上是评价的一整套程序与方法。爱国主义教育是很复杂的社会现象，其教育实施效果既与爱国主义教育制度有关，也与爱国主义教育的内容、队伍有关；其教育对象不仅纵跨不同年龄、不同层次的学生，而且横跨不同地区。另外，爱国主义教育评价目的的不同，人们对爱国主义价值的理解的不同，都决定了中小学生爱国主义教育评价不会是统一的模式。在此，我们试着运用模糊数学综合评价的方法，针对中小学生爱国主义品德构建一个评价模式。

××地区中小学生爱国主义品德评价方案

（一）评价的目的和原则

爱国主义品德是中小学生爱国主义教育目标实现的重要标志，是中小学生爱国主义教育效果和质量的重要体现。对中小学生爱国主义品德进行评价，主要目的是了解中小学生爱国主义品德的现状，为进一步改进和提升中小学生爱国主义教育提供依据。

评价的原则是“以评促建，以评促改，评建结合，重在建设”。

（二）评价的依据

评价工作按《××地区中小学生爱国主义品德评价指标体系》进行。

（三）评价的时间和范围

在评价时间上，每两年评价一次。在评价范围上，全地区各中小学生。

（四）评价的办法和步骤

1. 评价办法

① ［美］沃纳丁·赛弗林等：《传播学的起源、研究与应用》，陈韵昭译，福建人民出版社1985年版，第2页。

（1）评价工作由地区教育局领导负责，委托××地区中小学生爱国主义教育评价专家委员会组织实施。委员会成员由各不同学校从事中小学生爱国主义教育教学一线教师、评价工作专家和相关职能部门的领导组成。各学校应对评价工作给予积极配合与支持。

（2）《××地区中小学生爱国主义教育内容评价指标体系》（见附表）。

2. 基本步骤

（1）专家委员会根据《××地区中小学生爱国主义品德评价指标体系》，通过问卷、座谈会收集信息。

（2）分析信息，并运用模糊数学进行量的计算。

（3）综合评价，得出结论。

附表　　××地区中小学生爱国主义品德评价指标体系

一级指标分值	二级指标分值	指标标度的描述	标度（等级）			实际得分
			好	中	差	
认知 28	爱国 10	祖国的自然风光、地理地貌、疆域	3	2	1	
		中华民族的历史和优秀传统文化	3	2	1	
		一国两制，祖国统一	2	1	0.5	
		民族构成和民族团结	2	1	0.5	
	爱党 8	坚持党的领导是历史做出的选择	2	1	0.5	
		党的发展历史、根本宗旨和任务	3	2	1	
		党在社会主义初级阶段的基本路线和基本纲领	3	2	1	
	爱社会主义 10	社会主义现代化建设成就	3	2	1	
		社会主义民主法制	2	1	0.5	
		社会主义初级阶段的国情	3	2	1	
		国防和国家安全	2	1	0.5	

续表

一级指标分值	二级指标分值	指标标度的描述	标度（等级）			实际得分
			好	中	差	
情感36	爱国12	民族自尊心、自信心和自豪感	3	2	1	
		对中华民族悠久历史和优秀传统文化的认同感	3	2	1	
		马克思主义祖国观认同，认同个人利益与国家利益的一致性	2	1	0.5	
		对民族团结、祖国统一和国家安全的认同感	2	1	0.5	
		民族身份认同感	2	1	0.5	
	爱党11	对党的领导的认同感	4	3	1	
		对党的基本路线的认同感	4	3	1	
		对马克思主义的民族观、宗教观和党的民族政策、宗教政策的认同感	3	2	1	
	爱社会主义13	对社会主义道路的认同感	4	3	1	
		对社会主义现代化建设成就的认同感	3	2	1	
		对社会主义民主和法制的认同感	3	2	1	
		对中国社会主义初级阶段国情的理解和认同	3	2	1	
行为36	爱国10	维护民族利益和国家安全	2	1	0.5	
		维护祖国统一和民族团结，反对民族分裂	3	2	1	
		尊重国家标志，维护国家尊严和形象	2	1	0.5	
		为祖国、民族伟大复兴而努力学习	3	2	1	

续表

一级指标分值	二级指标分值	指标标度的描述	标度（等级）			实际得分
			好	中	差	
行为36	爱党10	拥护党的领导	5	3	1	
		拥护党的基本路线	5	3	1	
	爱社会主义16	拥护社会主义基本制度	4	3	1	
		支持和参与改革	4	3	1	
		支持和参与中国特色社会主义事业	4	3	1	
		遵守社会主义道德与法律	4	3	1	

第七章 中小学生爱国主义教育的途径与方法创新

随着经济全球化的加深及中国社会的深刻变革，中小学生爱国主义教育的社会环境发生了深刻的变化。面对更加复杂的国际国内环境，中小学生爱国主义教育的传统途径与方法，已难以适应社会变革的时代要求。加强中小学生爱国主义教育途径与方法创新研究，探寻适应新形势的中小学生爱国主义教育新路径，无疑非常重要而迫切。

一、 中小学生爱国主义教育的传统途径与方法及其困境

我国社会发展进程中，不同的价值观、世界观竞相涌现，爱国主义教育的基础——国家主权、地域、政治文化、民族国家等观念受到强烈的冲击，集体主义、爱国主义的价值取向弱化甚至消解，中小学生的民族意识、国家观念更为淡薄，民族自尊心、自信心淡化，甚至出现了民族自卑感。这些现象不仅凸显了当前中小学生爱国主义教育的紧迫任务，也反映了爱国主义教育的传统途径与方法所面临的诸多困境。

（一）中小学生爱国主义教育的传统途径与方法

爱国主义教育传统途径与方法，是指在爱国主义教育历程中早就存在并一直运用的途径与方法。我国中小学生爱国主义教育在其发展史上，经过无数教育者的探索和努力，形成许多行之有效的途径与方法，其中，最主要的途径包括课堂教学、社会活动、日常生

活等，方法有课堂讲授和讨论、参观访问、升旗活动、知识竞赛和演讲、影视等。

1. 课堂教学途径

课堂教学是中小学生爱国主义教育的主要途径。因为中小学生的活动时间的2/3，都集中在学校。为此，《爱国主义实施纲要》、《未成年人思想道德建设》、中小学生《德育大纲》等文件都强调，要利用好课堂教学途径进行爱国主义教育。除了专门的政治课、历史课、国防课外，其他如语文、地理、英语、科学、数学、体育等科目，也要根据各自的特点，结合教学内容进行爱国主义教育。目前，关于利用中小学各学科课程进行爱国主义教育的理论与实践都有着丰富的成果。

2. 社会活动途径

爱国主义品德是集认知、情感和行为于一体的系统。培养中小学生爱国主义品德，不仅需要知识的灌输，更需要情感的激发。社会活动是一种能激起情感反应的寓教于乐的好方式。中小学生爱国主义教育社会活动的方式有很多种，比较常见的有春游、秋游，寒暑假的夏令营、冬令营，参观博物馆、纪念馆，主题歌咏、班会和报告会，爱国主义征文、演讲和知识竞赛，走访革命老区、观看历史影片、讲革命故事和参观历史成就展览等。

3. 日常生活养成途径

爱国主义品德的形成，不仅需要激发爱国情感，而且需要养成爱国习惯。只有情感，只能成就一时的和短暂的行为，而不能成为持之以恒的行为。习惯是在日常生活中养成的。所以，将爱国主义渗透到中小学生的日常生活中，使之成为他们生活的一部分，是非常重要的。每周的升国旗仪式及国旗下的讲话，每一天的电视新闻，每一节课前的红色歌曲，都是爱国主义教育日常化重要方式。

综观中小学生爱国主义教育的传统途径和方法，其主要的特点是途径形式的多样化和途径媒介的多样化。途径形式的多样化，主要表现为每一种途径下，都有多种方式方法的支撑。如课堂教学途径，有直接学科课程如政治课的知识灌输、情感激发和行为导向，也有间接学科课程如语文的知识讲授、情感陶冶和行为导向；课外活动途径，就有参观爱国主义教育基地、观看爱国主义影视片、观看改革开放成果展等。途径媒介的多样化，主要表现为爱国主义教育内容的承载和传播形式多种多样。广播、电视、报纸、书籍、图片、影像等，既是爱国主义教育内容的载体，又是爱国主义教育途径实现的载体。进行爱国主义教育的不同主体、不同地区，各级不同的学校都可充分利用当地的资源、媒介进行爱国主义教育。

（二）中小学生爱国主义教育传统途径与方法的局限性

尽管中小学生爱国主义教育在其发展历程中积累和形成了许多行之有效的途径与方法，但是随着时代的变化和社会的转轨，中小学生爱国主义教育环境发生了巨大的变化。全球化时代，多种文化观念、思想观念和价值观念的渗透和冲击，导致校园与社会大环境之间的矛盾逐日加剧，中小学生的价值选择更加自主，心理世界更加复杂多变。互联网以令人难以置信的速度发展，已经渗透到世界各个角落；教学模式在信息革命的背景下发生着彻底的转变，传统的传播式学习转变成互动式学习……在这样的时代背景下，中小学生爱国主义教育传统途径与方法越来越显示出其局限性。

第一，教育路径上注重单向沟通，缺乏多元手段整合，难以适应信息化时代的教育要求。我国中小学继承了课程教学、校园文化、乡情教育、第二课堂等广泛的爱国主义教育途径，但大部分中小学在爱国主义教育手段和方式的选择上，基本上是单向沟通的言语教育或书面教育，或采用读书、看展览、听报告、参观等传统形式。以课堂教学为例，教师在语文、思想品德、历史、地理等课程的课堂教学中对学生进行爱国主义教育，极少对各种渠道、手段加以整合。很少有教育工作者利用网络平台，开展以家乡、祖先、革命英雄故事为主题的“课题型”教学。在各种纪念日，如“八一”建军节、国庆节等开展的爱国主义教育活动，诸如征文、演讲、诗歌朗诵、文艺演出、专题讲座等，也很少采用互动性强、活泼生动的教育方式。而当前社会发展进程中，单向沟通的教育渠道和教育形式已经不能适应新时代中小学生对各种信息的需求，难以达到预期的爱国主义教育目标。今天有了现代网络媒介，中小学生的信息源多，环境日益开放，干扰因素也日益增多。因此，中小学生爱国主义教育亟须开辟和拓展新的途径，将以科技为核心的现代媒介信息手段与传统的手段相结合，以更好地达成爱国主义教育的目标，实现爱国品德的养成。

第二，教育方法上注重灌输，忽略学生的实践参与，无法激起学生的爱国情感。“工欲善其事，必先利其器。”只有好的方式方法，方可产生事半功倍的效果。传统的爱国主义教育常常采取“我说你听”的单向输出、单向影响的方法，教育者在台上“独语”，台下学生则是“充耳不闻”；或者采用“我打你通”的权威式征服方法，用自己高高在上的权威力量强行将内容灌输到受教育者的脑中，以致产生所谓的“意识形态”漂浮现象，即尽管大众传媒铺天盖地地宣传某种意识形态，但这种意识形态仍然不能深入人心，甚至引起了学生的逆反心理而漂浮于空中①。爱国主义品德作为个人的道德的体现，只有当学生亲自参与规则的讨论和制定时，才能激发他们的责任感和自觉的爱国行为。因为“人的一般品德心理特征，无论是道德认识、道德情感、道德意志、道德行为习惯，以及由此而构建的道德信念，都是因参与道德实践活动而产生”②。因此，注重灌输而忽略学生的实践参与的传统爱国主义教育方法，无法激发学生的情感、动机，故很难帮助学生真正形成爱国主义品德。

二、文化认同：中小学生爱国主义教育的文化引导路径

爱国主义教育作为关于爱国主义的思想教育，本身是一个可以多角度理解的范畴。但从本质上或最终目的上说，爱国主义教

---

① 何怀远：《意识形态的内在结构浅论》，载《江苏行政学院学报》2001年第2期。

② 文萍：《心理学理论与教育》，广西师范大学出版社1999年版，第140页。

育是培养人们对民族国家的认同感并将之转化为为民族国家而努力的行动的思想教育活动。由于民族国家认同从最终意义上说是一种文化认同，所以，爱国主义教育也可以被认为是一种文化认同教育。中小学生爱国主义教育途径的开辟，应该充分考虑文化途径。

（一）文化认同：中小学生爱国主义教育的根本问题

中小学生的爱国主义教育，从内容上涉及很多方面，如基本国情、历史文化、建设成就等，但从本质上来看，其最根本的还是一个文化认同感的培育问题。这主要是由爱国主义的基本内涵所决定的。爱国主义这个概念是近代从国外传来的。尽管如此，关于爱国主义的含义，中国学者在接受列宁关于爱国主义“是由于千百年来各自的祖国彼此隔离而形成的一种极其深厚的感情”① 的定义之后，也从不同的角度进行了探讨，比较典型的有如下几种：一是情感论，这种观点认为“爱国主义是各民族、国家的社会成员对自己祖国的一种极其深厚的感情。这种感情是在社会心理的基础上凝练为崇高的民族情操和积极的人生态度及为民族和国家命运的休戚感、使命感和献身精神”②；二是情感和理性综合论，这种观点认为“爱国主义是热爱祖国、忠于祖国的思想、行为和感情。是对待祖国的一种政治原则和道德原则”③；三是完整体系论，这种观点认为“爱国主义就是对祖国和民族的忠诚、热爱和报效的思想、行为有机统一的完整体系”④；四是价值体验论，这种观点认为“爱国主义本质上就是关于人们与各自祖国的一种价值关系的描述与概括，它所揭示的内容是人们对自己祖国的价值体验和认识，以

① 《列宁选集》第3卷，人民出版社1995年版，第579~580页。

② 李文海：《中国近代爱国主义论纲》，中国人民大学出版社1991年版，第3页。

③ 《辞海》，上海辞书出版社1989年版，第1687页。

④ 吴潜涛：《爱国主义精神是公民道德建设的旗帜》，载《中国教育报》2004年10月28日。

及由此产生的肯定性情感、行为和观点"①；五是意识形态论，这种观点认为"爱国主义是人们忠诚、热爱、报效祖国的一种集情感、思想、意志于一体的社会意识形态，是在人类社会历史进程中形成、发展、巩固起来的一种团结凝聚国家和民族，推动历史发展的强大精神力量，也是调节个人与国家民族关系的基本政治、道德和人生价值规范"②，等等。然而，不管各学者在如何定义爱国主义，其中都有一个不能忽略的最基本的事实，就是爱国主义必须以"国"为基础，离开了"国"，爱国主义便无从谈起。究竟什么是"国"？对于这一问题，人们都会毫不犹豫地回答，"国"就是指祖国，也就是列宁曾经指出的本国人民借以生存和发展的"政治的、文化的和社会的环境"③。然而，列宁所说的"环境"，不仅是一个阶级概念和一个地域概念，而更多地是一个文化概念，因为它不仅包括国家这一政治要素，还包括祖国的大好河山等自然要素和祖国的悠久历史文化等社会历史要素。所以，爱国既是对构成祖国的大好河山、历史文化的热爱，也是对作为政治核心的民族国家的热爱。

对民族国家，对祖国的大好河山、历史文化的热爱，首先是基于对这些要素的认同，因为认同是社会行动者行动意义的来源。关于认同，虽然学者们在界定时往往会与一些相关的概念联合起来使用，如政治认同、民族认同等，但总体来说，当它涉指一个人的社会行动时，是在一定的文化特质或相关的整套文化特质的基础上构建意义的过程④。换句话说，认同是基于共同的文化特质而发生的。对祖国的大好河山、历史文化的认同是基于共同的文化特质比较好理解，但由于我们常常把"国家"定义为"一个阶级压迫另

---

① 杜晓利：《关于学校爱国主义教育实效的考察与思考》，载《许昌师专学报》2002年第5期。

② 教育部思想政治工作司：《思想道德修养（第2版）》，高等教育出版社2000年版，第128页。

③ 《列宁全集》第17卷，人民出版社1988年版，第170页。

④ ［西班牙］曼纽尔·卡斯特：《认同的力量》，夏铸九等译，社会科学文献出版社2003年版，第3页。

一个阶级的机关"①，使国家这个概念打上了阶级的烙印，所以对国家认同的文化特质往往具有阶级性。正因为这样，爱国主义也具有阶级性，不同性质的国家表现出不同的爱国主义。尽管如此，在同一阶级形态社会中，人们对国家的认同却是基于共同的文化特质，是在共同的文化语境中来理解爱国主义的。比如在中国古代，人们所认同的"国家"是"天下"，这个"天下"是指中国文化的普世性，因为在古代中国，人们认为中国的文化是放之四海而皆准的普世文化，是最优秀的文化。与这种文化优越感相适应，人们也就自然而然地认为中国是世界的中心，"天处乎上，地处乎下，居天地之中者曰中国，居天地之偏者曰四夷，四夷外也，中国内也"②。所以，中国古代的人们也总是胸怀天下，志在天下，始终把大一统的国家作为自己热爱和为之奉献的对象，把"修身、齐家、治国、平天下"作为最高的追求目标。即使是在百年屈辱的近代中国，人们对中国传统文化的认同出现了强烈的动摇之后，对于国家的理解仍然不能僭越文化的范畴，因为"师夷之长""中体西用"等思想并不能真正解决中国人民的民族国家认同问题。所以，梁启超说文化认同或"国性"是"以介他国而自立于大地"③的根本。章太炎也认为，国家的认同首先体现在文化的认同上，他提倡"国粹"，或者"用国粹激动种性"④。

既然爱国主义教育是要培育人们对民族国家的认同感，既然国家认同最根本的是文化认同，那么可以说，文化认同是决定爱国主义教育的根本所在。在中国古代，人们对于国家的文化认同不存在任何问题，因为当时的天下、国家、文化本身就是三位一体的。在被外国人用洋枪洋炮逼上了现代化的道路后，中国虽然

① 《列宁选集》第3卷，人民出版社1995年版，第114页。

② 石介：《中国论》，选自《徂徕先生文集》，中华书局1984年版，第116页。

③ 王德峰：《国性与民德——梁启超文选》，上海远东出版社1995年版，第152页。

④ 汤志钧：《章太炎政论选集》（上册），中华书局1977年版，第276页。

在文化认同上出现了分歧，但随着社会主义革命的胜利和国家政权的建立，以及马克思主义在中国文化中的指导地位的确立，这一问题也随之得到了解决，并且使爱国主义的内容也破天荒地与民主主义、社会主义联系在一起。在当代中国，虽然建设中国特色社会主义和坚持改革开放已经从文化和社会心理上为中国人所认同，但是不容忽视的是，中国特色社会主义建设面对的是一个全球化趋势日益加深的开放世界，世界资本主义正以其强大的力量企图按自己的面貌为自己创造一个世界，即在世界范围内建立以资本主义为标准的制度、习惯、法律和行为方式。在这种强势的推动力下，中西文化的交流碰撞带来的不仅是文化趋同和融合，也在不断地消解人们的民族意识、国家观念。特别是一些别有用心的国家利用中国改革过程中出现的种种弊端攻击中国社会的政治和文化制度，对人们已形成的文化认同产生极大的动摇，也对爱国主义教育产生极大的消极影响。中国在全球化进程中该如何维护自己民族的个性，该如何给自己民族的前途定位，从根本上说，也是一个文化认同问题。这个问题关乎爱国主义的根本，也关乎中华民族存亡的根本，所以，文化认同培育问题，是当代中国爱国主义教育的根本问题，也就是我国中小学生爱国主义教育的根本问题。

（二）中小学生文化认同感缺失的归因

中小学生的文化认同问题，应该说是一个非常值得关注的问题。先不说各大网站热载的一条关于“三成以上的上海中学生不想做中国人”的信息及由此在网络中引起的一场大讨论，就说身边的中小学生的“哈韩、哈日、哈美”现象，应该说，是比较客观地反映了我国中小学生在对民族身份上的文化认同所存在的问题。事实上，我们在以暑假实践的形式开展的中小学生爱国主义教育的调查中也发现，中小学生在对民族国家的认同和自己作为中国人的身份认同方面的确存在很多问题，有为数不少的学生根本就不在乎自己是不是中国人，还有少部分学生不愿做中国人，因为他们认为中国人不讲文明，有很多陋习等①。中小学生文化认同缺失的原因很多，其最深层的原因可以归结为以下三个方面：

第一，应试教育导致中小学生文化认同感的根基薄弱。在中国，存在着一种根深蒂固的社会心理或者说社会文化，就是应试教育文化。这种文化如果追踪溯源，可以追溯到孔子的“学而优则仕”，平民百姓可以通过学习来改善自己的命运。中国几千年来的科举文化，正是当今应试教育的文化心理基础。正因为有这种文化心理基础的作用，教师、家长、学生无不被“高考”这根指挥棒整得服服帖帖。所以，尽管学校迫于上级的压力在形式上不得不重视爱国主义教育，并设爱国主义教育的课程，但是在实践中，社会、家长和学生最终衡量学校的教育质量的标准还是升学率。在对升学率的追求中，学校当然不可能有更多的时间、精力去关注学生的文化认同问题、爱国主义问题，因为这一切与升学率关系并不太大。尽管大多数家长也认为爱国主义教育很重要，但怎么样也比不上上一个好学校重要。因为在家长心里，只有上了好学校，孩子才会有好前途，所以，家长可以拼了命地花钱和花时间给孩子培优，却会对把时间和金钱花在孩子的爱国主义教育和文化认同上心存疑义。学生在这种应试教育文化的氛围中，自然而然地迎合着老师和父母的期待和要求，必然摆脱不了在学习过程无奈地去追求分数的宿命，而少有精力去接受爱国主义教育。

第二，市场经济带来的价值混乱导致了中小学生文化认同的混乱。伴随着中国的改革开放和社会主义市场经济的确立，社会道德体系也开始了其变迁过程。在社会道德体系变迁的过程中，由于法治的不完备和新的道德标准的缺失，社会价值观也出现了混乱现象盛行，如官僚主义、以权谋私、不讲诚信、坑蒙拐骗、贪污受贿、制假售假等恶劣现象盛行，个人主义、拜金主义、享乐主义也迅速膨胀，社会责任感、正义感、道德感存在缺失问题。这实际上是社会忠诚文化丧失的表现，是人们从以前维护国家的利益，对党和国家、对人民群众忠诚的道德观念和价值观念，开始向对金钱、对个

① 参见本书附录《关于我国中小学生爱国主义教育现状的调查报告》。

人利益忠诚转变。当这种转变成为一种社会风气时，不需要通过教师和家长的教育，中小学生就会在这种风气中直接感受，从而导致文化认同的混乱。

第三，全球化带来的文化趋同导致中小学生文化认同感的缺失。全球化虽说是经济的全球化，但发达的资本主义凭借其强大的经济力量和科学技术也在试图使文化趋同。街头行走的身着美国牛仔裤和文化衫、韩国或日本流行服饰的中小学生，西方节日里忙碌着的商场和礼品店，麦当劳、肯德基、必胜客等餐厅里爆满的孩子及其家长，荧屏上充斥的日本动画、好莱坞电影、韩剧，都让人不得不承认我们在接纳西方文明、吸收西方文明方面非常成功，但同时又不得不承认，西方文明带来的文化趋同确实在消解我们的民族文化认同。在日益趋同的大众文化氛围中，中小学生直观的感受就是喜欢并接受，再加上社会上传递着成年人在接受西方思潮后所产生的种种对社会不满的情绪，导致中小学生对本民族文化的认同感日益缺失。

（三）中小学生文化认同感培育的现实路径

针对文化认同在爱国主义教育中的重要性以及中小学生文化认同的现状，加强中小学生的文化认同感培育势在必行。

第一，积极改变社会群体的应试教育文化心态，为中小学生文化认同感培育创造健康的社会群体文化心理。文化认同的发生是基于共同的文化特质，共同的文化特质要进入中小学生的脑袋成为他们的思想，却必须依赖知识的传授。在目前应试教育文化心态成为主流的时候，关于民族文化的知识教育是非常无力的，可以说，不改变目前整个社会的“上大学改变命运”的社会群体文化心理，中小学生的文化认同感培育就是一句空话。而要真正改变整个社会的应试教育群体心理，关键还在于改革和创新目前的这种应试教育模式。一要改革创新目前的升学参照系。目前的小学升初中择校，中考、高考的录取，最重要的指标还是考试的分数，而且考试的科目主要是语文、数学、英语。虽然中考也考历史、政治，但是开卷；而高考时，理科几乎不涉及这类科目。

在这一考试评价体系中，我们不难发现，中小学生很难有很多的机会去学习民族传统文化的相关知识，因为他们的主要精力都将围绕与“小升初”考试、中考、高考有关的课程投入，教师也只会重视这些方面的内容的巩固、教育和引导，甚至在评价学生优劣的时候也只是看他们在语文、数学、英语这几门主要科目的成绩是否优秀。所以，不从根本上改变这个升学参照系，不管中小学的课程如何改革，都将很难有空间从实践中真正推行文化认同培育。所以，要积极加强对中小学生素质综合评价体系的研究，拓展创新目前的升学参照系，减轻升学对高考制度的依赖性，把教师、家长和学生从应试教育的束缚下解放出来，为中小学生的文化认同感培育创造条件。二要通过政策调整，改变社会用人机制，以此转变人们对上好学、上大学的依赖心理。目前中小学生的择校热，很大程度上与我们社会的用人机制有关。在择业的时候，随着大学生的增多，用人单位的门槛也越来越高，甚至招个清洁工也得看是否有大学文凭。这种学历社会，加深了人们“上好学校、上大学才是唯一出路”的观念。如果通过国家政策进行调整，在初中阶段进行强制分流，大力扶持和发展中等职业教育并保证接受这些教育的孩子们在就业时不受歧视，同时大力发展继续教育，为中职毕业的孩子们提供获得继续教育的机会，也许中小学教育就不会再有那么大的应试压力，家长和学生也能逐渐减少对上好学校、上大学的依赖性，从而能从时间、空间上为民族文化认同感教育提供更多的可能性。

第二，加强民族文化的传承与弘扬，为中小学生文化认同培育创造民族文化氛围。民族文化是文化认同培育的重要载体，同时民族文化认同也是民族文化传承和弘扬的重要目的。民族文化的深层结构中所蕴含的思维方式、传统习惯、价值观念、心理定势，不仅是维系一个民族生存与发展的前提条件，也是形成民族文化认同的关键因素。所以，必须加强对中华民族文化的传承与弘扬，为中小学生的文化认同培育创造民族文化氛围。一要传承和弘扬中华民族传统文化的精华。中华民族的传统文化，不仅记载着发生在往日的事件和言行，也凝聚着中华民族精神，是爱国主义的精神源泉之一。从燧人氏钻木取火、神农尝百草、大禹治水，到霍去病“匈奴未灭，何以家为”、岳飞“精忠报国”、文天祥“人生自古谁无死，留取丹心照汗青”、范仲淹“先天下之忧而忧，后天下之乐而乐”，再到顾炎武“国家兴亡，匹夫有责”、林则徐“苟利国家生死以，岂因祸福避趋之”，无不闪耀着爱国主义的光辉，成为中华民族的精神支柱。至于“大一统”的国家观念，天下为公的思想，革故鼎新的改革意识，经世致用的思想，知耻兴邦、御辱振邦的思想等，更是人们形成共同的国家认同和文化认同的思想基础。这些中华文化的优良传统仍然对人们形成共同的文化认同和处理国家与个人关系具有重要的启迪意义，所以，应该大力发掘中国传统文化的精华并传承和弘扬，增强中小学生对中国传统文化的认同感。二要传承和弘扬革命优良传统和时代精神。革命优良传统，是中国共产党领导中国人民在新民主主义革命和社会主义革命中形成的精神力量，它是中华民族优良传统在新的历史条件下的发展和创新。它主要包括井冈山精神、长征精神、延安精神和西柏坡精神。这些精神所蕴含的坚定信念、艰苦奋斗、实事求是、勇于创新、自强不息、自力更生、艰苦创业等，与中国共产党在新的历史时期领导人民体现的新的时代精神，如抗洪精神，“两弹一星”精神，解放思想、实事求是精神，紧跟时代、勇于创新精神，知难而进、一往无前精神，艰苦奋斗、务求实效精神，淡泊名利、无私奉献精神等，无不是对中华民族优良传统的继承和发扬。这些精神是中华民族历经磨难而立于不败之地的力量之源，也是促进中国人民民族认同的文化源泉。所以，要大力传承和弘扬优良的革命传统和时代精神，增强中小学生的民族认同感和文化认同感。三要大力创新和引导大众文化。大众文化作为一种崇尚快乐、崇尚现实原则的精神文化，带有全民性。它通过广播、影视、碟片、报刊、广告和互联网等现代传媒，遍布人们生活的每个角落，丰富着人们的日常文化生活。但是，大众文化如果得不到正确的引导，很容易变成低级的和追求感官刺激的庸俗文化，对人们的思想产生不良的影响。所以，我们必须积极引导大众文化沿着健康的方向发展，让人们在分享世界各种文化成果的同时，不仅能发掘和创新乡土文化，而且能融入作为公民应承担的社会责任和使命，从而使中小学生在大众文化的熏陶中潜移默化强认同感。

第三，重视社会、学校和家庭的合力作用，共同加强对中小学生的教育和引导。中小学生的文化认同培育，既是思想政治工作的重要内容，也是爱国主义教育的根本，社会、学校、家庭都应该承担责任。一要充分发挥学校教育的主阵地作用。学校是中小学生学习活动的主要场所，也是对他们进行文化认同感培育的主要场所，应积极开发各种教育资源，探索各种新途径和方法，使学校发挥主阵地的作用。不仅要采取措施增强教师的文化认同感，充分发挥教师在文化认同感培育中的表率和示范作用，还要发挥好课堂教学的作用，把文化认同感培育渗透到各科教学中去。同时，还要采取各种途径开展各种活动，使文化认同感培育蕴含其中，引导学生自觉培育自己的文化认同感。二要充分发挥社会教育的导向作用。社会氛围是中小学生文化认同感培育重要的影响因素，社会舆论导向和文化环境既能增强和巩固学校教育的效果，也能消解学校教育的效果。良性的社会舆论导向和文化环境的创造，有赖于全社会的共同努力，新闻媒体应切实承担起营造良性社会舆论和文化环境的职责，各社会团体、党政机关也应切实履行自己的职责，积极承担起培育中小学生文化认同感的责任。三要充分发挥家庭教育的特殊作用。家庭教育主要是家长对子女所进行的言传身教和其他方式的教育。作为施教者的家长，与孩子有着天生的信任、关爱、依恋和亲近，更容易与孩子达成相互的理解、相互的认同。所以，家长应该自觉增强文化认同感，在孩子的文化认同感培育中承担起言传身教的作用。

三、 情感满足： 中小学生爱国主义教育的心理诱导路径

情感是人对待周围现实和对待自身态度的一种稳定而持久的体验，具有强大的精神力量。列宁曾经指出：“没有‘人的情感’，

就从来没有也不可能有人对于真理的追求。"① 在很多情况下，情感起着调节人的行为的方向和力量的作用。积极的情感对人的行为具有增力的作用，反之，消极的情感则会产生减力的作用。爱国主义是一种深深扎根于人类自然情感和民族心理土壤之中的情感，其发生发展始终离不开情感的参与和"化合"，情感是爱国主义认知变为爱国信念和行为的催化剂。关注与满足中小学生的情感诉求，以情感满足构建爱国主义教育的有效路径，意义重大。

（一）爱国主义教育的情感属性

爱国主义首先是一种情感，它是人们在千百年来的社会实践中，随着民族和国家的形成，经过世世代代的积累而逐渐形成的一种稳固的民族意识和对祖国的山水草木、人民、文明的热爱之情。一般来说，爱国主义道德情感的发展要经历三种水平：直觉的道德情感、想象的道德情感和伦理的道德情感。这三种不同层次的情感体验在爱国主义情感的形成中都有表现。当我们看到祖国大好河山的秀丽风景时，心里激起强烈的自豪感就是一种直觉的爱国主义情感，如果这种情感没有加以强化，便会逐渐消退；当我们在看关于爱国主义英雄的故事时，脑海里便会想象出爱国主义而激起一种强烈的感情，它的持续时间比较长，能给人特别强烈的情感体验；但是在我们的爱国主义情感中，居于主导地位的是伦理的爱国主义情感，这种情感已清楚地意识到爱国主义观念，是我们对爱祖国山河、仇恨祖国敌人和高度的社会责任感等具体情感的概括，是一种稳定而理性的情感。爱国主义教育主要是培育学生的稳定理性的伦理爱国主义情感，并在此基础上形成爱国主义信念、意志和行为。从这个意义上说，爱国主义教育具有情感属性。

爱国主义教育的情感属性还源于爱国主义教育作为教育的本质。教育是一种改造人心的实践活动，正如陶行知所指出的："办学和改造社会是一件事，不是两件事。改造社会而不从办学入手，

① 《列宁全集》第25卷，人民出版社1988年版，第117页。

便不能改造人的内心；不能改造人的内心，便不能彻骨地改造社会……”① 苏霍姆林斯基也明确提出“学校的中心任务之一就是培养道德的、理智的、审美的高尚情操”，他强调“一个真正的人不能设想没有善良的情感。实际上，教育就是从培养真诚的关怀之情——即对周围世界所发生的一切都会由衷地作出思想、情感上的反响——开始的。真诚的关怀——这是和谐发展的一般基础，在这个基础上人的各种品质——智慧、勤勉、天才——都会获得真正的意义，得到最光辉的发扬”②。中小学生爱国主义教育的过程，实质上是把祖国的政治要求、思想规范、道德准则、价值观念、行为标准等这些外部的东西转化为学生自身的内部东西的过程，这是一个内化和接受的过程。根据现代品德心理学的研究成果，将属于社会的道德转变为属于个人的品德，离开了受教育者自主的道德价值观内化过程，是不可能完成的。西方解释学和接受美学理论也认为，接受活动本质上是理解活动，是接受主体出于某种需要对接受客体的反映、摄取、理解、解释、整合、内化以及外化践行的过程。同时，当代认识论研究成果也认为，主体（个体或群体）在接受对象或客体的影响和作用时，并不仅仅取决于客体的刺激，还取决于主体自身的世界观、价值观和原有的认知结构、知识背景等。怎样使学生把社会要求的行为准则和价值观念内化为他们自己的行为准则和价值观念？美国心理学家布恩等通过实验给出的回答是“靠爱（情感）和习惯”。所以，爱国主义教育的关键问题是内化，而内化的关键在于情感与习惯。正如教育家布卢姆所指出的：“回顾一下情感领域，它实际上是一个‘潘多拉魔盒’。”他说“如果我们要面对现实并采取行动的话，就必须打开我们的‘盒子’”，他强调“正是在这个‘盒子’里可以找到最有影响的控制。情感领域包含着那些决定一个人的人生性质并最终决定所有人

① 陶行知：《陶行知全集》第2卷，四川教育出版社2005年版，第435~436页。

② 转引自裴素梅：《初中语文教学中渗透情感教育初探》，载《中小学教育》2012年第7期。

的人生性质的力量。不打开这个‘盒子’，就是否定这些塑造我们每个人的人生的强大动机力量的存在。寻求其他途径就是不正视现实”①。

爱国主义教育作为一项塑造个人爱国品德的教育实践活动，离开了情感教育必然会成为空谈。“没有深刻的感情教育，一切苦口婆心的道德教育最终必然落空。我们可以说，成功的感情教育是成功的道德教育的必要条件。”② 爱国主义教育由浅入深可以分为三个层次：一是通过爱国主义有关内容的灌输和渗透，使人知道什么是爱国主义，怎样做才算爱国，这是关于爱国主义认知的教育；二是通过历史、传统文化、基本国情和建设成就、国家主权、国防、民主与法制、民族团结、爱祖国、爱人民、爱集体、爱党和爱社会主义等实际内容的教育，使人们全面了解自己的祖国，并内化为自身的品质，这是提升人们道德素质的教育；三是把爱国主义认知和素质转换为人们的爱国行为，这是爱国主义教育过程中最根本的问题，因为只有通过一个人的爱国行为才能判断他的爱国主义品质如何。在爱国认知内化为爱国素质并转化为爱国行为的过程中，情感和建立在情感基础上的信念、意志等始终是起着决定性作用的要素。因此，不能离开爱国主义教育的情感属性来谈爱国主义教育。

（二）中小学生爱国主义情感淡薄的动因探悉

中小学生爱国主义情感既是爱国主义教育的目标之一，也是爱国主义教育效果评价的重要指标之一。作为教育对象的中小学生，爱国主义情感淡薄，一直为社会所诟病。对此，社会往往更多地苛责认知能力尚且不足的中小学生，而未对此进行全方位的理性探察。对这一状况的凸显，要探悉此中的深刻动因。

第一，传统认知教育途径导致情感目标的失落。教育心理学认

---

① 转引自《情感与情感教育在素质形成中的作用》，豆丁网，2013 年 5 月。

② 刘国强等：《道德与公民教育：东亚经验与前瞻》，香港中文大学香港教育研究所 1996 年版，第 18 页。

为，课程教学是以人的整体心理活动为基础的认知因素和情感、态度因素相统一的过程，这些因素在学习过程中交互作用。如果没有认知因素的参与，课程学习任务不可能完成；同样，没有情感、态度因素的参与，课程学习则不能发生。现在中小学爱国主义教育中，大家都非常重视情感态度与价值观的目标，相关教育行政部门和课程专家也将爱国主义教育的情感目标制定得非常清楚、具体。如现在中小学的课程标准目标分为“情感与态度”“行为与习惯”“知识与技能”“过程与方法”四个方面。但是，在现有应试教育模式的运作过程中，考核、评价指标引领着绝大部分老师更多地去关注知识识记目标，而不知不觉就忽视了情感目标。在内容上很注重相关知识的传授与考核，在评价体系上也常以学生对爱国知识的掌握情况来判断爱国主义教育的效果，致使中小学教师在课堂教学过程中往往会把爱国主义情感教育简单化。比如将爱国主义教育等同于认知教育，用语言来解释某些情感事件，向受教育者“传达”爱国情感，让其感受并理解这种情感。这种教育模式忽略了人的情感特征，不能满足人的各个不同的情感需要，难以激发、调节人的情绪机制，因而也谈不上对人的情感方面有深刻影响。其实，爱国主义作为一种情感，其交错复杂和流动不定是难以言表、无法确认的，而语言表达的只是逻辑关系和过程。因此，教育者在爱国主义教育中若只是注重语言信息的传达，必然只能使受教育者产生认知而非情感①。换句话说，就是受教育者只知道爱国英雄为什么爱国，怎么爱国，但他本人根本没有感受到“爱国”之情。而以后发生类似的事，由于受教育者本人在情感上缺乏相同的体验，他只可能在认知层面上进行符号加工，但在情感层面上难有触动。无疑，这种情感目标失落的教育，必然会造成中小学生爱国主义知识和情感的分裂。

情感教育不是培养脆弱的情感，而是调节并启发受教育者应有的情感，并在情感的调节和启发中使学生了解其意义和方法，因

① 沈嘉祺：《符号理论对情感教育的启示》，载《外国中小学教育》2005年第11期。

此，情感教育本身也离不开理性的认知教育。正如莱因霍德尔·尼布尔所说："我们理性的发展程度越高，我们就越能正确地评价其他生命的需要，就越能意识到我们自己的动机与冲突之间的相互冲突，就越能选择有效的方法去实现我们赞许的目的。在许多情况下，理性地发展都能增进我们得到的能力。"① 但是，中小学爱国主义教育的认知教育存在着极其功利的取向，教育内容仅局限于考试范围之内的知识指标。比如，在"一二·一"爱国学生运动60周年之际，媒体对某市中学进行的一项调查显示，有近半数被访初、高中生不了解"一二·一"运动史实，有的甚至全然不知。问及原因，说是"没有归入考试范围之内"。可见，即便被列入教科书的那些代表着我国光辉爱国史的内容，因为与考试联系不够紧密，也不在传授范围之内。知识传递的功利取向，直接影响着中小学生的认知和理性发展，以及爱国主义情感的培育。而那些中小学教育部门的领导与决策管理者，以及中小学领导、教师、家长，对爱国主义和爱国主义教育的认识存在一些误区，比如"爱祖国就是爱国家""爱国主义教育与政治教育等同"等，也加重了中小学爱国主义教育注重知识、忽视情感，只看知识、不评情感的问题。当家长与教师都把考试看成第一位的，将儿童的发展片面理解为智力的发展、知识和技能的学习，把教育过程简单地理解为知识的传授时，中小学爱国主义情感淡薄也就不足为怪了。

第二，应试教育导致中小学生情感素质的不足。情感素质是人在处理自身与外部环境、与他人的关系及人自身活动时所表现出来的社会适应能力。具有良好情感素质的人，在一定条件下容易互相感染，形成情感共鸣，容易把对某个人、某事的情感迁移到与这个人或这件事有关的对象上，并容易唤起丰富的想象和灵感。这种情感素质不是与生俱来的，而是在个体社会化的过程中形成并发展的。对个体早期社会化过程中的情感教育与情感培养，将会影响其今后情感发展的性质及其完善程度。多年来我国的基础教育落入应

① ［美］莱因霍德尔·尼布尔：《道德的人与不道德的社会》，蒋庆等译，贵州人民出版社1998年版，第28页。

试教育的误区，一切唯应试、升学是从，情感教育处于被严重忽视的地位。在应试教育的指挥棒下，教师和学生都在围绕应考的知识点进行教与学，分数成了大家追求的唯一指标。在这种情况下，品德与生活、品德与社会等爱国主义教育课程，由于不参与考试，教师准备不充分，或针对性不强，或目的、要求不明确，使得通过活动熏陶情感、发展品德、培养价值判断力的目标不能很好达成，教学活动往往流于形式。即便有些活动，但这些活动往往成为教师和学生学习之余的放松。重分数、轻素质的应试教育，造成的结果就是学生的情感素质发展不足。所以，在我们的课堂里，我们常常会看到学生们在面对黄继光、邱少云、刘胡兰这些闪光的名字时是那么不屑一顾，在学习这些英雄人物惊天地、泣鬼神的光辉业绩时又是多么淡漠和无情。在影院或剧场里，我们也不止一次地碰到，当银幕或舞台上出现严肃、壮烈的情景时，有些人报以轻浮的哄笑，而当出现悲怆、肃穆的画面时，引来的却不是沉痛的、崇敬的共鸣。而事实上，爱国主义教育目标的实现，离不开对学生爱国情感的激发，学生爱国主义信念的形成。因为爱国主义教育过程是学生的智力因素与非智力因素相互作用的过程，是理性认知和情感体验的有机统一。中小学生情感素质发展不足，必然影响其爱国情感的深度。

第三，教师的不道德行为导致学生爱国情感的异化。爱国主义本身内含情感因素，没有爱国情感就没有爱国行为。丰富的情感造就爱国主义需求，增强人们对爱国主义的理解，有助于提高人们的爱国觉悟和爱国理性，正如有学者所指出的："道德的知识原本就不是靠道德推理获取和证实，而是靠人们的道德生活体验和体认，也就是通过亲切真实的情感和心灵感应来传递和生成的。"① 中小学阶段是情感体验迅速发展的重要时期，中小学生的情感形成离不开教师的激励和引导，因为教师对中小学生所具有的权威性决定了他们对中小学生的影响非常大。这就要求中小学教师首先是德行统一的德育者，即"不能有两套伦理原则，一套是为校内生活的，

① 万俊人：《重叙美德的故事》，载《读书》2001 年第 6 期。

一套是校外生活的。因为行为是一致的，所以行为的原则是一致的"①。但是，很多中小教师并没有意识到这一点。他们在教育过程中，把自己凌驾于学生之上，要求学生做到的，自己可以不做。比如升国旗的时候，他们可以要求学生行注目礼，少先队员行队礼，自己却到处走来走去，美其名曰"维持秩序"。用陶行知的话来说，就是"他们和学生是两个阶级，在两个世界里活着"②。而且，这两个世界还常常发生冲突。冲突发生时，总是教师的一些不道德行为往往占上风，如教师高高在上地对学生实行惩罚；或者矮化学生，认为学生是比自己低等的。这种情况下，学生根本不可能把对高尚爱国主义行为和精神的需要当作一种心灵的内在要求，相反地会造成学生情感的对立和异化。

第四，传统爱国主义教育缺少对人的需要的关怀，导致中小学生爱国主义情感淡漠。爱国主义情感既源于公民德性的内在要求，也源于公民个体社会性的需要。人的社会性需要，包括物质需要和精神需要，其中精神需要是人和动物的区别所在。爱国主义体现在人的自然属性上，就是爱故乡，对自己出生之地有种深深的眷恋，对自己的亲人和家乡人有种真挚的爱和关心体贴。爱国主义体现在人的社会属性上，就是对社会、集体的一种责任和义务。热爱集体，关心社会，因为个体的利益离不开集体，离不开社会，个体的自我价值必须要在社会中才能实现。因此，爱国主义作为一种情感，便具有天然的合理性，它反映了人们对祖国的亲切感、依恋感，也反映了人们对祖国的自尊、自豪感，更反映了人们祈望回报故土，增进祖国利益的真、善、美的道德情怀。但是，传统爱国主义教育在满足国家、社会、集体日益增长的教育需要，提高个体对国家、社会、集体的有用性的同时，忽略了学生作为个体人的物质的、精神的和情感的需要。对中小学生而言，其实爱国与不爱国，往往是基于很简单的需要满足。比如，有的中小学生渴望到美国，

---

① ［美］约翰·杜威：《学校与社会·明日之学校》，赵祥麟等译，人民教育出版社 1994 年版，第 144 页。

② 陶行知：《中国教育制改造》，东方出版社 1996 年版，第 67 页。

就是因为在美国不用没完没了地参加考试和做题。需要得不到重视与满足，也是导致中小学生爱国主义情感淡漠的重要原因之一。

（三）中小学生情感满足的诱导路径

针对中小学生爱国情感培育不足的现实，探讨中小学生情感培育的诱导路径势在必行。

1. 落实爱国主义教育情感目标，增强爱国主义教育情感性转化

适宜的情感目标不仅有利于教师在爱国主义教育活动中的目的性，也是激发中小学生爱国积极性的内驱力。对于中小学生来说，在不同的发展阶段，其爱国情感目标的层次高低、实现目标愿望的强烈程度是不相同的。因此，应该根据中小学生的心理特点和情感发展水平，提出适当的要求并激发唤醒其需要。应该说，目前我国中小学爱国主义教育目标中，已经形成了与学生年龄、心理相适应的情感目标序列体系。比如小学生的爱国主义教育目标是“爱家人，爱家乡，爱人民，爱祖国，珍视祖国的历史、文化传统，形成对家人和祖国的亲切依恋之情，初步树立为祖国作贡献的志向”，中学生的爱国主义教育目标则是“热爱社会主义祖国，热爱和平，具有世界眼光；感受改革开放以来我国取得的巨大成就，增强热爱中国共产党的情感；了解全面建设小康社会的奋斗目标及其途径，增强为实现中华民族伟大复兴贡献力量的使命感；弘扬和培育民族精神，认识当代青年的社会责任，树立中国特色社会主义共同理想，立志报效祖国”。这些爱国主义教育情感目标的提出，无疑为中小学生的爱国情感教育指明了方向。

但是，在爱国主义教育情感目标的实现上还存在一些不可忽视的问题。比如并不是每个人都知道爱国主义教育的情感目标，甚至一些中小学老师都不知道；比如很多老师以为一次具体爱国主义教育活动过程的完成就意味着整个目标的实现；在情感教育目标考核上流于形式，比如有的学校规定将学生每学期凭卡参观爱国主义教育基地情况纳入个人德育考核内容，没有参观爱国主义教育基地的，就不能评优秀学生，等等。这些问题无疑影响着爱国主义教育情感目标的落实。

落实爱国主义教育情感目标，除了应该首先改变爱国主义教育的评价考核指标，更多地考核活动中学生行为动机与情感的真伪外，还应注重爱国主义教育情感性转化。因为从本质上说，爱国主义是一种情感活动，需要发挥情感在教育中的作用。情感是一个人的需要是否得到满足和对客观事物表示爱憎好恶的内心体验，它具有独特的主观体验色彩和外部表现形式，并具有强烈的外驱力。人的认识活动始终离不开情感的作用，调度适当的情感对认识有着独特的能动作用，是认识的契机和直接诱因。爱国主义具有政治和道德的双重意义。在政治要求方面，爱国主义侧重反映公民维护国家利益的法定义务，在阶级社会中这显示出鲜明的阶级性。在道德要求方面，爱国主义则侧重反映公民维护国家利益的社会道义。从实现的方式来看，爱国主义的政治要求是每个公民都必须遵守的行为规范，是带有一定强制性的，体现了政治生活中的严肃性、不可违犯性。而爱国主义的道德规范则带有伦理上的“应该”之意，即人们应该爱国，应当尽爱国的责任；因此，要调动中小学生的爱国情感，就必须在爱国主义教育过程实现两个转化：一是实现由政治强制向道德规范的转化，使爱国主义由社会的强制性规范逐渐成为人们自觉的道德规范；二是实现爱国主义由社会要求到个人自律的转化，使爱国主义成为中小学生的自觉自愿的心理需要。这就要求教师在进行爱国主义教育时要倾注并调动情感，力求使自己讲授的内容生动而具有感召力，发挥情感在道德接受中的作用，比如在讲授“火烧圆明园”的惨烈、“华人与狗不得入内”的耻辱、“南京大屠杀”的灭绝人性时，通过教师强烈的情感和情景造势，整个课堂沉浸在一片肃穆的气氛之中以带动学生的感情，激起他们祈盼祖国富强的情感，然后因势利导，列举当前我国所取得的经济建设与社会发展之伟大成就，以及国际实力的增强、大国地位的复苏，教育对象的情感内应力得以显现，对祖国这一共同体的情感满足，在此得到充分提升，从而达到爱国主义情感教育的目的。

2. 主体需要下的爱国主义情感素质培育

爱国主义情感的产生以主体需要为中介。没有人的需要，就没有客体的价值，没有人的需要，客观事物就得不到改造，有了主体需要，才使主体和客体建立认识关系、实践关系、价值关系，因而产生了肯定的、积极的情感；客体不能满足主体的需要，就产生否定的、消极的情感。“现实事物对人总是具有一定的这样或那样的意义，人对这些事物就抱有一定的，这样或那样的态度。因此，情绪和情感就是人对客观事物的态度的一种反映”，“人对客观事物采取怎样的态度，要以某事物是否满足人的需要为中介”①。所谓需要，就是人对生存、延续和发展其生命的客观条件的需求在人脑之中的反映。根据马斯洛的需要层次理论，人的需要由高低不同的五个层次组成，即生理需要、安全的需要、归属和爱的需要、自尊的需要和自我实现的需要。其中，生理需要、安全需要属于低层次需要，归属和爱的需要、尊重的需要、自我实现的需要属于精神方面的高层次需要。爱国主义情感属于人的精神需要，因为人们需要家园，需要国家。

主体的需要是爱国主义情感产生的原动力。正如马克思曾指出，“任何人如果不同时为了自己的某种需要和为了这种需要的器官而做事，他就什么也不能做”②。主体都有不足之感和求足之感，由此引起欲望和需要，需要一旦产生，就成为一种动机的原动力，确定目标导向，即意向和选择，开始目标行动，产生情感体验，如若目标未能实现，主体就会以更大的努力去争取。主体需要周而复始的周期性，又会不断加强这种情感，并产生新的情感。爱国主义情感主体的需要，比任何需要都更强烈，它促使人们以极大的热情和努力来保卫祖国，建设祖国。例如，在中国近代史上，人民为挽救灾难深重的祖国，为了建设新中国，把积聚在内心的力量，变成了改天换地的伟大行动，爱国主义情感得到了充分发挥和表现。正是人民对祖国共同体的强烈欲求，才产生了强烈的爱国主义情感。因此，中小学生爱国主义情感素质的培育，离不开对他们利益需要

① 曹日昌：《普通心理学》（下册），人民教育出版社 1980 年版，第 41 页。

② 《马克思恩格斯全集》第 3 卷，人民出版社 1960 年版，第 286 页。

的满足，正如马克思所指出的："'思想'一旦离开'利益'，就一定会使自己出丑。"① 毛泽东也说："马克思列宁主义的基本原则，就是要使群众认识自己的利益，并且团结起来，为自己的利益而奋斗。"②只有着眼于人，从人的需要出发，把主体要求与客体需要有机结合起来并渗透到客体需要中去，才能更有利于中小学生的情感素质培育。

第一，应该尊重中小学生的主体地位。马克思认为，人的本质是人的自由自觉的活动。人们在长期的自由自觉的活动中，对生养自己的祖国和这个祖国的人民所产生并长期积淀下来的深厚情感，就形成了爱国主义。这种情感对于个体而言，不应该是一种外在的异己的约束力，而是一种积极内在的生命力，是个体和谐发展的要素，是他们在自由自觉的活动中，从自己出发并按自己的能力、方式、需要和尺度去理解个人与祖国的关系中产生的最原始、最自然的情感。其中，个体的主体意识始终是产生爱国需要，正确处理个人与祖国的关系，形成理性的爱国情感的前提。因为主体只有形成主体意识，才能意识到主客体的关系，意识到"我"与祖国的关系，从而产生献身于祖国的渴望。在中小学生爱国情感素质的培育过程中，确立中小学生的主体地位，有利于激发中小学生自我教育、自我发展的内在动力，促使其自觉形成关于祖国与个人的价值判断，认识到自己与祖国之间的关系；能促使他们发挥主体功能，加强主体意识和爱国情感的自我培养、自我磨炼、自我教育，促使主体养成爱国行为的自觉性。

第二，要满足中小学的合理物质需要。马克思认为，一切人类生存的第一个前提，也就是一切历史的第一个前提就是，"人们为了能够'创造历史'，必须能够生活。但是为了生活，首先就需要吃喝住穿以及其他一些东西。因此第一个历史活动就是生产满足这些需要的资料，即生产物质生活本身"③，所以，物质需要是人与

① 《马克思恩格斯文集》第1卷，人民出版社2009年版，第286页。
② 《毛泽东选集》第4卷，人民出版社1991年版，第1318页。
③ 《马克思恩格斯选集》第1卷，人民出版社1995年版，第79页。

生俱来的本性。无论社会如何发展，人们最先考虑的是为自己的生存创造物质条件。所以，邓小平曾一针见血地指出："不讲多劳多得，不重视物质利益，对少数先进分子可以，对广大群众不行，一段时间可以，长期不行。革命精神是非常宝贵的，没有革命精神就没有革命行动。但是，革命是在物质利益的基础上产生的，如果只讲牺牲精神，不讲物质利益，那就是唯心论。"① 对待中小学生也是一样，因为中小学生的爱国情感往往也与他们的物质需要满足程度相联系。在我们的调研中，不少的中小学生尤其是小学生向往发达国家，一个重要的原因就是发达国家提供的优越的物质环境，比如免费的校园午餐、安全的校车、适合居住的生态环境、满足他们口味的各种各样的食物。记得有一个美国总统曾对一个非洲小男孩说，希望有一天他能到美国去，那里能为他提供他所喜欢的颜色、形状和口味的冰淇淋。这个诱惑对于一个孩子来说，足够激起他对美国的向往了。

第三，尊重中小学生的发展需要。根据马斯洛的需要层次理论，人在满足了吃、穿、住等生存需要后，又会产生新的更高层次的需要。当代高度发达的生产力和全球化的市场经济，在为人类发展需要的满足提供了客观条件的同时，也刺激了人类发展需要的增长。首先，中国的改革开放和现代化建设及民族的伟大复兴，是一项充满了竞争性、多样性和创造性的实践活动，它客观上要求人的自由发展，即摆脱自然、社会和观念对人的奴役，从自然、社会和精神中获得更多的意志自由和行动自由，从事丰富多彩的社会实践活动。其次，人与动物不同，人不仅要追求物质需要的满足，也要追求精神需要的满足。如果人们无视精神发展的需要，无视自我道德情操的完善，缺乏崇高的理想追求，那么，人就会成为物的奴隶，从而丧失自我，成为单向度的异化的人，给社会和个人发展带来严重的消极后果。中小学生是未来社会建设的中坚力量，满足中小学生的发展需要意义重大。如果中小学生的发展需要在国内不能得到很好的满足，他们就会向国外寻求，或者对社会疏离甚至滋生

① 《邓小平文选》第 2 卷，人民出版社 1994 年版，第 146 页。

反社会情绪和行为。因此，为中小学生提供公平的求学机会，关注他们在不同发展阶段的人格发展，为他们施展个人才能，实现个人发展创造合适的平台，满足他们的学业发展需要，尤其是满足终身发展需要，至关重要。

3. 大力发掘爱国主义教育过程中的情感资源

虽然情感是主观的个性心理品质，但它是爱国主义教育的着眼点和爱国主义教育目标实现的关键所在。没有爱的教育是死亡了的教育，不能培养爱国情感的教育，是失败的爱国主义教育。当把情感从德育中抽离出来，只剩下干巴巴的国情知识、爱国行为规范的时候，爱国主义教育就从根本上丧失了它的魅力。爱国主义教育在理论和实践上归结为几个主要领域：情感领域、认知领域和行为领域。过去我们缺乏对情感领域这种更深层次的探讨，现在则应该把情感交往及其质量看作爱国主义教育过程的内在要求、内在本性及内在固有的特点，以实现情感教育目标。爱国主义教育目标应是包括认知目标、情感目标、行为目标在内的目标体系。在这些目标中，情感目标是重点，只有重视此目标，通过充实学生的爱国精神世界，培养和引导学生的爱国兴趣、态度、价值观，才能真正实现目标分层次推进，从而最终使这三个目标相统一。道德的深层本质应是发于情、出于行。道德本身是一种业已形成的品格，它是一种人格的标志，但是，它也必须有情感作为一种统合的力量才能构成。没有情感，也就谈不上形成爱国主义品质，甚至是独立意义的自主性人格。理性是静观的，不能单独构成美德与个性。若不借助于热情、欲望，理性是绝不可能引起任何行为的。爱国情感是爱国认知转化为爱国信念和爱国行为的重要中介变量，也是最具活力的人格动力因素。培养爱国情感是爱国主义教育的核心，因为爱国之心、立国之志、报国之举，都是基于热爱祖国的深厚感情。在爱国主义教育中，使学生懂得和理解一些道理固然重要，但更重要的在于激发学生的爱国之情。只有具备真切的爱国情感，才能成为一名忠诚的爱国主义者。要紧抓爱国情感培育这条线，教育者可从以下三个方面着手。

一要在课堂教学与活动、学校环境中挖掘爱国情感的源泉。以往的爱国主义教育注重认知活动，将人与国家的关系诉诸道理阐发，未能深入探究认知与人的内省感、人际感之间的交互关系。一方面，可以在课堂上、活动中学习爱国的意义、相关知识；另一方面，则通过实际的交往，训练爱国情感素质。在爱国主义教育过程中，加强认知的同时，更要强调情感教育，强调个体的直接性实践的感受与体验，通过激发个体的想象和移情，注重心灵交融，增加个体情感上的认同与共鸣。教育者的一个重要任务，就是向每个学生开发可以培养其爱国感情的源泉——父母亲、学校、家乡、祖国光荣的过去、社会主义制度（经过流血牺牲而建立起来并得到巩固），让每个学生的心灵从中汲取爱国主义精神，在青少年的心灵里汇成一个伟大而又神圣的社会主义中国的形象。我们要让进入中小学生内心世界的一切有关祖国的概况、历史等，都带有鲜明的感情色彩，让他们看到生活的美好。教育者要让这种思想深入每个儿童的心理，使祖国历史、人民英雄的豪壮事迹等逐渐成为他们自身生活中的一部分，这样的结合才是爱国主义长流不息的源泉①。要挖掘出爱国情感的这些源泉，我们的教育者就要成为本领高强的魔术师，用纤细而牢固的带子把每个儿童的心灵跟那些伟大而不朽的东西联结起来，即跟人民，人民的语言、文化、艺术，学校、家庭，先辈的光荣和后代的美好前景联结起来。教育者应该经常性地把这一切源泉展现在其面前，使他们将绚丽的童年景象、家乡风景、祖国形象铭刻在意识里，如同在一个人生命的田野上留下一堆永不熄灭的篝火，让他们一想到黄河、长江是我们祖国的母亲河时，就感到无比的激动，这种印象将使其一生受到鼓舞。这样，“爱国主义的世界观也就开始在他心里形成道路，顺着这条道路，一个人可以形成爱国主义世界观，进行爱国主义劳动和度过爱国的一生”②。

① 蔡汀、王义高、祖品：《苏霍姆林斯基选集》（第1卷），教育科学出版社2001年，第258页。

② 蔡汀、王义高、祖品：《苏霍姆林斯基选集》（第1卷），教育科学出版社2001年，第368页。

二要通过扩展自我的教育，激发真切的爱国情感和培养自觉行为。经济学上存在边际效应，即一个物品的价值与其需要的满足程度成正比，雪中送炭往往胜过锦上添花。这个概念若运用于爱国主义教育中，即爱国主义教育如能触动学生内心世界最敏感、最迷惑、最待解答的地方，所留下的痕迹则是最深的，在情感上所产生的磁化效应也是最强烈的。因此，必须洞察学生内心，把握其思想脉搏，深析其身心特点，重视周边环境的影响，仔细寻找切入点，如此深入，逐步扩大深化，激发其情感。人的爱国思想感情的发展，有一个由低到高的、阶段性的渐进过程。人的情感有自行扩散、泛化的功能，爱国主义教育可以对此加以利用，有意识地固定某些爱的情感体验，如爱自然环境、爱家乡、爱父母的朴素情感，使之迁移于更加广阔的对象，如祖国和人类。我们应该从身边开始培养中小学生的爱国情感，将爱国情感与自我情感需要相联系，让爱的情感深入他们的内心世界①。如果要让爱国主义永葆青春、生机勃勃，就要将这种爱深植“我”心，由爱“我”扩展到爱“国”，把“国”我化，把“国”具体化，爱自己、爱父母、爱他人、爱学校、爱家乡、爱祖国、爱人类，进行扩展自我的爱国主义教育。教师可以引导学生对身边人学会体贴，懂得自爱、爱人、爱国。从爱“我”的同龄人入手，从爱“我”的父母亲人入手，从爱“我”的学校和班级入手，从爱“我”周围的国家标志入手，从爱“我”的生活家园入手，等等。从“我”字之中寻找爱国主义教育的切入点，把爱国意识作为素质培养的重要目标和对中小学生的基本要求，由近及远、由浅入深、由具体到抽象、由感性到理性，推进爱国主义教育。爱的情感的培养的切入点之一，是“爱的行为”。中小学可以精心组织开展“爱的操练”活动，训练自我“爱他人”“爱国家”的行为，以交往行为中的感情传递为强化机制，促使中小学生的自然情感向社会性情感推演、迁移和升华。

三要立足多元文化背景，催生和汲取爱国主义情感。在全球化

---

① 朱晓宏：《无根的玫瑰——试析中小学爱国主义教育中情感的失落》，载《华东师范大学学报（教育科学版）》2002年第6期。

背景下，各国交往频繁，中西文化的交融更加凸显，传统与现代、通俗与经典，都共存于当前的开放时代。当今的中小学生，正是处在文化夹缝中的新生一代，各种文化都会对其产生一定的影响。在此，不可简单地要求中小学生拒斥某种文化产品，而是要对良莠杂陈的社会文化产品进行一定的加工、改造，有利于中小学生催生积极的情感体验，满足其对真、善、美的追求，以及对国家共同体的朴素情感。中小学生有强烈的情感需求，而当前开放时代的多元文化，正是其情感体验的丰饶土壤。一个日益开放的文化体系，正孕育着欣欣向荣的社会心理。在此，应充分认识到多元文化对社会心理的建构作用。中小学生的猎奇、开放的心态，有利于汲取丰富的情感体验。情感体验的丰富与否，取决于素材的多寡。多元文化的竞相涌流，为爱国主义教育提供了丰富的情感源流。要让中小学生对文化产品中积极鲜明的朴素情感产生瞬时体认，形成久远镜像。多元文化之中，有较强的普适性，更有诸多异质性因子，丰富、多元的情感体验有利于中小学生形成更高层次的国际认同，在一个比较、发展的时空维度下，体认着爱国主义的朴素情感，以及未来中华民族的世界责任。

四、体验教育：中小学生爱国主义教育的实践探索路径

中小学生爱国主义教育作为培育具有爱国理性的社会公民的思想教育，着眼点是人及人的品德塑造。人是社会生活中的人，人的政治理性、道德理性均存在于社会生活中，体现人所选择的生活方式。作为生活形态的爱国理性，既涵盖了爱国知识，又统摄了爱国情感、行为和价值理念，它不仅仅来自于知识的灌输，还必须有受教育者对生活中爱国相关经验的自我体验和感悟。

（一）体验教育对中小学生爱国主义教育的价值

体验教育，对于我们而言，是一个既熟悉又陌生的词汇，与我们的生活息息相关，而又无法具体领会其含义。正如爱国主义教

育，人人都知道其重要性，却又说不出来何为爱国主义教育。事实上，我国古代早有关于体验的解释，如《淮南子·范论训》中说：“圣人以身体之。”《荀子·修身》中也说：“笃志而体，君子也。”《现代汉语规范词典》则把体验解释为：亲身经历，实地领会；通过亲身实践所获得的经验。换句话说，体验是一个在以身体之、以心悟之的亲身经历中获得经验的过程。由此，我们可以得出，体验应具备如下特征：体验是个体亲身的经历，不仅强调“以身体之”的实践和“以心悟之”的独特心理感受，还强调不同的人对同一对象的体验有所不同；体验是一个过程，需要一定的时间去获得一系列可记忆的事件，主要是经验、体会，还有情感上的变化。因为体验涉及教育学的本质，诚如加拿大学者马克斯·范梅南所言，“如果我们将种种假设和给定的意义都搁置起来的话，所剩下的就只有教育学的生活的体验了”①，因而体验教育对中小学生爱国主义教育有着非常重要的现实价值。

1. 有利于促进中小学生爱国认知、情感和行为的统一

法国自然教育家卢梭曾经说过，只要儿童的感觉力对他个人还受限制的话，他的行为就没有什么道德意义；只有在他的感觉力开始超出他个人的时候，他才首先有情感，而后有善恶的观念，从而使他真正地成为一个大人，成为一个构成人类的必要部分②。爱国认知、情感和行为的统一，从本质上说，是受教育者的知、情、意、行相互作用的复杂过程，也是受教育者在接受爱国知识，逐步理解国家和社会的基础上，认识到个人与国家、社会的关系，逐步懂得热爱祖国的意义的过程。中小学在爱国主义教育的过程中，利用各种素材和途径，创设各种情景，让学生充分体验个人和国家、社会的关系，无疑有利于促进中小学生爱国认知、情感和行为的统一，这是因为：首先，体验是一种实践行为，是亲身经历的动态过

① ［加］马克斯·范梅南：《生活体验研究——人文科学视野中的教育学》，宋广文等译，教育科学出版社2009年版，第65页。

② ［法］卢梭：《爱弥儿——论教育》（上），李平沤译，人民教育出版社2001年版，第302页。

程，是学生认知、情感发展的重要途径；其次，体验在心理学意义上，就是一个融知、情、意、行为一体的内化系统，是建立在个体内部知觉基础上的一种特殊活动，是学生设身处地去感受客观事物、投入感情的过程和方式。它是在行为体验的基础上所发生的内化、升华的心理过程。体验教育既注重教育活动的形式与过程，更注重少年儿童这一实践主体的内心体验，它要求少年儿童用“心”去体验，用“心”去感悟，引导他们在体验中把教育要求内化为品质，外显为行为。

2. 有利于弥合传统爱国主义教育的种种弊端，增加学生对自我、社会和国家之间内在联系的整体认知与体验

传统爱国主义教育依据的主要是系统的、以课本为载体的学科知识，教师可以依据讲解将知识体系分解，按照循序渐进的程序，逐步将知识传授给学生。应当客观地看到，这种教育方式在过去确确实实起到了作用，千千万万具有爱国心的人才，也是用这种方法培养起来的。而且，在可预见的将来，这种方式在人口众多的中国也仍然有它的生命力。然而，传统爱国主义教育方式忽视了学生的主体性，强调为掌握书本知识而学习，强调记诵与技能化训练，从而忽视了现实中的知识与个体的亲身实践，忽视了学生个体的特性与价值，强调单一的总结性评价，肯定应试中的胜利者，当然也就忽视了多数失败者。体验参与的教育方式强调以学生学习为中心，注重个体的实践参与，注重每一个学生的情感与道德体验的内化过程，强调教师必须尊重每一个学生在任何问题面前的真实心态。很多中小学校鼓励学生自己开展活动，鼓励他们走向社会、了解社会、关注社会，比如每一年各地中小学在当地教育部门要求下，开展的寒暑假创新素质实践活动。虽然这样开展活动的方式是值得肯定的，但是，爱国主义教育作为一种品德培育的实践活动，只有让学生亲自参与与体验，让每一个学生以真实的自我，面对他应该面对与解决的自我问题或社会问题时，才能够使浮在外表的教育内化成为学生的行为与观念。同时，教师应真正地尊重学生的真情实感，注重每一个学生自我的内化教育，而不是看到学生在活动中流露出不好的言行，就采用批评的方法，将学生心中的想法“压”

回去。否则，爱国主义教育活动就会变成“表面功夫”，开一个班会，大话、套话连篇，根本无法真正落到实处。

（二）中小学生爱国体验教育中的问题

随着对传统学校德育弊端和德育本质认识的深入，人们越来越清楚地意识到，长期以来我们对学生进行强调知识、强调理性的知识德育，走进了科学主义、工具主义的误区，丢弃了学习的主体，远离了生活和实践，冷漠了情感，闭锁了心智，其后果不仅是使学生学习方式单一，途径狭窄，而且甚至使学生不会学习，不会主动获取知识了。从2001年开始，我国中小学生的德育课程改革，在道德观、课程观、学习观等诸多方面，越来越强调注重体验教育，把体验作为一种学习的过程和方式，通过体验来经历学习的过程和知识形成的过程，丰富学习的途径，促使学生丰富自己的情感，丰富自己的经验，学会主动学习。这无疑是有着重大意义的变革。但是，由于传统思维的惯性、教师能力水平有限等诸多原因，体验教育在具体的爱国主义教育实践中，还存在一些问题。

1. 简单的知识传递现象

也许是因为课时不够，也许是因为教师的能力水平不够，也许是因为知识传授最容易、最方便操作，在农村中小学，几乎没有体验教育的实践。城市的部分师资、办学条件好些的中小学里，虽然也会有些体验活动，如为期一周的生存体验、感恩教育等，但在具体的学科教学中，知识传递也依然是主要的路径。体验教学往往变成了示范课、授课评比等活动中的一种“秀”。以初中的历史教学为例，为了兼顾历史教学内容的整体性、简明性、生动性，历史课本上留出了大量的学生自主探究和活动体验的空白课程内容。但是在实际的教学中，教师往往是在一个课时内，念完1~2章的知识点，把要考试的知识要点加以整理，基本没有课后的作业或探究活动。事实上，中学生的课余时间，都被要参加中考、高考的主干课程所占据，即便教师愿意花时间、精力来设计体验教育进行爱国主义德育，也不大可能。

2. 教师在体验教育中的负面影响

教育是以人格塑造人格的活动，教师的言行对学生有很大的影响力，已经是一种社会共识。在爱国主义教育的活动中，有些教师不能做到以身作则，使得学生的体验不仅没有效果，甚至还有负面效应。以升国旗活动为例，教师在教育学生对国旗要有敬畏感、庄重感时，要求学生在升国旗时行注目礼，少先队员要行队礼，要跟着音乐旋律唱国歌。而在具体的升国旗仪式中，有些教师站在一边讲悄悄话，或者走来走去。给学生带来的体验就是，老师讲的和做的都不一致，那么自己也可以不一致。在我们的调研中，有不少学生表示，听到国歌、看到国旗，不会有特别的感觉，会继续做自己的事①。

3. 教师在体验活动中缺少足够的准备和引导

在新课程标准下，教师和学生都比过去更积极、更主动地去尝试体验教育。在某节课中，教师和学生可以都是开发者与教学设计者，教师也由过去的知识权威变为平等的参与者与协作者。然而，这并不是说，教师的主导作用就消失了。一堂好的体验教育课，离不开教师在备课中以及课堂上针对学生的发言、表现灵活的调控。而在一些德育体验课的活动中，常常会发现教师的缺位。以参观爱国主义教育基地的体验活动为例，最常见的现象就是，教师把学生带往基地，告诉学生多长时间后在哪个地方集合，便让学生自行参观，自己活动。整个活动既无前期的资料收集，也无过程中的讲解或参观后的总结。学生因为缺少教师的引导，大多把这样的体验活动当作紧张学习后的放松和游玩，根本无法激起他们对活动主题的了解、体悟。

（三）爱国体验教育的现实路径

体验教育的基本思路是把传统的以教师为“主角”单一说教训导的教育方式，以及由它所导致的在学生心理上形成的教育者居高临下的远距离态势，变为把教师和学生共同置于一种学习情景和

① 参见本书附录《关于我国中小学生爱国主义教育状况的调查报告》。

氛围之中，使双方在共同感悟和体验的过程中，在心理上拉近距离并产生感情共鸣的教育模式。在具体的爱国主义教育实践中，需要精心的准备和设计。

1. 要注重问题的设计和情境的创设

在体验教育中，情境设置非常重要，情境设置中要包含着本节课的教学目标，且教师设置的情境对教学要能够起到推动作用。教师要根据教育的每一项内容和目标，科学有效地为学生创设一种能达到心灵体验和心灵内省的环境和气氛，使学生在学习过程中自觉进入体验学习状态，在体验中形成自主学习的主动意识。一般来说，情境设置最基本的依据是本节课的主题和学生发展的实际水平，具体可考虑三个方面：（1）剖析学生身上或身边的现象和问题。例如谈到祖国的大好河山时，可从本地区的名胜风景谈起；讲祖国的历史文化时，可从学生们所熟悉的传统节日谈起；讲祖国建设的巨大成就时，可从学生所熟悉的事件如“神舟”系列飞船上天谈起。（2）在学生缺乏感性认识，或教学内容比较抽象时，可运用认知冲突。例如九年级世界历史课讲“古埃及文化”时，可先提问学生：“你到过埃及吗？假如老师带你们去埃及，你最希望看什么？”“你知道金字塔吗？你认为金字塔是干什么用的？”激起学生的认知冲突和求知欲望。（3）从开放的话题中捕捉问题。如初中历史课讲中国灿烂悠久的文化，可先让学生欣赏反映中国文化的图画，如书法、舞蹈、服饰、饮食、碑刻、长城、四合院、故宫、兵马俑等，然后让学生谈看了这些图画的感想，由此把学生引入中国文化的意境中，感受中国文化的博大精深。

2. 要注重强化教师与学生之间的互动意识和共同参与课程的自主性

较之其他教育方式，体验教育的长处是强化和激发自我教育的主动意识，使学生由被动的受教育者成为主动自觉的自我心灵塑造者。在这一过程中，教师必须让每个学生的大脑真正开动起来，让他们进入教育的情境设计中，成为求知、探索和情感共鸣的主动者，帮助学生实现从被动接受向主动参与的转变。换句话说，教师在教学的过程中，应该尽可能地创设一些情境和问题，发动学生去主动思考，把思考的自由和成功感留给学生，让每一个思考的大脑都亲历一次探索和创造的过程。教师要在各个教学环节，都注重学生的积极、主动的介入，使他们直接参与课程的实际活动。比如，在对学生进行祖国社会主义建设成就的教育时，教师可以让学生参与课程的问题设计、主题的选定，然后让学生主动介入课前预习、准备或调查，在课堂上进行发言、讨论。在历经多次思维、情感的碰撞后，学生会对祖国社会主义建设的成就形成深刻的认识和比较稳定的情感、信念，从而达到教育的目的。

3. 要注重教学方法的探讨和教学资源的重新定位

体验教育是一种缓慢教育，把学生的情感、意志、性格、个性直接当作主要教学目标，因而需要课堂教学改变以知识灌输为主的做法，更多关注学生的情感、意志和行为的体验。在体验教学的过程中，知识不是运用灌输的方式直接传递给学生的，而是通过情境和问题的设计，一步步诱导学生去体会，触动其感情，引发共鸣。所涉及的关于“是什么”的陈述性教学知识内容不能太多，而要借助日常生活中相应的概念，使学生能更好地理解；对于“怎么做”的程序性知识，则应该不断地练习，多次实践，从而充分调动学生的心理体验。在具体的教学中，在设置问题时，应注意考虑学生的接受力，使问题自然隐含思路的启发和教育性，并且兼顾教学内容的层次性，这样，学生在进行协作探讨时，他们遇到的问题已经是经过处理的，相互探讨基本能够解决问题。而且，在讨论开放性问题的活动中，往往能够达到学生相互教育的目的。例如，在课堂教学中，让学生讨论交流自己的理想，一些有远大抱负和强烈社会责任感的同学的发言会潜移默化地教育那些只想享受与追求个人幸福的同学。在情境和问题的设计中，凡是有利于当前主题讨论的，从报纸新闻到发生在学生身上的故事，从课堂的偶发事件到教室墙壁上的名人名言，从学生本身的经验、经历到课堂上所特有的平等、安全、和谐的气氛，甚至听课老师，都是体验教育的可利用资源。

4. 要充分发挥爱国主义教育基地的教育体验功能

充分利用各种宝贵的教育资源开展爱国主义教育，是我们党的优良传统。爱国主义教育作为培育人们高尚的爱国情感和精神的思想教育活动，不仅需要深刻的理论阐述，更需要生动具体、贴近生活、真实感人的内容感染。记录着历史沧桑、文化遗产、先辈足迹、建设成就的爱国主义教育基地，是爱国主义精神的有形体现，对爱国主义教育有着不可替代的重要作用。首先，爱国主义教育示范基地所承载的丰富而真实的历史文化内容，是对人们进行爱国主义、革命传统、民族精神和时代精神教育的宝贵资源。从 1997 年起至今，中宣部先后公布了四批共 356 个全国爱国主义教育示范基地。这些示范基地真实地记录了中华民族悠久的历史文化和灿烂的华夏文明，展现了近代中国人民英勇奋斗的壮丽篇章、中国共产党人的丰功伟业及社会主义现代化建设的丰硕成果。如在中宣部于 1997 年 7 月公布的首批百个爱国主义教育基地中，反映中华民族悠久历史文化内容的有 19 个，反映近代中国遭受帝国主义侵略和人民反抗侵略、英勇斗争内容的有 9 个，反映现代中国人民革命斗争和社会主义建设时期内容的有 75 个①。而且，每一个爱国主义教育基地所展示的一件件历史文物，所讲述的一个个真实故事，所呈现的一张张图片，所播放的一个个场景，都是一部部生动的历史教科书。它们时刻在教育人们真切体会中华儿女的崇高理想和价值追求、中华民族的传统美德和革命道德以及做人、做事的基本道理，也不断感召人们从历史文化的财富中寻找到爱国的源头，从社会进步中找到奋进的精神力量，从一代又一代人的奋斗中获得智慧的启示。这些真实丰富的历史文化内容，是对人们进行爱国主义、革命传统、民族精神和时代精神教育的宝贵资源。其次，爱国主义教育示范基地“贴近实际，贴近生活，贴近群众”的活动形式，是深入开展群众性爱国主义教育活动的重要依托。爱国主义教育作为一种情感和精神教育，本身是抽象的，因而需要依托一些人们喜闻乐见的活动形式来进行。而近年来，各地爱国主义教育示范基地，随着爱国主义教育环境和条件的变化，在继承过去好做法、好

① 朱桂莲：《爱国主义教育研究》，中国社会科学出版社 2007 年版，第 230 页。

经验的基础上，坚持“贴近实际，贴近生活，贴近群众”的原则，积极创新了爱国主义教育的载体、形式、途径和渠道。如开展红色旅游，建设网上展馆，挖掘教育资源，扩大教育覆盖面，免费向社会开放各类博物馆、纪念馆等。这些贴近人们生活实际的活动形式，不仅有利于人们在休闲娱乐中接受爱国主义教育，也使爱国主义教育示范基地真正成为弘扬民族精神和时代精神的重要依托，发挥其教育功能。

尽管新中国成立尤其是改革开放以来，在党和政府的重视和关怀下，爱国主义教育示范基地建设不论从数量上还是质量上都取得了很大的发展，但是在实践中，示范基地的教育功能发挥仍然存在诸多问题。对这些问题进行深刻反思，是更好发挥爱国主义教育示范基地教育功能的重要基础。其一，爱国主义教育基地的宣传力度不够，很少有人知道爱国主义教育基地到底有哪些。从中宣部于1997年公布第一批百个爱国主义教育示范基地至今，全国爱国主义教育示范基地就有356个，再加上有关部门和地方命名的教育基地，爱国主义教育基地实际上已遍布全国各地。但是，这并不表明爱国主义教育基地已经深入人们的生活，并为人们所熟知。以中小学生的调查为例，来自全国十个省份近万份问卷的数据告诉我们，有30.4%的学生表示从来没有去过爱国主义教育基地，而学校组织参观的教育基地中，有相当一部分其实不是爱国主义教育基地，而是其他诸如科技馆的教育基地。在让学生说出2~3个爱国主义教育基地的名称时，令我们颇为惊讶的是，在湖南、吉林等一些存在世界闻名的爱国主义教育基地的地方，居然都没有几个学生能列举出来。而那些被学生所列举的爱国主义教育基地，很少是学生身边的，而是从新闻、书本上看到的，或者是父母带领旅游时参观的①。可见，爱国主义教育基地的宣传还有待加强。其二，参观爱国主义教育基地被形式化，无法达成爱国主义教育的目的。利用爱国主义教育基地进行教育的形式化倾向，主要表现为整个参观活动的无组织性、无目的性。还是以中小学生为例，我们多次在实地的

① 参见本书附录《关于我国中小学生爱国主义教育现状的调查报告》。

考察中发现，带队老师虽然把学生们组织起来并带到了基地，但并没有指导孩子们参观或作有意识的讲解，而是放任孩子们在场馆内自由玩耍。而接受学校组织的集体参观的基地，却因为导游、解说员人手不够，也没有组织好讲解和引导。参观前缺乏必要的知识准备，参观过程中缺乏引导和讲解，参观后也没有要求总结和体会，所以，很多中小学生在参观完了基地之后并无深刻印象，所学到的东西也很少，有的人甚至连基地的名称都不知道。其三，爱国主义教育基地公益性程度不够，也限制了其功能的发挥。《爱国主义教育实施纲要》《中共中央关于进一步加强未成年人思想道德建设》等一系列文件中，都提及了爱国主义教育基地要创造条件对社会开放，对学生免票；各级政府都按照中央要求，对爱国主义教育基地的建设和运行给予了资金支持，部分爱国主义基地也实行了免费开放。然而在我们的实地考察中，发现免费开放的基地，往往都是内容陈旧单调，展示手段落后，缺乏吸引力和感染力的场馆；而建设稍微好一些的场馆，几乎都是收费的，而且门票价格还不便宜。如圆明园门票，大人 30 元，学生 15 元；韶山毛泽东纪念馆门票，大人 40 元，学生 20 元；至于庐山会议会址，就更贵了，进庐山的门票就是 180 元，要参观会址，必须再花 20 元买门票才能进去。这仅是门票，如果再加上来回的路费，开销会更大。这无疑降低了爱国主义教育基地的利用效率而影响其教育功能的发挥。

为了更好地发挥爱国主义教育基地的教育功能，中宣部及其他部委于 2004 年 9 月共同发布《关于加强和改进爱国主义教育基地工作的意见》，要求从巩固党的执政地位的战略高度，从全面建设小康社会、实现中华民族伟大复兴的战略高度，从建设中国特色社会主义伟大事业后继有人、兴旺发达的战略高度，充分认识爱国主义教育基地在开展爱国主义教育、弘扬和培育民族精神中的特殊重要作用，并要求进一步增强新形势下加强爱国主义教育基地工作的紧迫感、责任感和使命感。为了进一步推动爱国主义教育基地建设，更好地发挥爱国主义教育基地作用，中宣部于 2009 年 5 月又公布了第四批全国爱国主义教育示范基地（87 个）。而要真正有效发挥爱国主义教育基地的教育功能，应该遵循以下路径：

一要运用大众传媒和其他方式，加大宣传介绍教育基地的力度。随着时代的发展和技术的进步，大众传播媒介成为人们摄取信息、休闲娱乐的重要方式，甚至已“渗透到我们社会体制的核心”①。因此，包括报纸、广播、电视和互联网等在内的大众媒体，都应该把宣传介绍爱国主义教育基地作为一项经常性工作，一方面要及时报道教育基地开展教育活动的情况和效果，反映社会各界的建议和呼声，另一方面要大力向人们介绍爱国主义教育基地的基本状况、图片故事。而随着网络日益成为人们生活的一部分和信息的主要来源，更应该发挥网络尤其是人民网、新华网、光明网、央视国际等国家重点网站对爱国主义教育基地宣传的作用。各教育基地也应该积极主动地利用网络建立网页或网站，把基地的相关资料图片上传，实现网上建馆，打造网络资源共享平台，供广大网民上网浏览。各媒体尤其是影视媒体还应该制作一些反映爱国主义教育基地史实的优秀作品，尤其要注重发挥动画文化企业在这方面的作用。

二要按照公益性文化事业发展的要求，加大对教育基地的投入。为了进一步发挥爱国主义教育基地的作用，落实中央的要求，中宣部会同国家发改委、财政部、国家文物局等部门，于2004年12月和2005年1月先后发出《全国爱国主义教育示范基地“533工程”实施细则》和《关于资助部分反映抗战内容的全国爱国主义教育示范基地有关事项的通知》。其中“533工程”，即利用五年时间，通过中央资助一点、地方财政支持一点、教育基地自筹一点的办法，对各类教育基地进行改造。但这样还远远不能满足人们对爱国主义教育基地公益化的要求。因为爱国主义教育基地作为爱国主义教育的重要依托，应该本着满足人们的精神需求的原则，真正成为服务人民的公益性文化事业，实现对公众的免费开放。而对于教育基地，尤其是反映我们党革命斗争历史的示范基地的各项工作正常运转所需要的经费，应该由各级财政部门给予资助和保障。因

① ［美］梅尔文·德弗勒等：《大众传播学诸论》，杜力平译，新华出版社1990年版，第140页。

为接受爱国主义教育，是国家赋予人们的政治义务和道德要求，不应该因为费用问题而人为地阻止人们接受教育。

三要增强爱国主义教育基地的服务意识，把爱国主义教育落在实处。爱国主义教育基地要“坚持把社会效益放在首位，坚持面向未成年人、服务未成年人的宗旨”①，从实际出发，精心组织一些青少年喜闻乐见的活动，如利用重大历史事件、历史人物纪念日和节假日，以及青少年入学、入队、入团、成人宣誓等有特殊意义的日子，举行各种庆祝、纪念活动和必要的仪式，组织开展研讨会、演讲会、报告会和文艺演出等。同时也要通过各种方式做好文物史料的研究整理工作，挖掘精神内涵，紧密联系实际，从不同侧面、不同角度进行诠释和展示，给人们以知识的普及、心灵的震撼、精神的激励和思想的启迪。还要不断改进和提高基本陈列水平，通过实物、照片、图表、模型、绘画、雕塑、景观等多种形式以及声、光、电等科技手段，来增强教育的吸引力、感染力。尤其是要把社会效益放在首位，树立服务意识，对参观群众在接待咨询、参观引导、提供资料以及安排讲解等方面实行规范化服务。

四要发挥学校老师在参观爱国主义教育基地中的主导意识，提高爱国主义教育基地的利用效率。爱国主义教育的重点对象是青少年，而学校是对青少年实施爱国主义教育的主要承担者。学校应该站在祖国民族未来的高度，有目的、有意识地组织学生参观爱国主义教育基地。这就要求学校在组织参观之前，要对学生进行必要的前期知识宣传，在宣传过程中结合文物、图片进行史实的宣讲，在参观后通过各种形式组织学生进行总结，比如演讲会、征文比赛等。所有的带队老师，都应该把参观爱国主义教育基地当作一次爱国主义教育的教学活动来准备，从而避免形式化、过场化。

---

① 《中共中央国务院关于进一步加强和改进未成年人思想道德建设的若干意见》，载《科技日报》2004 年 3 月 23 日。

五、借鉴国外经验：中小学生爱国主义教育的综合构建路径

爱国主义历来就是凝聚民族精神、动员和鼓舞人民团结奋斗的旗帜，世界各国无不重视对其国民，尤其是中小学生的爱国主义教育。世界各国在自己的民族历史发展中形成了内涵不一的爱国主义，在中小学生爱国主义教育实践中无疑积累了丰富的理论和方法。他山之石，可以攻玉，借鉴国外中小学生爱国主义教育的经验，无疑有着重要的意义。

（一）国外中小学生爱国主义教育路径与方法管窥

国外中小学生爱国主义教育的途径和方法灵活多样，但其主题只有一个，即充分尊重学生个体，充分尊重学生的自由选择并培养其选择能力。因为只有这样，爱国主义教育才能培养出爱国认知、情感和行为相统一的理性爱国者。为了取得理想的教育效果，国外中小学生爱国主义教育途径和方法呈现出多元化的特点。

第一，通过学校课程进行爱国主义教育，重视把爱国主义教育主题渗透到学校教育的各个方面。以美国为例，学校一贯坚持教导的一种思想是爱国家、爱自由。课本、文选和供学生阅读的历史书籍，几乎每一页都讲到爱国主义。一整套故事、英雄传说和格言，把一个存在各种地区分歧的民族团结起来，使一个来自四面八方的民族形成自己的传统。美国各地中小学都开设了有关学校所在社区自然生态和文化生态方面的地方课程、校本课程和国家课程，学生通过对所熟悉的乡土地理、民风习俗、传统文化、生产和生活经验及历史遗迹的学习，培养对家乡的情感。在新加坡的学校里，也开设了大量的德育课程，如“好公民”“生活与成长”“公民与时事”“儒家伦理”等，这些课程除了培养学生良好的品德外，还培养其效忠国家的意识和社会责任心。在韩国，其国民教育体系中有一个作为配套系统的爱国主义教育体系。这个教育体系在纵向上按照学生的年龄、知识、心理、身体特点，渗透到了幼儿园、小学、

初中、高中直到大学的各个阶段，在横向上不仅要求道德课、社会课、国民伦理课、国史直接体现爱国主义精神，还要求国文、文学课程也要间接反映爱国精神的内容，同时还要求在数学、自然、科学、体育、音乐、美术、实验和劳动技能等课程中渗透爱国主义教育。在日本，学校爱国主义教育内容是根据文部省颁布的德目安排的，由班主任负责教学。教学选用各出版社根据德目编写的课本，但并不列为固定教材，仅供教师参考，特别鼓励教师自编教材。

第二，通过宗教教育进行爱国主义教育。许多国家都有着悠久的宗教传统，尽管很多国家在教育世俗化过程中取消了学校中的宗教课，但这并不意味着学校教育与宗教信仰完全断绝了关系，宗教对学校教育仍然有着重要的影响。在德国、英国、瑞典、新西兰、荷兰等国，宗教课在中小学都有设立。在一些不设立宗教课的国家，比如美国，也常常利用人们的宗教情感来进行爱国主义教育。一方面把美国精神与宗教教义结合起来进行诠释，使美国的民族精神披上宗教的外衣。如马克斯·韦伯的《新教伦理与资本主义精神》，就是为美国民族精神寻求宗教的合理解释。另一方面，通过宗教公民化，借宗教的形式来宣扬美国精神。如通过对乔治·华盛顿、亚伯拉罕·林肯、富兰克林·罗斯福等对国家有卓越贡献的人物的推崇，或者通过总统的就职典礼、独立日、阵亡将士纪念日、国葬、感恩节等一些有意义的神圣仪式或节日的重视，来进行爱国主义教育。

第三，开展各种校园日常活动。各国都特别重视在日常生活中进行爱国主义教育，如升国旗、唱国歌。如美国小学生，在每天的午餐前，都会对国旗宣誓。在每一次活动中，哪怕是一场没有人观看的足球赛，也会进行升国旗、唱国歌的仪式。各国还通过制定学校的规章制度、举行学校集会、召开班会、组织学生社团等校园日常活动，渗透爱国主义教育。如美国中小学里，教师经常组织班会，指导学生规划班级发展目标，制定班级规章、解决学习问题等，以激发学生参与集体生活的兴趣，使学生养成民主决策所需要的态度和技巧。德国中小学也提供各种机会，让学生共同制定班级或学校的规章制度，一起筹划和举行一些集体活动等，以此来培养学生的共同责任感。

第四，通过各种社会活动进行爱国主义教育。开展丰富多彩的社会活动，是各国爱国主义教育的一种常见形式。美国的中小学经常组织学生参观科技馆、博物馆、地方法院、市长办公室等，培养学生的爱国情感，了解美国的组织机构，强化国家观念。俄罗斯的中小学也常组织学生参与社会活动，如中学生争当长明火第一哨荣誉哨兵活动。为了培养年轻人爱军习武的兴趣，俄军各部队经常组织开放日，邀请学生和家长到部队参观武器装备，了解军人的日常生活。韩国人认为，爱国主义教育不仅要通过学校课堂教育来进行，还应该通过具体的实例来进行活动教育。比如，关于韩国历史著名的抗日英雄李舜臣，韩国中小学教师在课堂上向孩子们宣传了其事迹，但他们认为课本的内容比较枯燥，留给孩子们的印象也是比较较抽象的，所以，还带领孩子们去参观位于丽水的“李舜臣将军事迹地”。在李将军的事迹地，孩子们不仅可以看到当年令日军丧胆的“龟船”实物，还可以看到实实在在的遗物和史料，学到很多课堂上学不到的活知识。除参观爱国主义教育基地外，韩国还有170多个少年修炼院（夏令营），有体验农民生活的，有到工厂参观学习的，有参观历史古迹的，也有领略大自然风光的。夏令营活动，既加深了学生对社会的了解，又增强了他们团结互助的精神，同时还修炼了身心。新加坡也常通过一些社会活动来进行爱国主义教育，比如1988年以后每年一次的“国家意识”周活动，在升国旗仪式上集体背诵“我们是新加坡公民，誓愿不分种族、语言、宗教，团结一致，建设公正平等的民主社会，并为实现国家之幸福、繁荣与进步共同努力”的活动等。

第五，非常重视营造浓厚的爱国氛围。除了正规的学校教育外，一些国家还很积极地在全社会营造浓厚的爱国氛围。比如韩国，大张旗鼓地宣传历史上爱国英雄的事迹，在一些公共场所竖立爱国英雄的塑像，或将他们的事迹写进文学作品并搬上荧幕，同时还通过悬挂国旗、演唱国歌、在重大节假日举行各种歌会、举办大型国际活动、提倡消费国货等方式，向人们特别是青少年进行爱国主义教育。

第六，注重运用典型榜样教育方法。榜样的力量是无穷的，国外爱国主义教育非常重视运用榜样的典型示范教育。俄罗斯是一个崇拜英雄的民族，在俄罗斯有很多为铭记英雄而竖立的碑、雕像，建造的广场和以英雄名字命名的街道。在其特殊的社会历史进程中，俄罗斯人认为强悍意味着民族的强盛，因此，斯大林在俄罗斯人心目中的地位越来越高。普京也以其强悍的形象，言传身教，把人类普遍价值观和俄罗斯的传统价值观结合起来，大力宣扬爱国主义，对俄罗斯民众尤其是青少年的思想和行为产生了上行下效的示范效应。韩国也特别善于用典型示范效应进行爱国主义教育，比如2002年6月韩国足球队打败意大利队进入世界四强时，金大中总统亲自率内阁成员携手高呼“大韩民国万岁”的口号；而因拍摄以从军慰安妇为题材的写真而引起众怒的韩国艺人李成延，却被当成了爱国主义教育的反面教材。

（二）借鉴国外经验，综合构筑中小学生爱国主义教育路径与方法

综观外国中小学生爱国主义教育，学校、社会始终是两条最重要的路径。因此，综合构筑我国中小学生爱国主义教育路径与方法，要充分考虑和运用学校、社会这两条路径。

1. 学校爱国主义教育路径的拓展

学校是中小学生爱国主义教育的主要场所，在中小学生爱国主义品德培养中发挥着中坚作用。积极探索中小学生爱国主义教育路径，一刻也不能忽视或放松学校的主阵地作用。当代中国，学校爱国主义教育的社会环境，在社会的动迁、失范和价值观的现实多元性之中，呈现出芜杂的时代表征。而学校爱国主义教育只有在同社会环境构成统一整体时，才能对教育对象发挥有效的作用。因此，构建优化的社会环境是学校爱国主义教育必须选择的出路，也是学校爱国主义教育主体性的表现之一。所谓学校爱国主义教育主体性，就是学校爱国主义教育要对日趋变动的社会环境和时代变革作出较为科学的应答，即把爱国主义教育延伸到学校德育之外，定位于社会环境之中，成为主动营造、优化社会环境的主体力量。为

此，学校爱国主义教育应体现新的时代进步。其一，学校应主动、直接地参与社会环境的建设。学校本身并不是一般的社会机关，但其作为文化（尤其是先进道德文化）的讲坛和舆论阵地，其活动可对社区乃至全社会进行正面的价值引导，对社会发生辐射影响。其二，学校应成为个体爱国主义品德形成的社会环境体系之中最具能动性的力量，主动连接其他社会环境系统，组合各种正面影响，形成合力。要通过学校、家庭与社会之间的沟通，形成学校的内部与外部目标、动向一致的三位一体的教育环境。三是学校应在体系内进行改造，努力形成适应和超越学校环境的中介机制，使学校德育在社会环境之中发挥的效能，最大化地转化为现实的爱国主义教育影响。同时，要促进社会环境中爱国主义教育影响的有序化，开发学校爱国主义教育的社会环境空间。

必须充分占领学校这块爱国主义教育的重要场所，发挥好课堂教学的主渠道作用。学生的中小学学习生涯，正值树立正确的理想、信念和人生观、价值观的关键时期，也是培养学生爱国主义感情，提高其爱国主义觉悟的最佳时期，务必要把爱国主义教育贯穿于学生成长的全过程。要把课堂教学作为爱国主义教育的主渠道，要按照国家教委颁发的《中小学加强中国近代、现代史及国情教育的总体纲要》和《中学思想政治，中小学语文、历史、地理学科教育纲要》的要求，制定各学科爱国主义教育的分科计划，把爱国主义教育的内容分解贯穿到各相关学科的课堂教学中去。各级各类学校都要积极地开辟爱国主义教育的校外课堂，对学生进行直观的、形象的爱国主义教育。

必须积极开展爱国主义教育实践活动，不断丰富爱国主义教育的实践内容。按照德育教育的知行统一原则，既要重视实践活动，把提高思想觉悟与实际行动统一起来，更要充分利用爱国主义教育基地有计划地组织学生开展实践活动。要根据教育对象不同的年龄层次、心理特点、知识水平和接受能力，科学安排活动内容，注意思想性和艺术性，力求富有吸引力和感染力。应当利用重要节日、纪念日，组织参观、瞻仰、祭扫活动；结合特定的教育主题，组织社会考察和社会实践活动；利用教育基地开展青年团组织生活和少先队活动；开展美化基地环境和维护基地设施的义务劳动；结合参观、瞻仰、考察，组织开展征文、主题演讲会、专题讲座、知识竞赛等教育活动；利用寒暑假在教育基地举办“冬令营”和“夏令营”；组织师生编写爱国主义乡土教材；坚持开展有助于培养对国旗、国歌、国徽崇敬感的礼仪活动。必须坚持“导”“约”兼施的教育方法。“导”，是根据培养学生知、情、意、行过程中具有统一性和多端性的规律和特点所采取的“晓之以理，动之以情，持之以恒，导之以行”的疏导教育方法。通过“导”让青少年知道怎样去做，为什么去做，什么是真、善、美，什么是假、恶、丑。“约”就是根据道德养成的需要，制定出惩罚条例，让青少年知道违反条例将要受到何等处罚。只有借助于“导”“约”章程，才能建立起青少年自我教育、自我管理、自我修养、自我约束的健康机制，才能使爱国主义教育处于富有成效的主导地位。

充分利用课堂教学向学生灌输爱国主义思想。各科任教师完全可以结合本课程的内容，对学生进行爱国主义的相关教育，弘扬崇高的民族精神、民族气节，优秀的民族文化和中华民族传统美德，在课堂中有机地渗透爱国主义思想，使学生在潜移默化中树立爱祖国、爱人民的思想。中学思想政治课是对学生进行爱国主义教育的一门重要课程，是一面旗帜。思想政治教师应采取灵活多样的教学方法，向学生灌输爱国主义思想，紧密结合社会热点和时事政治，帮助学生了解形势，认清国情，勇于担当历史赋予的使命，激发其爱国热情。中学的地理课教学，可以使学生了解祖国地形地貌、山川河流、自然资源、工农业布局等，对学生进行祖国国情教育。历史课可以使学生对祖国的历史传统、文化艺术、科学技术、语言文字、道德风尚等有一定的了解，对民族英雄、爱国志士、思想家、教育家有一定的认识。因此，结合地理历史课对中小学生进行历史国情教育，使其树立爱国主义思想，应是爱国主义教育的重要内容。同时，诸如语文课、思想品德课等，也是爱国主义教育的课程教学载体，应予以足够重视，充分发挥这些课程的爱国主义教育功能。以此，使学生产生强烈的民族自豪感和民族自尊心，奋发有为，为国家振兴和民族繁荣打下深厚的感情基础。

要加强校园文化建设，开展丰富多彩的爱国主义教育活动。培养学生的爱国之情，环境因素异常重要。教师应善于利用环境，尤其是学校环境，来影响和感染学生。校园文化是学校进行爱国主义教育的又一重要阵地，如在教室中悬挂爱国名人名言，张贴中国地图和世界地图；利用学校文化长廊、教室的黑板报等，都可以进行爱国主义教育。此外，以一些重大仪式和节日，如每周升降国旗，"五四"青年节、"八一"建军节、国庆节等，来开展爱国主义教育。通过征文、演讲、诗歌朗诵、文艺演出、专题讲座等学生喜闻乐见的活动，激发学生的爱国热情，使其在活动中接受爱国主义教育。

2. 社会性平台的理性构筑

爱国主义教育是一项系统工程，需要全社会的共同关注和共同努力。大多数中小学生也认为，社会应该为他们的爱国主义品德形成承担更多的责任①。因此，要充分优化社会环境，构筑中小学生爱国主义教育的社会性平台。一要优化教育环境。教育环境的质量，是指教育环境的性质和水平，它以教育环境对于人的发展所具有的影响力来衡量。教育环境是一个非常复杂的系统，其包括：作为宏观环境的社会环境，作为中观环境的学校环境、社区环境和单位环境，作为微观环境的家庭环境。从内容上来说，它既涉及国家的政治政策导向、经济发展水平和历史文化传统，又涉及社会舆论与社会风气、制度规范、法律建设，以及人与人之间的关系等②。处理好这些关系，创设良好的教育环境，对思想政治教育功能的实现具有重要的意义。尤其对于青年教育来讲，抓好环境优化这一环节不容忽视，正如美国著名教育家杜威所倡导的，"成人有意识地控制未成熟者所受教育的唯一方法是控制他们的环境"③。优化教

① 参见本书附录《关于我国中小学生爱国主义教育现状的调查报告》。

② 张耀灿：《思想政治教育学前沿》，人民出版社 2006 年版，第 193 页。

③ ［美］约翰·杜威：《道德教育原理》，王承绪译，浙江教育出版社 2003 年版，第 40 页。

育环境，需要对其中的各种因素进行分析，剔除不利因素，保留合理因素，减少负面影响，这就需要政府、社会团体和个人的协调配合。在现代社会条件下，社会信息复杂多变，有正面的、积极的信息，也有负面的、消极的信息，社会各界都有责任传播正面的、积极的信息，抑制和反对负面的、消极的信息。政府部门和权力机关可以制定相关法律，采取一定措施来制止和惩罚那些影响爱国主义教育效果的违法行为和消极现象。社会团体和学校等肩负思想政治教育重任的单位，更要尽力制止影响青少年身心健康的消极现象的生成和蔓延，把那些丑恶的、消极的事物和错误的观点尽可能限制在最小的范围，避免其到处泛滥、危害社会，积极营造拼搏进取、健康向上的爱国主义教育环境。对那些我们不能完全禁止的消极落后的事物和错误的思想、观点，要引导学生进行分析、思索，增强其免疫力。

我们应充分利用革命活动纪念地、纪念馆，反映中国几千年历史文化的博物馆，反映现代化建设伟大成就的展览馆等场所，开展以爱国主义为主题的学生团体性文化活动，在社会中形成浓厚的爱国主义、社会主义思想氛围；我们应充分利用电影、电视、文艺节目和更多的现代传媒方式，发挥其宣传教育功能，力推一些爱国主义色彩鲜明、情节生动、平实感人的文化产品，使中小学生树立正确的理想信念。在家庭教育中，家长更要不断提高自身的文化层次和思想道德修养，努力形成正确的人生观、价值观，处理好与周围世界的关系，增强社会责任感，以积极进取的态度鼓励自己，以更好地发挥对子女的示范作用。在优化环境的过程中，我们要坚持“横向统一”的原则，综合协调爱国主义教育环境，使其对受教育者产生系统、一致的影响。在实际工作中，我们既要综合治理社会环境，从全局的角度把改善和创造环境的工作辐射到社会的每一个角落、每一个方面和每一个人，又要努力营造小气候，把每个家庭、每个单位、每个社区的环境都培育好、建设好，通过实现各个局部的优化，最终实现教育环境整体优化的目标。

全社会特别是教育部门，应从战略的高度统一思想、提高认识，真正认识到新时期加强和改进未成年人的爱国主义教育的重要性和紧迫性。它是一项重大而紧迫的战略任务，是关系到党和国家、民族前途命运，我国改革开放和现代化建设事业兴衰成败的一件大事。高度重视对下一代的爱国主义教育，努力提高未成年人的思想道德素质，是我们党的优良传统，是党和国家事业后继有人的重要保证。目前，我国 18 岁以下的未成年人约有 3.67 亿，他们的爱国热情，直接关系到中华民族未来的发展。所以，舆论宣传、教育单位等，都要积极营造良好的爱国主义教育环境。要强化社会的爱国主义教育意识，在社会公共活动中渗透爱国主义、集体主义、社会主义教育，提升公众的思想认识。在学校教育中要以实践活动为载体，改变单一的课堂教育方法，充分调动受教育者的积极性，组织学生参与爱国主义基地的建设，通过受教育者在实践中的自我体验、自我判断和自我选择，把外在的思想政治观点转化为内在的意识，规范自我的行为，从而形成定向的思维和行为模式。同时，通过社会实践活动，可促进人际关系的协调发展。

要以中小学生喜闻乐见的方式，不断改进教育手段，不断创新教育内容。传统的教育模式，已难以适应当代青少年学习的需要。对此，要多方收集资料，保证教育内容的与时俱进，以多元化的手段实施对中小学生的教育。要充分发挥德育活动基地的作用。德育活动基地是对学生进行爱国主义教育、革命传统教育、民族情感教育的主要场所，如博物馆、纪念馆、烈士陵园等。应经常组织学生参观上述场所，并在德育基地进行入队、入团等活动。另外，可精心组织夏令营、冬令营、革命圣地游、红色旅游、绿色旅游等活动，培育与弘扬中小学生的民族精神，增进其爱国情感，提高公民道德素养。把组织学生针对某一国际、国内重大时政问题进行讨论，作为长效机制。随着信息渠道的多元化，多数中小学生都能及时了解时事政治并形成一定的见解。因此，学校有必要组织他们进行讨论，通过教师因势利导，能起到良好的效果。

3. 现代技术手段的路径更新

近年来，由于信息技术的发展，高功率的广播、卫星电视覆盖整个地球及其外层空间，强大的西方传媒借此可以轻而易举地进入任何一个国家。这种以高新技术为载体的思想文化传播，打破了异质性文化的边界，对传统的国家观产生了冲击，从而对我国的爱国主义教育带来了较大的负面影响。如何运用先进的技术手段，增强爱国主义教育的感染力和渗透力，更好地应对全球化趋势下的思想文化渗透，是摆在我们面前的重大课题。我们必须正视信息传播方式的现代精进对爱国主义教育提出的严峻挑战，积极顺应高新科技迅猛发展的潮流趋势，加快爱国主义教育载体和手段的更新，借助各种先进的技术手段和新的表现方式，切实增强爱国主义教育的力度，扩大爱国主义教育的影响。

一要重视大众传媒的作用，强化爱国主义教育氛围。大众传媒主要指广播、电视、电影、报刊、文学读物、互联网等通信和传递手段。现代化大众传播媒介是舆论环境建设的主导，是营造爱国主义舆论氛围的重要手段。通过传播媒介，宣扬爱国主义先进人物和先进事迹，树立新时期爱国主义的榜样，从而使中小学生在学习榜样的过程中，道德意识得到净化与提升，思想免疫能力不断增强；通过传播媒介，宣传社会主义现代化建设事业的成就和经验，宣扬中华民族的奋斗历史、光荣传统和灿烂文化，从而使爱国主义成为社会的主旋律。当前，我们也不应忽视现实中存在的负面的、消极的非爱国主义行为，因此，我们应利用大众传媒对那些爱国主义思想薄弱，民族意识淡薄，甚至为一己之私、为小团体利益而损害国家和全民族利益的行为进行揭露；对改革开放中贪污受贿、坑国害民的人与事予以口诛笔伐；对外交事务中有损人格、国格的丑陋行径进行曝光；对现代化进程中存在的貌似爱国实则误国的狭隘民族主义进行深刻批判。这样，才可在评判非爱国主义的现象和行为中加深对爱国主义的认识。发挥大众传媒的褒贬功能，就能更好地营造爱国主义教育所需的舆论环境与氛围，从而提高中华民族爱国主义的整体素质，增进教育效果。

二要运用现代化的网络教育手段，建立我国的网络爱国主义教育阵地。近年来，由于网络技术的普及和发展，信息传播呈现出超地域特征，林林总总的价值观念、道德规范、生活方式都愈加频繁、清晰地展现在世人面前。由于美国等西方国家的计算机网络应用发展相对普及，这就给西方某些文化霸权主义者以可乘之机。他们充分利用网络传播方式的超地域性，极力向世界各国倾销自身的意识形态、政治制度和文化思想，企图使世界开始共享一种“基于西方大众文化的共同的大众文化”。这些，都使得我们维护民族文化和主流意识形态的任务变得更加艰巨。面对这一课题，德育工作者要采取“以网治网”的手段，才能增强爱国主义教育的实效性。通过现代化的网络教育手段，组织承载民族优良文化传统的信息资源上网，把中华民族优秀文化传播到世界各地，向世界提供一个深入了解中国的窗口。更为重要的是，要切实增强中小学生的民族自豪感和自信心，抵制不良文化的感染。此外，我们建立的爱国主义教育网站要努力宣传社会主义道德，传播主流价值文化，发布正确、积极的信息。在此过程中，要引导中小学生学会对信息进行比较与鉴别，培养中小学生的信息甄选能力，从而帮助其确立正确的道德观念，进而转化为道德实践。

附录一　关于我国中小学生爱国主义教育现状的调查报告

爱国主义教育作为培养人的爱国主义品质的教育活动，本质上是一种特殊的社会教育实践活动。从教育实践的视角看，教育界和官方都肯定，我国中小学生爱国主义教育取得了显著成就和喜人效果，而新兴媒体和民意却认为，中小学生爱国主义教育不尽如人意。为了更好地了解真实情况如何，本课题研究人员对湖北、湖南、安徽、吉林、山西、广东、上海、江苏、海南、宁夏等地，针对农村和城市的小学三年级到高中三年级的学生进行了问卷调查(因为小学低年级的学生需要在老师读题的帮助下才能做问卷，所以没有发问卷)，并针对部分地区的家长和中小学老师进行了访谈。此次共发放问卷1万份，其中农村和城市各5000份，小学、初中、高中发放比例分别为40%、30%、30%。最后回收的有效问卷共9644份，详情见表1和表2。

表1　**调查样本的基本情况（一）**

	湖北		湖南		安徽		吉林		山西	
	农村	城市	农村	城市	农村	城市	农村	城市	农村	城市
小学	192	200	161	197	188	198	193	191	191	196
初中	140	145	142	150	133	147	150	150	143	150
高中	150	148	150	150	149	150	146	150	135	145
总数	975		950		965		980		960	

表 2　　调查样本的基本情况（二）

	深圳		上海		南京		海南		银川	
	农村	城市	农村	城市	农村	城市	农村	城市	农村	城市
小学	151	194	194	200	197	198	196	182	190	195
初中	137	148	150	137	148	150	148	144	146	146
高中	148	150	144	145	140	139	150	144	146	148
总数	928		970		972		964		971	

一、关于我国中小学生爱国主义教育调查的数据分析

（一）关于我国中小学生爱国主义品德现状的数据分析

中小学生爱国主义品德，是我国中小学生爱国主义教育的重要培养目标。中小学生爱国主义品德如何，直接反映我国中小学生爱国主义教育的实效性。爱国主义品德是一个由爱国认知、爱国情感和爱国行为共同构成的系统，因此，为了弄清楚新时期我国中小学生爱国主义品德状况，我们也从爱国品德的总体评价、爱国认知、爱国情感和爱国行为等方面，设计了相关问题进行调查。

1. 关于中小学生爱国主义品德的总评价

对当前中小学生爱国主义品德状况的评价，教师、家长和学生的观点基本一致，总体上来说偏低。如当我们让学生回答“你觉得现在的中小学生的爱国主义品德状况怎样?”时，有 30.3%的学生回答“上升了”，42.8%的学生回答“滑坡了”；还有 14.2%和 12.7% 的学生分别回答“更复杂了”和“不知道”。在涉及生源所在地的比较分析时，各地区、农村和城市的学生在总体看法上无太大差别，其中上海学生在“上升”与“滑坡”的认知上各自参半，而宁夏学生绝大多数认为“滑坡”（见图 1）。但是，以年级为参照标准来进行分析比较时，小学三至五年级的学生与小学六年级以

上的学生在“上升”和“滑坡”的回答上，表现出明显的观点对立。而从初二年级开始，回答“更复杂”的学生人数持续增加，高三最多（见图2）。对此，中小学教师中认为学生爱国主义意识淡薄的有70%，认为一般的占25%，认为很强的只有5%。而大多数家长在这一问题上选择了一般（75%），还有15%的家长认为自己的孩子爱国主义意识很淡薄。

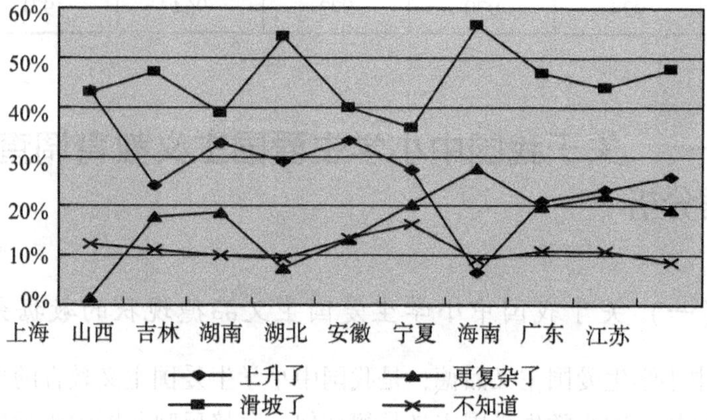

图1　中小学生爱国主义品德状况区域差异

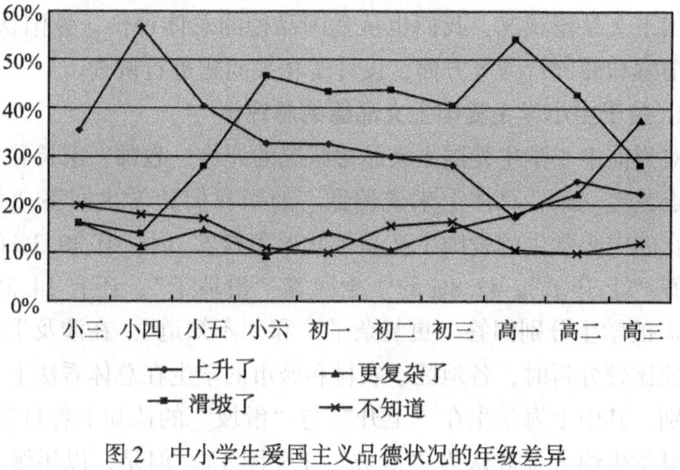

图2　中小学生爱国主义品德状况的年级差异

为了弄清楚调查对象是根据什么标准在评判中小学生爱国主义品德的，我们设计了这样一道题："你认为应该如何对一个人的爱国主义品德进行评价？"有 26.4%的学生选择了"一贯的爱国行为"，32.2%的学生选择了"对祖国文化的了解"，38%的学生选择了"对祖国的情感和态度"，3.4%的学生选择了"不知道"。进行进一步分析时发现，各地区、农村和城市的学生都把"对祖国的情感和态度"作为判断一个人爱国主义品德的最优先考虑的标准，"对祖国文化的了解"次之，再次才是"一贯的爱国行为"（见图3）。而对于不同年级的学生来说，稍有区别。低年级的学生更看重"对祖国文化的了解"和"一贯的爱国行为"，在小学六年级时对二者的重视程度持平。高年级更看重"对祖国的情感和态度"和"对祖国文化的了解"，在高一时对二者的重视程度持平（见图4）。这种结果也许跟不同年龄的学生的认知、情感发展水平有关，也从一定程度上反映了中小学爱国主义教育"小学重知识灌输和行为习惯，中学重知识灌输和观念树立"的情况。

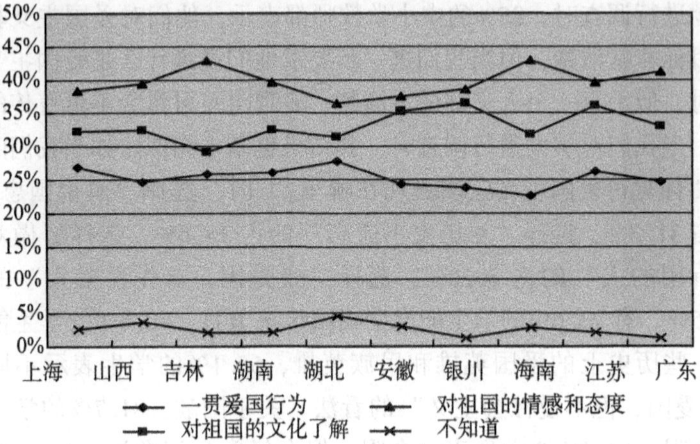

图 3　中小学生爱国主义品德评判标准的区域差异

2. 关于中小学生的爱国认知状况

爱国认知主要表现在对爱国主义的理解程度，对爱国主义教育

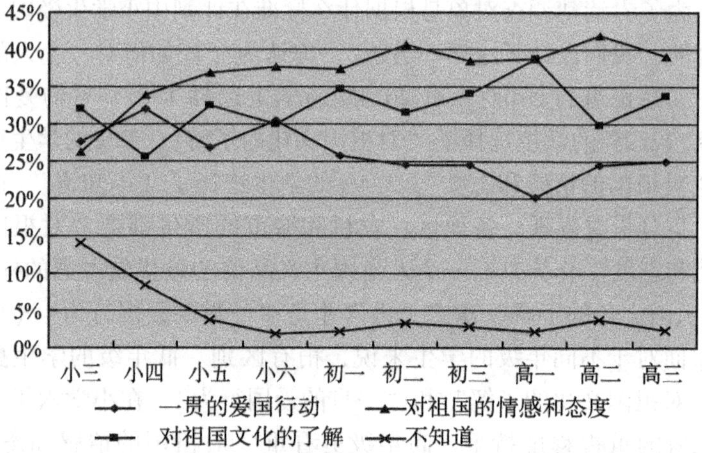

图4　中小学生爱国主义品德评判标准的年级差异

内容如祖国地理、历史、文化、成就、国情等方面的了解程度。关于爱国主义的认知，对于教师来说，是其对学生施教的前提，而对于学生来说，则是其理性爱国主义品质形成的前提。当我们就这一问题进行调查时，85%的中小学教师都表示，他们对爱国主义教育的目标非常清楚，但当我们进一步要求他们说说什么是爱国主义教育时，似乎每一个人又都说不清楚，表现出只可意会不可言传的味道。当我们对学生进行调查时，其结果也基本相似。如当我们问学生“你觉得爱国主义应该表现在哪里?”时，选择“对祖国忠诚”的占31.3%，选择“对历史不遗忘”的占18.6%，选择“做对社会有用的人”的占30.6%；选择“要爱国，首先要爱人”的占19.5%。有73.6%的学生能说全我国传统节日，60.6%的学生能列举一些历史上的爱国英雄和民族英雄，65.1%的学生表示不同意“我爱国，但不爱社会主义”的看法。关于国歌，81.7%的学生表示会唱，12.4%的学生表示会唱、但会经常忘记歌词，4.7%的学生表示可以断断续续哼几句，只有1.2%的学生表示不会唱。这些数据都表明中小学生的爱国认知总体水平比较好。但是，也还存在一些模糊的认知，比如13.8%的学生表示同意“我爱国，但不爱社会主义”的看法，21.1%的学生表示不知道。而对于“有人说全球化背景下谈爱国主义教育没有必要，因为全球化背景下各个国家的联系将日益紧密，我们也将成为地球人，不需要国家”的说法，有60.2%的学生表示赞成，8.4%的学生表示无所谓，17.8%的学生表示不知道。

从地区差异的视角来看，湖南的学生更愿意把“对祖国忠诚”看成爱国主义的表现，而安徽的学生更愿意把“做对社会有用的人”看成爱国主义的表现，海南的学生最不同意把“要爱国，首先要爱人”看成爱国主义的表现（见图5）。从年级差异的视角来看，低年级学生更愿意把“对祖国的忠诚”看成爱国主义的表现，随着年龄的增长和理性的逐渐成熟，学生们也逐渐能正确认识爱国主义应表现为“做对社会有用的人”（见图6）。而关于全球化背景下要不要国家的问题，不同地域没有显示太大差别（见图7）。对不同年级的学生而言，支持不要国家的人数随着年级增长一直上扬，到高一时情绪最为强烈，高二时有所下降，但高二时对要不要国家持无所谓态度的比例最高。到了高三，支持不要国家的人数又有所上扬（见图8）。

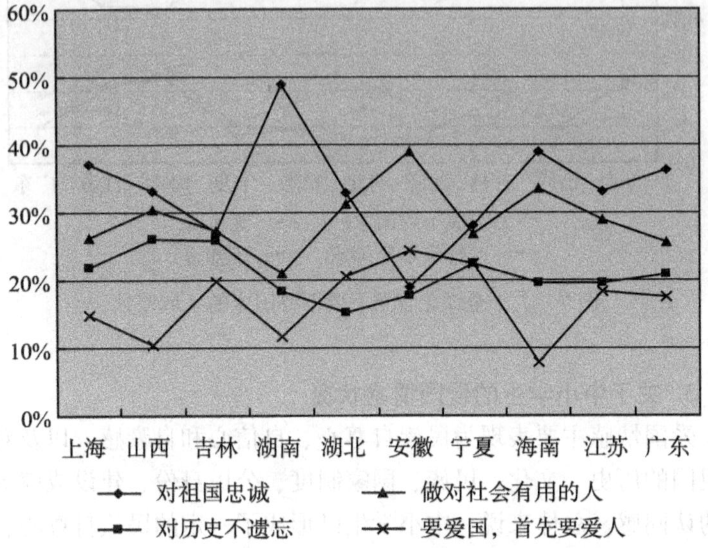

图5 关于爱国主义表现认知的地域差异

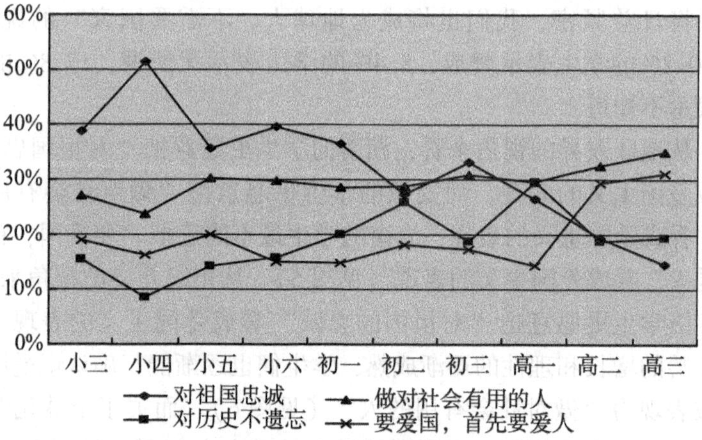

图 6　关于爱国主义表现认知的年级差异

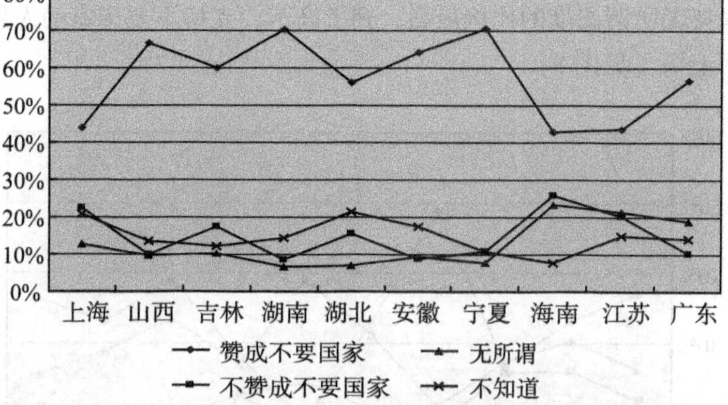

图 7　关于全球化背景下要不要国家的区域差异

3. 关于中小学生的爱国情感状况

爱国情感主要表现为民族自尊心、自信心和自豪感，以及对自己祖国的历史、文化、民族、国家制度、公民身份、建设成就等方面的认同感。总体来说，中小学生已形成了一定的民族自尊心、自信心、自豪感。如当我们问“你认为 50 年后的中国将会是怎样

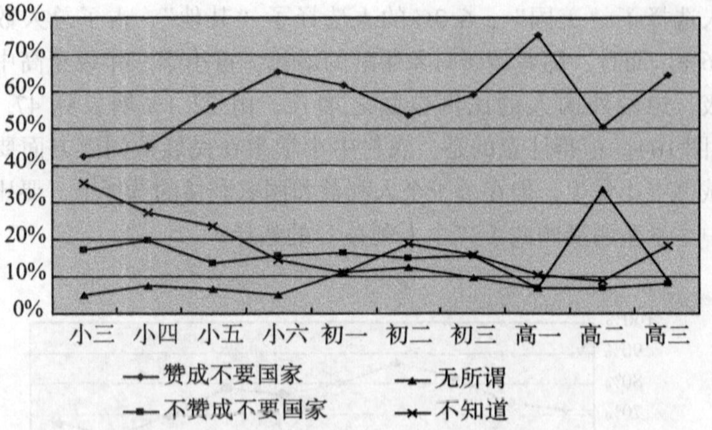

图 8　关于全球化背景下要不要国家的年级差异

的?”时，74.8 %的学生认为“将变得非常强大甚至取代美国的地位”；在问到“改革开放后的中国取得了很多举世瞩目的成就，如申奥成功、加入 WTO、‘神六’发射成功等，对此你有什么样的感受?”时，也有 86.8%的学生选择“为我是一名中国人而感到骄傲、自豪”；在问到“如果有一份高薪的工作需要你答应外国老板一些侮辱国格或者损害中国国家利益的条件才能得到，你会选择什么?”时，也有 88.6%的同学选择了“不答应”。由此我们基本可以判断，中小学生已具备一定的民族自尊心、自信心和自豪感。但是，这种民族自尊心、自信心和自豪感，并不代表他们实际的民族身份认同。事实上，他们在对自己作为一个中国人的民族身份认同上，并不像他们所表现的民族自尊心、自信心和自豪感那么强烈，而是有非常明显的差距。如当我们让学生回答“你对做一个中国人的基本态度是什么?”时，虽然有 74.6%的学生选择了“感觉很自豪”，只有 17.2%的学生“没啥特别的感觉”，但有 2.2%的学生“感觉很耻辱”，而且，随着年级的增长，“感觉很自豪”的人数在减少，“没啥特别感觉”的人数在增加（见图 9）。而在回答“假设你可以重新选择国籍，你最想选择哪个国家的国籍?”时，有 18.4%的人选择了“韩国”，4.9%的人选择了“日本”，还有 15%

的人选择了“美国”，6.3%的人选择了“其他”，占了总人数的44.6%。而且，随着调研对象年龄的增长，自小学三年级至高中三年级，想做外国人的比例也随之增长，由22.1%增长到47.1%(见图10)。值得注意的是，农村中小学生在民族认同感方面要高于城市中小学生，但在关于个人利益和国家利益的选择上，要比城市中小学生明显倾向于“个人利益”的选择。

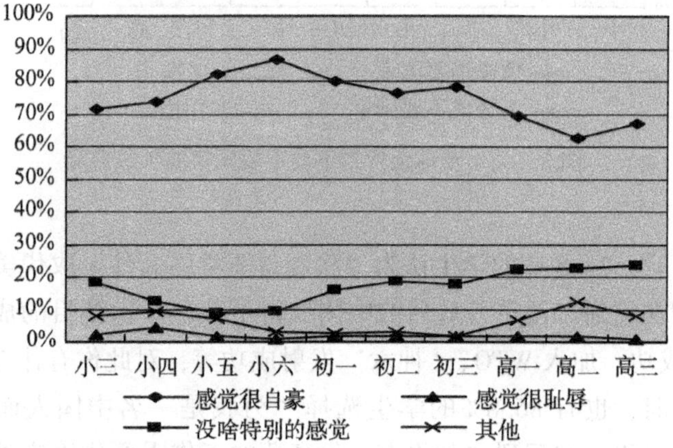

图9　对做一个中国人的基本态度的年级差异

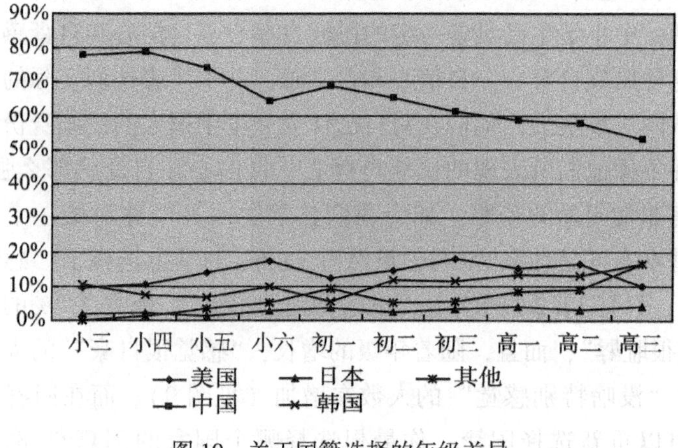

图10　关于国籍选择的年级差异

4. 关于爱国行为的状况

作为爱国认知和情感的外显，爱国行为是爱国主义系统内最为重要的一环。在调查中发现，当前中小学生爱国行为选择表现得很矛盾，对于学校日常教学较多的内容，绝大多数学生表示都能做到。比如，在问学生“当你听到国歌的声音时，你会怎样做?”时，73.3%的学生选择“表情严肃地立定听完”，17.4%的学生选择“停一下，然后继续干自己的事”，3.1%的学生选择“无所谓，像没听见一样”，6.2%的学生选择“其他”。但在涉及跟个人利益相关的问题时，部分中小学生在选择上，越来越注重个人利益的满足程度，具有明显的个人功利化倾向。如在回答选择其他国家国籍的理由时，有14.6 %的人选择了“较高的社会福利”，24.6%的人选择了“悠闲的生活方式”，47.1% 的人选择了“ 良好的生活环境”，还有13.7 %的人选择了“其他”，理由是其他国家没有应试教育，或者有良好的道德环境，或者想去别的国家学习他们所喜欢的专业，比如到日本学习动画。而且，中小学生的选择理由，在地域和年级上的差异不明显（见图11、图12）。那些选择中国国籍的人，也只有57%的人是因为热爱中国，要以自己的努力来建设她；31.5%的人是因为中国发展空间大，对中国有信心；5.8%的人是因为外语不好，不能适应外国生活；还有5.7 %的人是因为其他。其中，不同地区的学生没有表现出太大的差异（见图13），但随着年级增长，学生的选择表现出功利化加强的趋势（见图14）。

而在涉及与文化传统相关的问题时，部分学生则表现出了较大的包容性，但对一些带有显著国别意识和民族差异的原则性问题，甚至失去了应有的基本立场和态度。如在问学生“有段时间，有人在网上对爱国主义教育的经典电影如《闪闪红星》的主要人物潘冬子进行恶意歪曲，你对此行为有何看法?”时，虽然选择“不能接受”的有60%，但也有12.5% 的人“觉得很有创意”，15.5%的人觉得“虽然不好但可以接受”，还有12%的人选择“其他”。而在回答“你如何看待身边‘哈韩’‘哈日’的同学?”时，回答“很正常”的占37.5%，“不正常，但能理解”的占33.2%，“无所谓”的占14.6 %，“不正常，也不理解”的只有14.7%。而且，

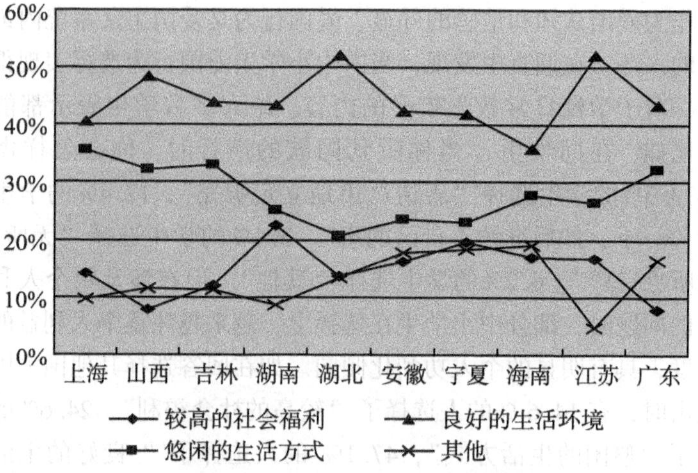

图 11　选择其他国家国籍理由的地域差异

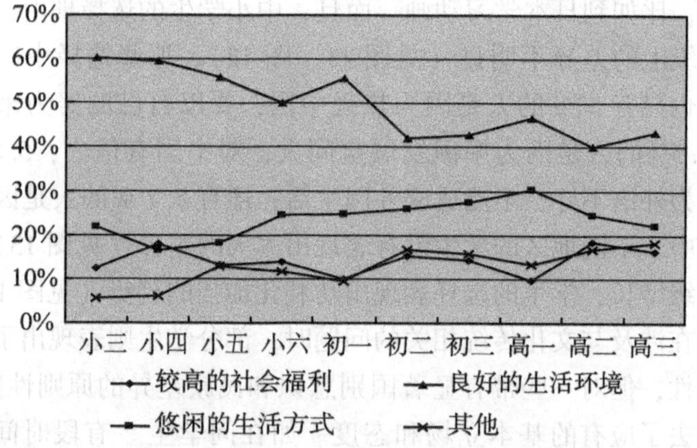

图 12　选择其他国家国籍理由的年级差异

从年级差异上看，高一是“正常”与“不正常”的价值判断的转折点，此后，学生更加趋向于用理解包容的心态去对待“哈韩”“哈日”现象（见图 15）。

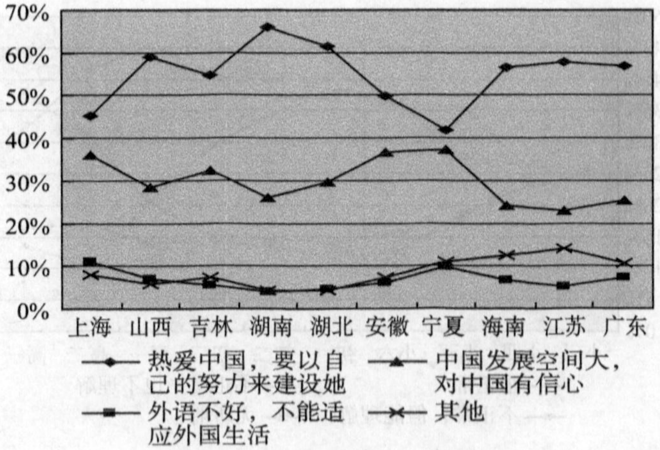

图 13　选择中国国籍理由的地域差异

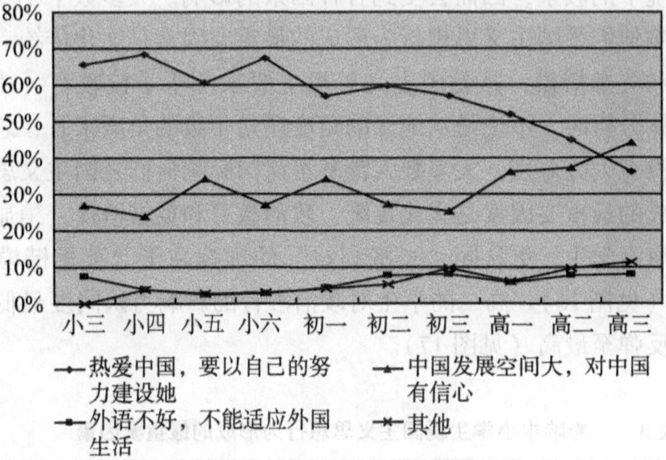

图 14　选择中国国籍理由的年级差异

（二）关于影响中小学生爱国主义品德形成因素的数据分析

爱国主义教育作为一种思想教育，是中小学生日常教学和活动展开的重要主题之一。新时期中小学生爱国主义教育不是在一种封

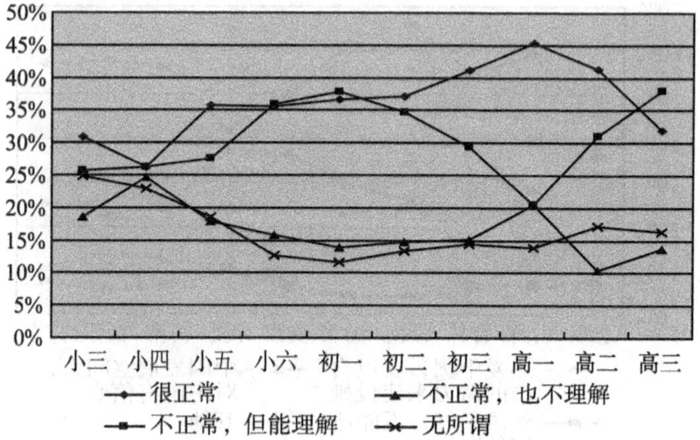

图 15　关于对“哈韩”“哈日”态度的年级差异

闭环境下的教学，因而会受到各种因素的影响。大多数中小学生认为影响他们爱国主义思想行为形成的最重要因素是文化传统、政治教育和英雄楷模，其爱国主义思想主要来源于学校教育（表 3）。在具体分析时，不论是从地区的角度还是年级的角度来看，总体情况均没有太大差别，大多数人都基本认同影响他们爱国主义思想行为形成的最重要因素是文化传统、政治教育和英雄楷模。稍显差别的是海南学生，更认同“经济利益”的影响高于“英雄楷模”的影响（见图 16）。高二的学生对政治教育的影响力认同度最低，高三又反弹至最高（见图 17）。

表 3　　影响中小学生爱国主义思想行为形成的最重要因素

问题：你认为影响中小学生爱国主义思想行为形成的最重要因素是什么？					
经济利益	文化传统	政治教育	英雄楷模	战争	其他
6.6%	27.5%	33.8%	20.5%	9.4%	2.2%
问题：你认为你的爱国主义思想主要来源于什么？					
社会教育	家庭教育	学校教育	影视、报刊、网络等媒体宣传		其他
26.7%	16.8%	41.2%	12.7%		2.6%

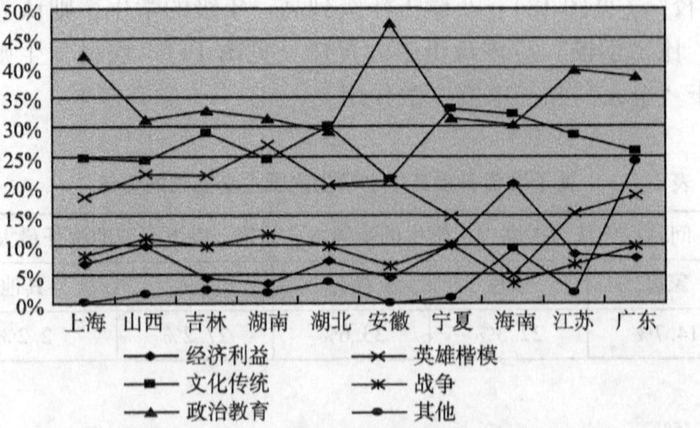

图16 关于影响爱国主义思想行为形成最重要因素的地区差别

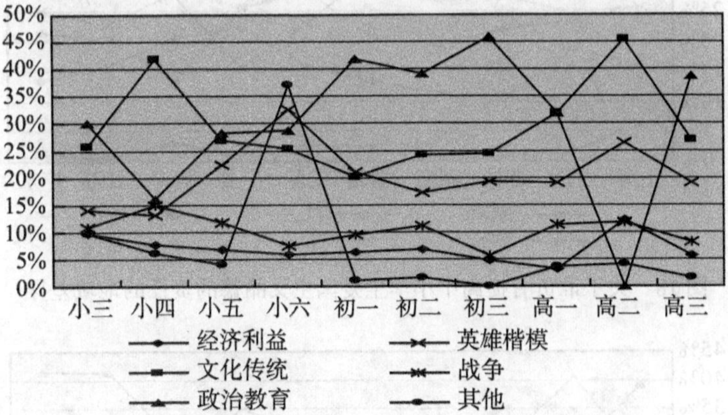

图17 关于影响爱国主义思想行为形成最重要因素的年级差别

尽管学生们都认为他们的爱国主义思想主要来源于学校教育，但在谁应该为中小学生爱国主义品德提高负责任方面，大多数中小学生选择了“社会”、“个人”和“学校”（见表4）。令人惊讶的是，不论是从不同地区、农村和城市，还是从不同年级的角度来考察，认为“社会”对提高中小学生爱国主义品德负有最重要责任的人数，始终居于最高位置。在“个人”“家庭”和“学校”的选项中只是显示出细微的差异，安徽和宁夏的学生更倾向于选择“学校”（见图 18）；小学五年级到高一年级的学生，则认为“个人”比“学校”应该负更多的责任（见图 19）。农村学生则更倾向于“个人”和“家庭”的作用。

表 4　　关于谁负有提高中小学生爱国主义品德的责任

问题：你认为提高中小学生的爱国主义品德，以下哪项的责任最大？				
家庭	学校	社会	个人	其他
14.7%	22.3%	33.6%	27.2%	2.2%

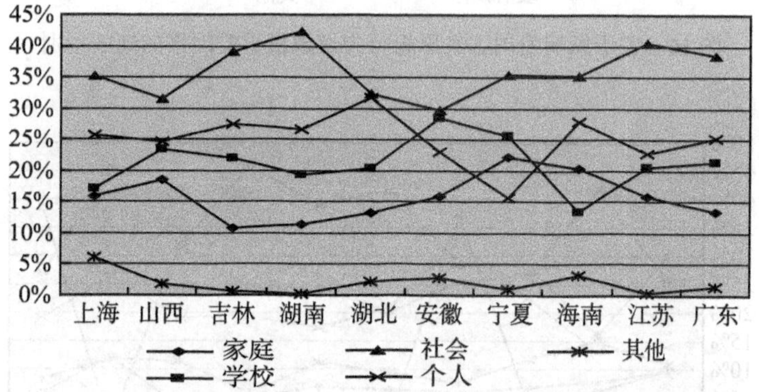

图 18　关于谁负有提高中小学生爱国主义品德的责任的地域差异

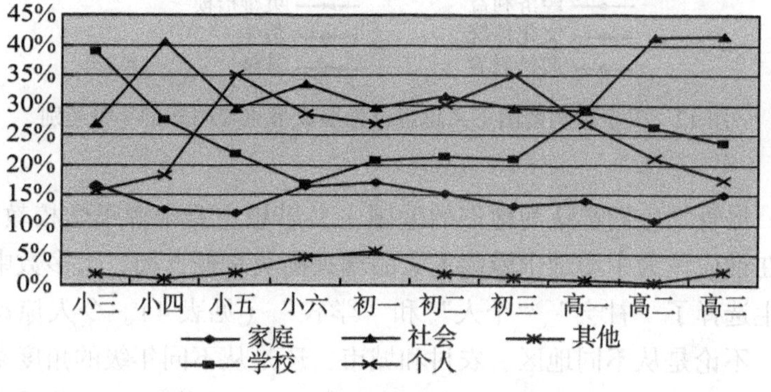

图 19　关于谁负有提高中小学生爱国主义品德的责任的年级差异

1. 关于学校教育的影响

在假设学校教育产生影响的前提下，我们又设计了两个具体问题，旨在考察学校教育中什么路径、什么课程对爱国主义教育影响最大。根据学生们的选择情况，基本可以判定，学校主要依靠历史课、政治课和班团主题活动来进行爱国主义教育。如在回答“在学校，下面哪个因素对你爱国主义品德形成的影响最大?”时，40.3%的学生选择了“政治课、历史课”，11%的学生选择了“同学、朋友”，13.5%的学生选择了“任课老师特别是班主任”，28.4%的学生选择了“班会、组织活动（如少先队活动、团组织活动等）及学校大型教育活动”，6.9%的学生选择了“其他”。在回答“在学校，哪一门课对你爱国主义品德形成的影响最大?”时，31%的学生选择了“政治课”，41.2%的学生选择了“历史课”，21%的学生选择了“语文课”，6.6%的学生选择了“其他”。在具体分析的时候，我们发现，对爱国主义品德形成影响最大的是政治课、历史课，不同地区没有差异，但农村和城市及不同年级的学生在选择上有所不同（见图20)。农村学生较倾向于任课老师和班会、组织活动（见图21)，小学四、五年级的学生更认同“班会、组织活动（如少先队活动、团组织活动等）及学校大型教育活动”

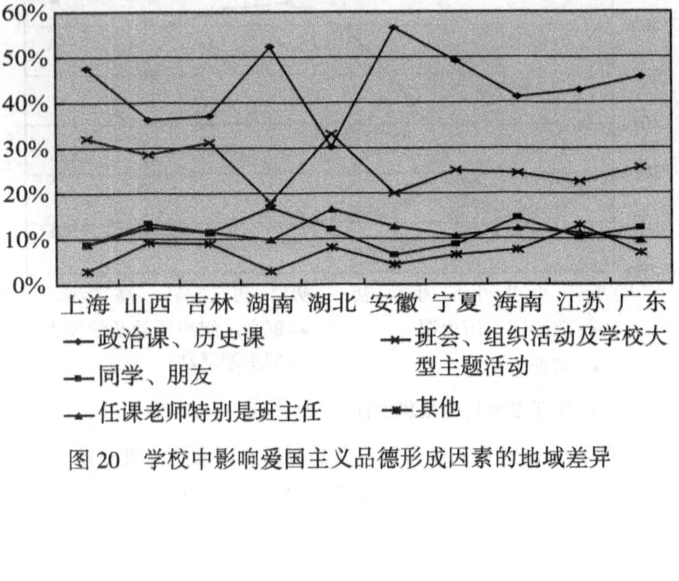

图20　学校中影响爱国主义品德形成因素的地域差异

的影响。另外，还有个值得关注的现象，随着年级增长，教师对学生的影响力在降低，同学、朋友的影响力在增大（见图22）。在具体的课程上，农村学生中，以及小学阶段，语文课的影响要大些，中学阶段影响较大的是政治课、历史课（见图23、图24）。

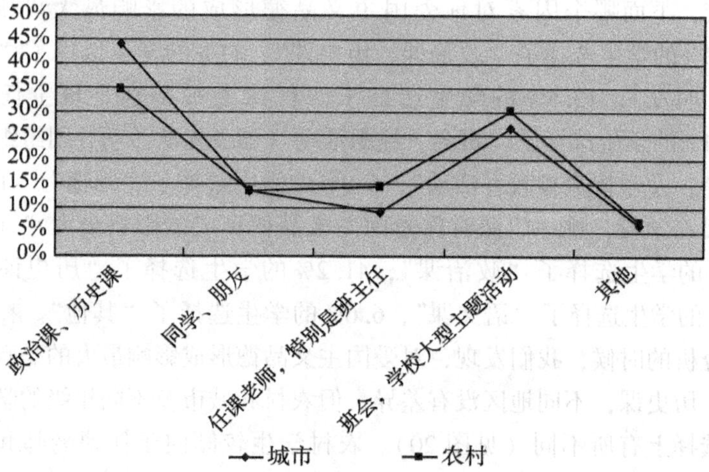

图21 学校中影响爱国主义品德形成因素的农村和城市差异

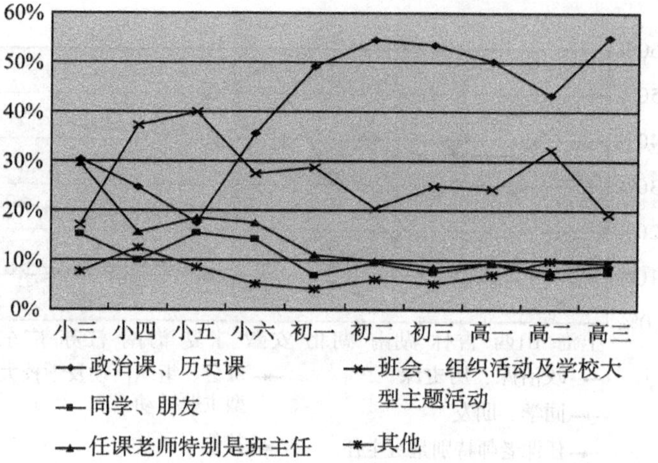

图22 学校中影响爱国主义品德形成因素的年级差异

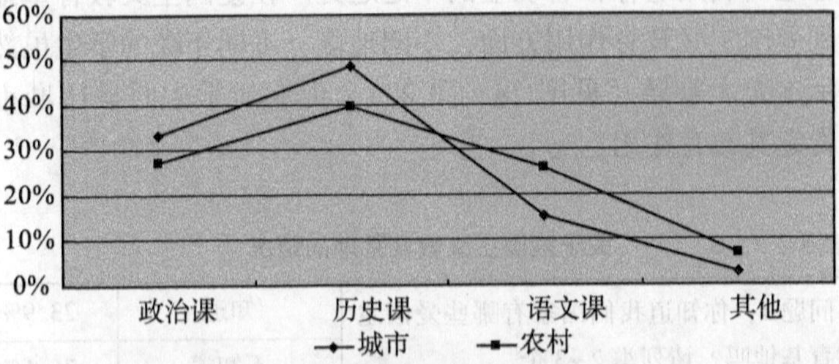

图 23　学校课程影响的城乡差别

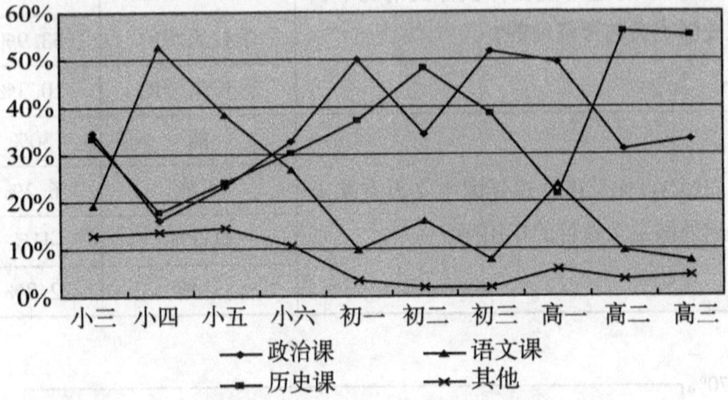

图 24　学校课程影响的年级差别

2. 关于爱国主义教育基地的影响

关于爱国主义教育基地的利用情况，调查结果有点令人惊讶，因为 76.1%的同学都说不出一个爱国主义教育基地的名称，30.4%的同学表示从来没有参观过爱国主义教育基地，50%的同学不能确定爱国主义教育基地是否能起到爱国主义教育的作用（见表 5）。在具体的分析中，安徽的学生对“从来没去过”认同感最强烈，海南的家长带领学生去参观的情况较多（见图 25）；农村学生对“从来没去过”的认同度明显高于城市学生（见图 26）；初中一年级以后，学生对“从来没去过”的认同感持续上升，高三年级的感受最为强烈（见图 27）。由此我们也可以推断，学校对爱国主义教育基地的利用还存在着明显的不足之处。在爱国主义教育基地能否起到爱国主义教育作用方面，不同地区、不同年级的学生虽然没有显示出太大差异（见图28、图29），但农村学生明显比城市学生更肯定其教育作用。

表5　　关于爱国主义教育基地的情况

问题1：你知道我们国家有哪些爱国主义教育基地吗？请列举2~3个。	知道	23.9%
	不知道	76.1%
问题2：你通常是在什么样的情况下去参观爱国主义教育基地的？	和同学结伴去	5.4%
	从来没去过	30.4%
	学校组织的	53.9%
	家长带领的	10.3%
问题3：你觉得参观爱国主义教育基地能起到爱国主义教育的作用吗？	能	50%
	不能	6.2%
	也许能	41%
	其他	2.8%

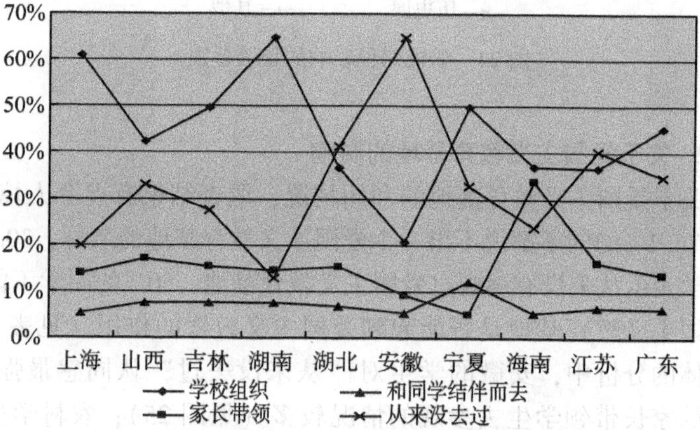

图25　关于在什么情况下参观爱国主义教育基地的地区差异

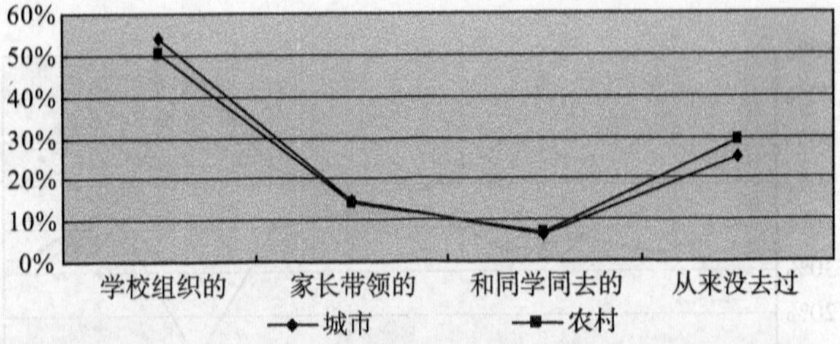

图 26　关于在什么情况下参观爱国主义教育基地的农村城市差异

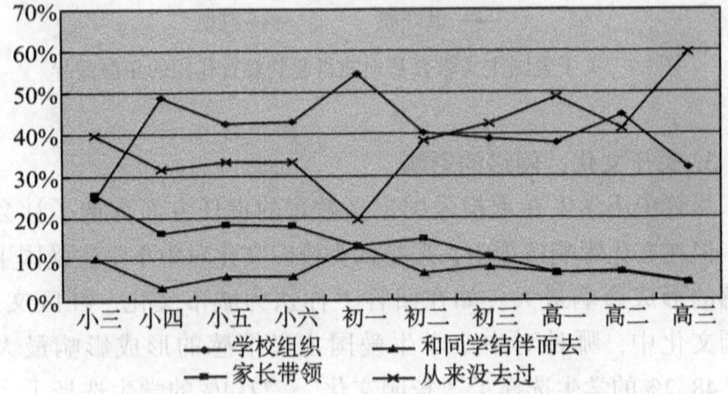

图 27　关于在什么情况下参观爱国主义教育基地的年级差异

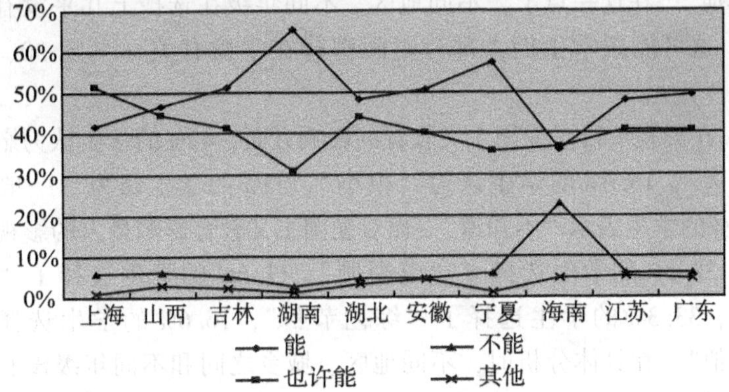

图 28　关于爱国主义教育基地能否起到教育作用的地域差异

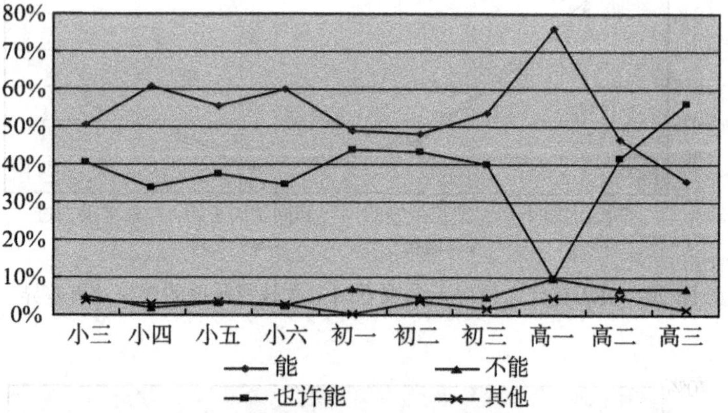

图29 关于爱国主义教育基地能否起到教育作用的年级差异

3. 关于文化、网络的影响

尽管中小学生在承担爱国主义教育的责任方面首选了社会教育，但在文化影响选项中，还是认为校园文化对中小学生爱国主义情感的形成影响最大。如在回答“你认为城市文化、社区文化、校园文化中，哪种对中小学生爱国主义情感的形成影响最大?”时，48.2%的学生选择了“校园文化”，27.4%的学生选择了“城市文化”，16.8%的学生选择了“社区文化”，7.6%的学生选择了“其他”。在这一点上，不同地区、不同年级在选择上几乎没有差异，这可能跟学生们大部分时间都待在学校有关（见图30、图31）。

在影视节目对爱国主义教育的影响方面，43%的学生认为影响“很大”，15.6%的学生认为“很小”，33%的学生认为“一般”，8.4%的学生表示“不知道”。而对爱国主义教育影响最大的影视节目，38.5%的学生选择了“电视剧”，11.6%的学生选择了“动画”，33.3%的学生选择了“综艺节目”，16.6%的学生选择了“其他”。在具体分析时，不同地区、城乡之间和不同年级没有太大的差异（见图32），只是除了高一年级外，随着年级的增长，综艺节目的影响力逐渐超过电视剧的影响力（见图33）。

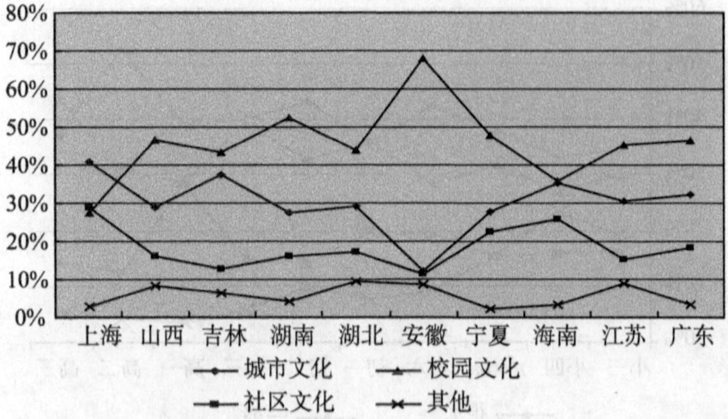

图 30 对中小学生爱国主义情感形成影响最大的文化因素的地域差异

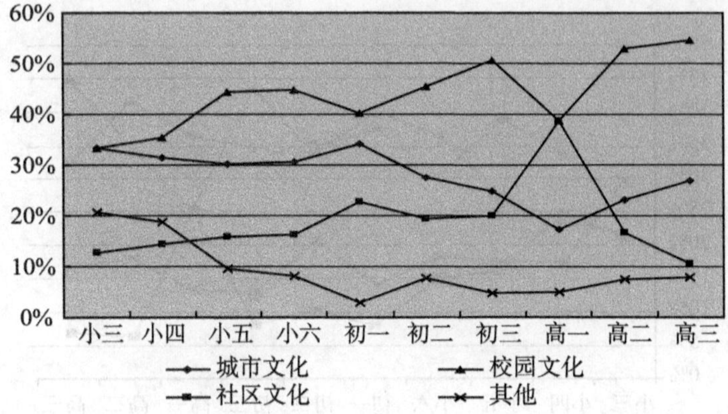

图 31 对中小学生爱国主义情感形成影响最大的文化因素的年级差异

在饮食文化方面，68.6%的同学表示吃麦当劳、肯德基等西餐食品，不会影响他们的爱国情感，12.1%的同学认为会影响，16.8%的同学表示没有想过这个问题，还有 2.5%的同学选择了“其他”。在具体的分析中，不同地区、不同年级的学生在选择上没有太多的差异（见图 34），但在吃西餐食品是否会影响爱国情感方面，认为会影响的农村学生比城市学生更多（见图 35）。

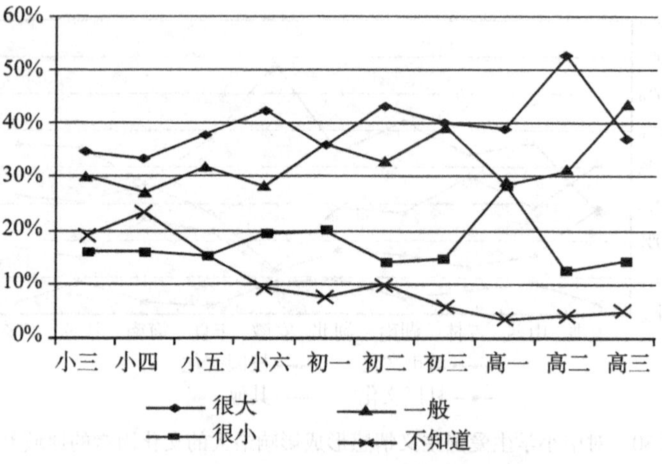

图 32　影视节目对爱国主义教育影响的年级差异

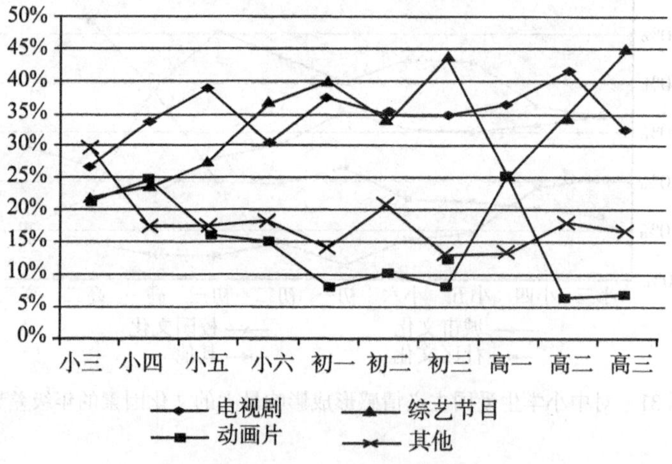

图 33　影视节目对爱国主义教育影响的年级差异

对于网络的影响，59.8%的学生表示看过爱国主义教育网站，但感觉很好的只有36.4%，有15.9%的学生表示“感觉一般”，2.3%的学生表示“感觉很差”，5.2%的学生表示“没感觉”，还有40.2%的学生表示“没看过”。在具体分析时，安徽、宁夏的学

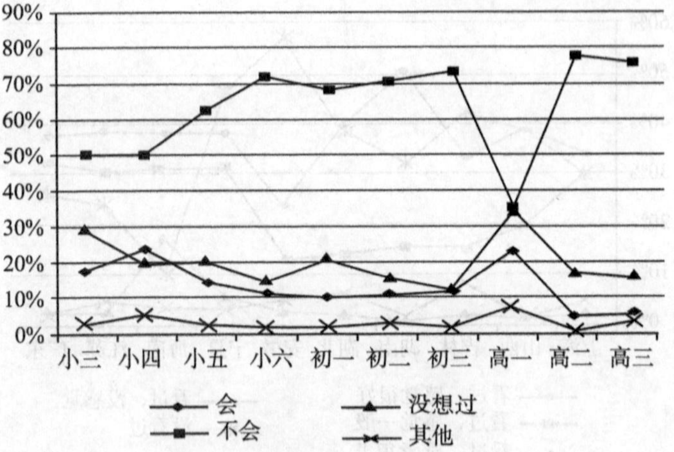

图 34　西餐食品对爱国主义情感影响的年级差异

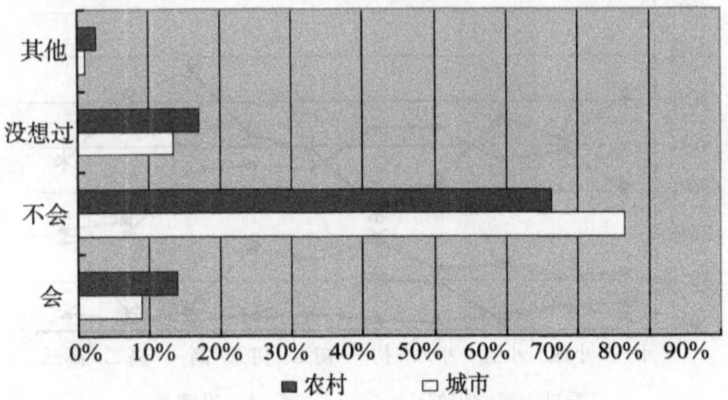

图 35　西餐食品对爱国主义情感影响的农村和城市差异

生对“没看过”爱国主义教育网站的认同度最高（见图 36）。农村没看过爱国主义教育基地的人数较城市多。从初中二年级开始，对“没看过”爱国主义教育网站的认同度逐渐超过其他选项，而且，“看过，感觉很好”的选择率也是逐渐降低，到高三时几乎跟“感觉一般”相等（见图 37）。

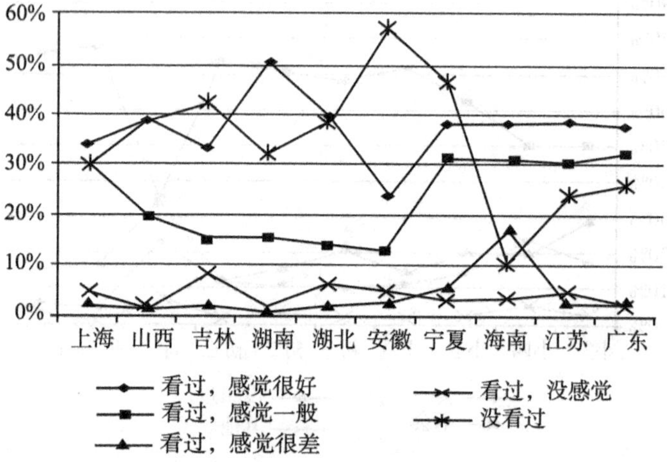

图 36　关于网络影响的地区差异

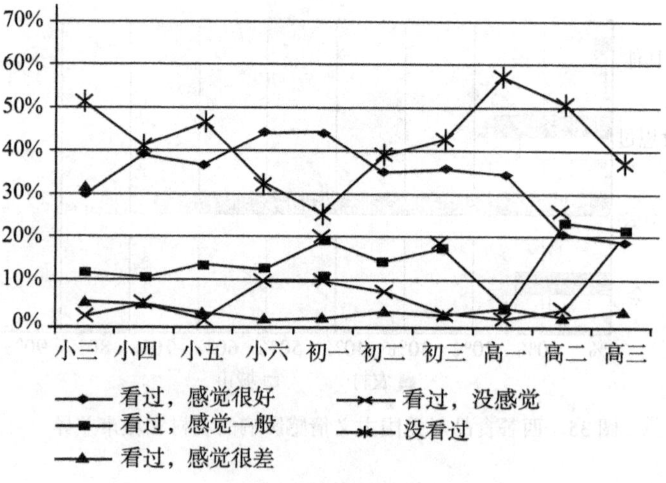

图 37　关于网络影响的年级差异

（三）关于我国中小学生对爱国主义教育态度和评价的数据分析

绝大多数中小学生认为目前爱国主义教育存在问题，且在问题的选择上，也比较集中地认为是学校重视程度不够。比如，在问“你认为目前中小学爱国主义教育的最大问题是什么?”时，有71.9%的学生选择了有问题选项，其中认为“学校重视不够”的最多，占32.7%。还有12.9%的学生选择了“教师水平不够”，26.3%的学生认为“课程设置不合理”，28.1%的学生选择“其他”。而在做地域比较时，尽管各地学生有细微的差别，但“教师水平不够”这个选项，在各地区都处于最低位，说明各地爱国主义教育在师资上不存在太大的问题。但要特别关注的是，湖北、宁夏和海南的学生在这一点上还有较为强烈的意见（见图38）。在年级比较中，认为“教师水平不够”的，在各年级选项中都处于最低位置，且图像分布相对比较平稳，说明爱国主义教育的师资没有太大的问题。认为“课程设置不合理”的人数百分比，随着年级增长也在下降，认为“学校重视不够”的人数百分比，则分三个阶段上扬：一是小学六年级、初中三年级和高中三年级分别为小学、初中和高中的最高点，小学四年级、初中一年级和高中一年级分别为小学、初中和高中的最低点，基本反映了中小学应试升学与爱国主义教育的矛盾（见图39）。

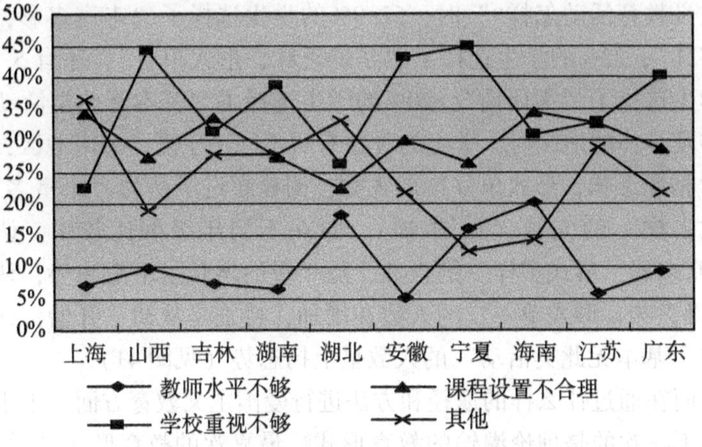

图38　关于目前中小学爱国主义教育最大问题看法的地区差异

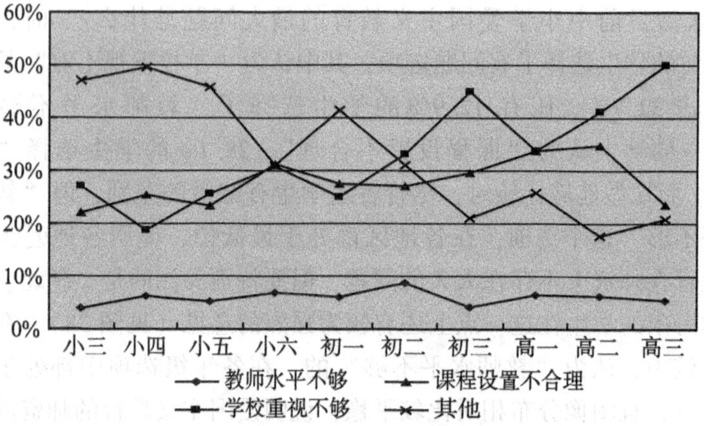

图 39　关于目前中小学爱国主义教育最大问题看法的年级差异

1. 对学校爱国主义教育活动开展情况的评价

学校爱国主义教育活动，是对中小学生进行爱国主义教育的主要形式。大多数中小学生对学校爱国主义教育活动，总体上来说是持肯定态度的，但也有不少学生认为学校爱国主义教育活动枯燥乏味，还有人表示学校无此类活动。如在问“你认为学校开展的爱国主义教育活动怎样?”时，52. 9%的学生选择了“丰富多彩，形式多样”，22%的学生选择了“枯燥乏味，形式单一”，还有 5. 1%的学生选择了“无所谓”，20%的学生选择了“基本无此类活动”。在涉及具体的地区时，学生的看法有所不同。宁夏、海南地区，认为“枯燥乏味，形式单一”的人数，明显超过了认为“丰富多彩，形式多样”的人数（见图 40）。而在不同年级的比较中，认为“丰富多彩，形式多样”的人数，随年级的增长呈下滑态势，认为“枯燥乏味，形式单一”的人数在增加，特别是从初三开始，认为学校“基本无此类活动”的人数呈上扬态势（见图 41）。

而在通过什么样的途径和方法进行爱国主义教育方面，中小学生最不喜欢的是理论灌输的教育形式，最喜欢的教育形式是活动。如在回答“你喜欢以什么方式接受爱国主义教育?”时，3. 8%的学生选择了“直接灌输理论教育”，46. 6%的学生选择了“观看电

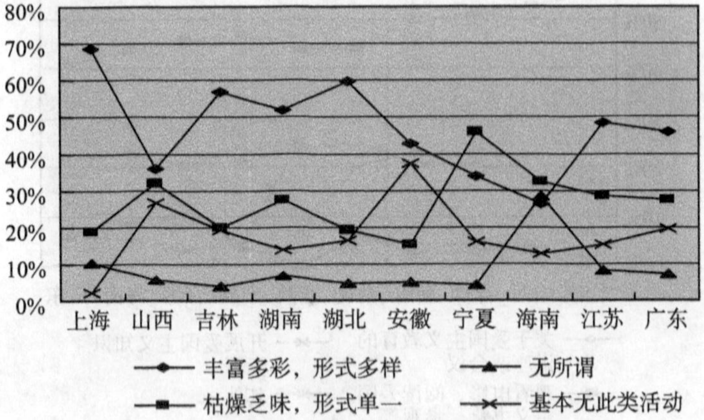

图40　关于学校爱国主义教育活动评价的地域差异

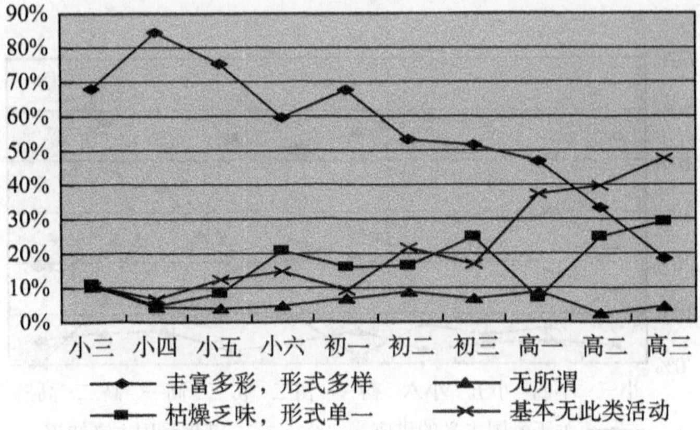

图41　关于学校爱国主义教育活动评价的年级差异

影、阅读爱国主义教育书籍、参观等”，22.7%的学生选择了“关于爱国主义的讲座或会议”，18.1%的学生选择了“开展爱国主义知识竞赛”，8.8%的学生选了“其他”。这一点，在不同地区的学生中几乎没有什么差异（见图42）。在不同的年级中，高一年级的学生表现出跟其他年级学生的不同取向（见图43）。

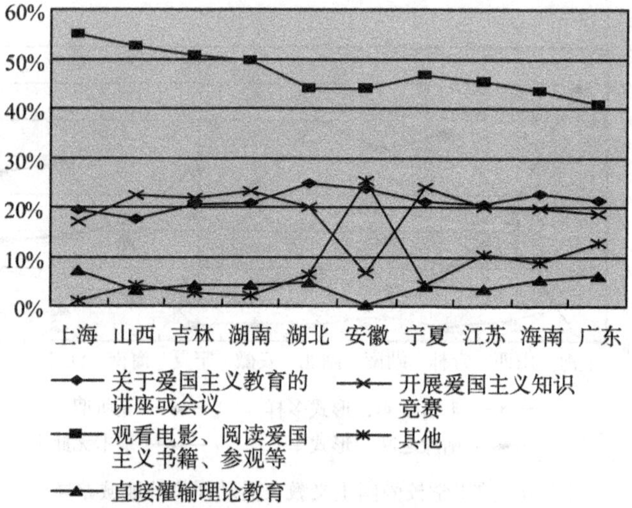

图 42 学生喜欢的爱国主义教育途径和方法的地域差异

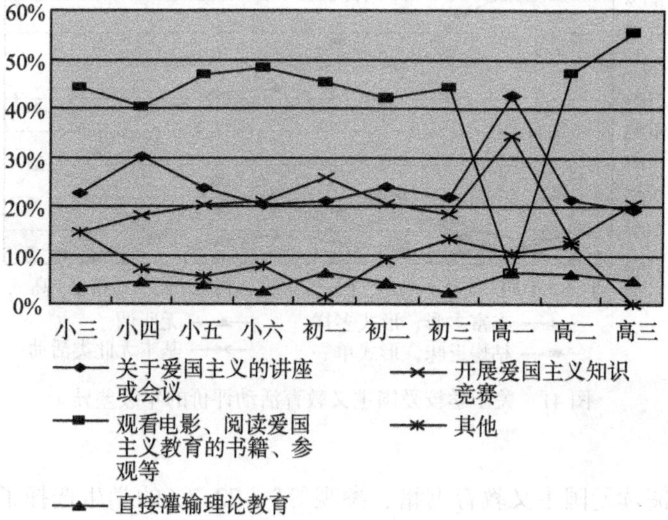

图 43 学生喜欢的爱国主义教育途径和方法的年级差异

2. 关于中小学生对爱国主义教育的态度和认识

学校爱国主义教育活动的开展情况，直接影响了中小学生对待爱国主义教育的态度。而中小学生以什么态度对待爱国主义教育，不仅关系到爱国主义教育目标能否达到，也从一个侧面反映出爱国主义教育实施所存在的问题。总体来说，中小学生对爱国主义教育的态度是积极的，但也有部分学生积极性不高。比如，在回答“你对爱国主义教育的态度是什么?”时，85.9%的学生都选择“积极接受，并体现到实际生活中”，也有8.7%的学生选择“应付态度，只听不做”，1.9%的学生选择“消极抵抗，产生反感情绪”，3.5%的学生选择“不闻不问”。在地域差异上，各地区无太大区别，但海南地区的学生，在后三者的选择上明显多于其他地区(见图44)。而在年级差异上，虽然绝大多数学生都选择了“积极接受，并体现到实际生活中”，但非常值得关注的一点是，随着年级的增长，选择“应付态度，只听不做”的人数比例，在高一之后增加明显（见图45)。

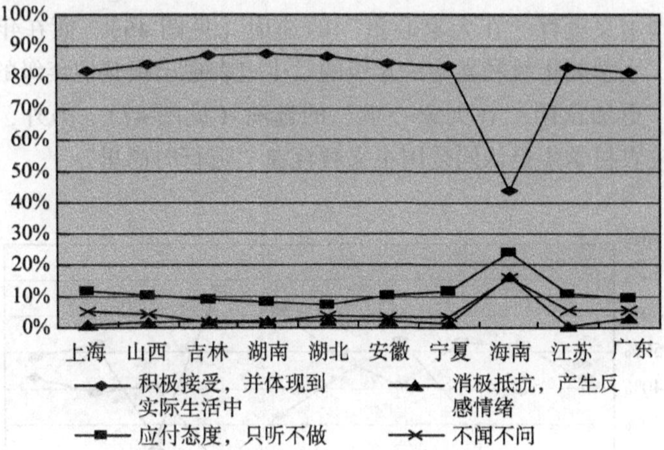

图44 对爱国主义教育的态度的地域差异

学校爱国主义教育活动的开展情况，也影响着学生对爱国主义教育的理解。比如，在回答“你觉得爱国主义教育应该在哪里?”时，67.4%的学生都选择“在我们的一言一行中”，也有18.1%的学生选择“在大家心里”，10.4%的学生选择“在流行时尚里”，

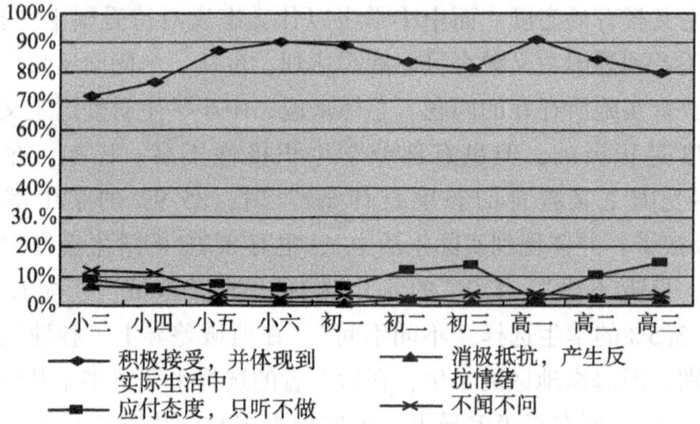

图45　对爱国主义教育的态度年级差异

4.1%的学生选择在“在课本里”。在进行地域比较时，湖南和海南地区的学生在选项上，出现跟其他地区明显的分别，更趋向于认同爱国主义教育“在大家心里”的选项（见图46）。而在年级比较时，小学四年级和高中一年级的学生也表现出跟其他年级的明显差异，更加认同“在大家心里”的选项（见图47）。另外，城市学生较农村学生更认同爱国主义教育在“流行时尚里”。

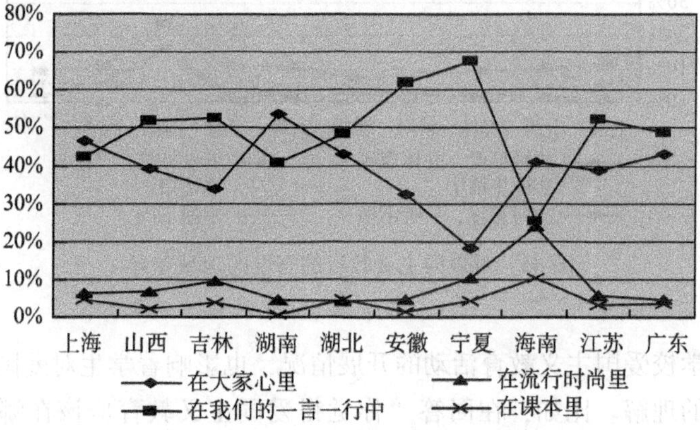

图46　关于爱国主义教育理解的地域差异

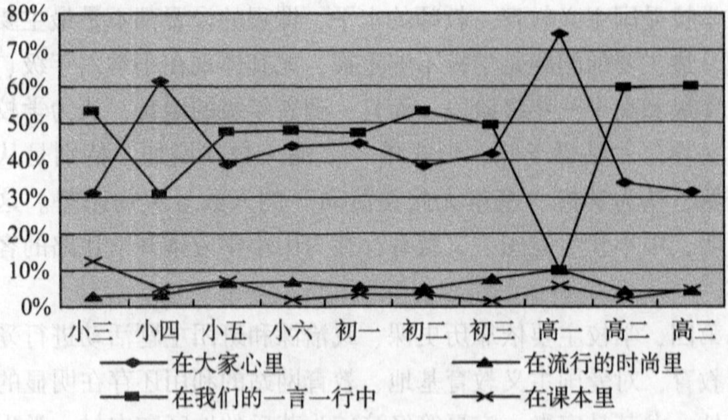

图 47　关于爱国主义教育理解的年级差异

二、基本结论

通过前文数据的具体分析，我们可以得出以下基本结论：

第一，总体来说，改革开放新时期以来，我国中小学生爱国主义教育大多积极开展了内容丰富的教育活动，并且取得了一定的成绩。具体表现在中小学生的爱国认知情况总体水平较高，绝大多数学生已经形成了一定的民族自尊心、自信心和自豪感，并且对于学校日常教学的大部分内容都能理解并付之行动，且大多数中小学生认为其爱国主义思想主要来源于学校教育，学校爱国主义教育活动丰富多彩，形式多样。

第二，对当前中小学生爱国主义品德状况的评价，教师、家长和学生的观点基本一致，总体上来说偏低。中小学生尤其是农村学生在爱国认知上还存在一些模糊的观点，在民族身份认同上，自小学三年级至高中三年级，想做外国人的比例也随之增长，城市学生比农村学生要多，而在涉及跟个人利益相关的问题时，部分中小学生在选择上，越来越注重个人利益的满足程度，具有明显的个人功利化倾向，且农村学生较城市学生更倾向于“个人利益”的选择。

第三，不论是不同地区、农村和城市，还是不同的年级，都认为“社会”对提高中小学生爱国主义教育品德负有最重要的责任。目前学校爱国主义教育，教师的水平、课程的设置都不是最主要的问题，最主要的问题是学校不够重视，尤其体现在小学六年级、初中三年级和高中三年级阶段。而且，随着年级的增长，认为学校爱国主义教育“枯燥乏味，形式单一”的人数在增加，特别是从初三开始，认为学校“基本无此类活动”的人数呈上扬态势。这些都说明，中小学生爱国主义教育存在为中小学应试升学让路的客观事实。

第四，学校主要依靠历史课、政治课和班团主题活动进行爱国主义教育，对爱国主义教育基地、教育网站的利用还存在明显的不足之处。尤其是安徽、宁夏等经济较为落后的地区和农村，学生对从来没去过爱国主义教育基地、没看过爱国主义教育网站的认同感较为强烈。初中一年级以后的学生，对从来没去过爱国主义教育基地、没看过爱国主义教育网站的认同感也是持续上升，高三年级的感受最为强烈。

第五，农村和城市的学生在爱国主义认知、情感和对爱国主义教育的态度和评价方面，并没有太大的差异。但是，值得关注的是，随着年级的增长，教师对学生的影响力在降低，同学、朋友的影响力在增大。而小学四年级、高中一年级的学生，更是两个尤其值得关注的群体，因为他们在很多选项中，都表现出跟其他年级的明显差异。

附录二　中小学生爱国主义教育调查问卷

同学您好！耽误您的一些时间，麻烦您填一下此调查问卷。您的真实回答对我们非常重要。本问卷采用不记名方式，结果只用于研究，感谢您的参与！

您所在的学校：　□城镇　□农村

学校类型：　□省市重点学校　□普通学校　□私立学校　□农民工学校

您所在的年级：小学：□一年级　□二年级　□三年级　□四年级　□五年级　□六年级

初中：□一年级　□二年级　□三年级

高中：□一年级　□二年级　□三年级

父亲文化程度：　　　　母亲文化程度：

1. 你觉得现在的中小学生的爱国主义品德状况怎样？

A. 上升了　　B. 滑坡了

C. 更复杂了　　D. 不知道

2. 你认为应该如何对一个人的爱国主义品德进行评价？（可多选）

A. 一贯的爱国行动　　B. 对祖国文化的了解

C. 对祖国的情感和态度　　D. 不知道

3. 你觉得爱国主义应该表现在哪里？

A. 对祖国的忠诚　　B. 对历史的不遗忘

C. 做对社会有用的人　　D. 要爱国，首先要爱人

4. 有人说“我爱国，但不爱社会主义”，您的看法呢？

A. 同意　　B. 不同意

C. 不知道

5. 下面哪些节日属于我国的传统节日？（可多选）

A. 春节　　B. 圣诞节

C. 清明节　　D. 端午节

E. 中秋节　　F. 愚人节

G. 情人节　　H. 元宵节

I. 重阳节

6. 有人说全球化背景下谈爱国主义教育没有必要，因为全球化背景下各个国家的联系将日益紧密，我们也将成为地球人，不需要国家。你认为呢？

A. 有必要　　B. 没必要

C. 无所谓　　D. 不知道

7. 你会唱国歌吗？

A. 会唱，尽管五音不全　　B. 会唱，但经常会忘记歌词

C. 可以断断续续哼几句　　D. 不会唱

8. 你能列举 2~3 个熟悉的历史上或者影视作品中的爱国主义英雄吗？

9. 你对做一个中国人的基本态度是什么？

A. 感觉很自豪　　B. 没啥特别的感觉

C. 感觉很耻辱　　D. 其他

10. 改革开放后的中国取得了很多举世瞩目的成就，如申奥成功、加入 WTO、“神六”发射成功等，对此你有什么样的感受？

A. 为我是一名中国人而感到骄傲、自豪

B. 无所谓，对我生活影响不大

C. 这些都改变不了国家落后的面貌

D. 其他

11. 假设你可以重新选择国籍，你最想选择哪个国家的国籍？

A. 美国　　B. 中国

C. 日本　　D. 韩国

E. 其他，请列举

12. 假设你选择的国籍不是中国，理由是什么？

A. 较高的社会福利　　B. 悠闲的生活方式
C. 良好的生活环境　　D. 其他

13. 假设你选择的国籍是中国，理由是什么？
A. 热爱中国，要以自己的努力来建设她
B. 外语不好，不能适应外国生活
C. 中国发展空间大，对中国有信心
D. 其他

14. 如果有一份高薪的工作需要你答应外国老板一些侮辱国格或者损害中国国家利益的条件才能得到，你会选择什么？
A. 答应　　B. 不答应
C. 不知道　　D. 其他

15. 你如何看待身边“哈韩”“哈日”的同学？
A. 很正常　　B. 不正常，但能理解
C. 不正常，也不理解　　D. 无所谓

16. 你认为那些同学哈韩、哈日的理由是什么？
A. 是中了韩剧、日本动画片的毒太深
B. 是一种模仿行为，不是真的喜爱韩国人、日本人
C. 其他
D. 不知道

17. 当你听到唱国歌的声音时，你会怎样做？
A. 表情严肃地立定听完　　B. 停一下，然后继续干自己的事
C. 无所谓，像没听见一样　　D. 其他

18. 假设你在国外旅行或学习，见到中国国旗或者听到中国国歌时你会有什么样的感受？
A. 很亲切　　B. 一般
C. 根本没感觉　　D. 其他

19. 有段时间，有人在网上对爱国主义教育的经典电影如《闪闪红星》的主要人物潘冬子进行恶意歪曲，你对此行为有何看法？
A. 不能接受　　B. 觉得很有创意
C. 虽然不好但可以接受　　D. 其他

20. 你对爱国主义教育的态度是？

A. 积极接受，并体现到实际生活中

B. 应付态度，只听不做

C. 消极抵抗，产生反感情绪

D. 不闻不问

21. 你认为影响中小学生爱国主义思想行为形成的最重要因素是什么？

A. 经济利益　　B. 文化传统

C. 政治教育　　D. 英雄楷模

E. 战争　　F. 其他，请列举

22. 你认为你的爱国主义思想主要来源于什么？

A. 社会教育　　B. 家庭教育

C. 学校教育　　D. 影视、报刊、网络等传媒宣传

E. 其他

23. 你认为提高中小学生的爱国主义品德，以下哪项的责任最大？

A. 家庭　　B. 学校

C. 社会　　D. 个人

E. 其他

24. 在学校，下面哪个因素对你爱国主义品德形成的影响最大？

A. 政治课、历史课　　B. 同学、朋友

C. 任课老师特别是班主任

D. 班会、组织活动（如少先队活动、团组织活动等）及学校大型教育活动

E. 其他

25. 在学校，哪一门课对你爱国主义品德形成的影响最大？

A. 政治课　　B. 历史课

C. 语文课　　D. 其他，请列举出来

26. 你知道我们国家有哪些爱国主义教育基地吗？请列举2~3个。

27. 你通常是在什么样的情况下去参观爱国主义教育基地的？

A. 学校组织的　　B. 家长带领的

C. 和同学结伴去　　D. 从来没去过

28. 你觉得参观爱国主义教育基地能起到爱国主义教育的作用吗？

A. 能　　B. 也许能
C. 不能　　D. 其他

29. 你认为影视节目对爱国主义教育有什么样的影响？
A. 很大　　B. 很小
C. 一般　　D. 不知道

30. 你认为对爱国主义教育影响最大的影视节目是什么？
A. 电视剧　　B. 动画
C. 综艺节目　　D. 其他

31. 你认为吃麦当劳、肯德基等西餐食品会影响中小学生的爱国情感吗？
A. 会　　B. 不会
C. 没想过　　D. 其他

32. 你认为城市文化、社区文化、校园文化中，哪种对中小学生爱国主义情感的形成影响最大？
A. 城市文化　　B. 社区文化
C. 校园文化　　D. 其他

33. 你看过网络中的爱国主义教育网站吗？如果看过，你对这些网站有什么感觉？
A. 看过，感觉很好　　B. 看过，感觉一般
C. 看过，感觉很差　　D. 看过，没感觉
E. 没看过

34. 你认为目前中小学爱国主义教育的最大问题是什么？
A. 教师水平不够　　B. 学校重视不够
C. 课程设置不合理　　D. 其他

35. 你认为学校开展的爱国主义教育活动怎样？
A. 丰富多彩，形式多样　　B. 枯燥乏味，形式单一
C. 无所谓　　D. 基本无此类活动

36. 你喜欢以什么方式接受爱国主义教育？（可多选）
A. 关于爱国主义的讲座或会议
B. 观看电影、阅读爱国主义教育书籍、参观等
C. 直接灌输理论教育

D. 开展爱国主义知识竞赛

F. 其他（或你的建议）

37. 你对爱国主义教育的态度是什么？

A. 积极接受，并体现到实际生活中

B. 应付态度，只听不做

C. 消极抵抗，产生反感情绪

D. 不闻不问

38. 你觉得爱国主义教育应该在哪里？

A. 在大家心里　　　　B. 在我们的一言一行中

C. 在流行时尚里　　　D. 在课本里

39. 你能对中小学爱国主义教育提出一些建议吗？__________

____

____

参考文献

1.《马克思恩格斯选集》(1~4卷)，北京：人民出版社1995年版。

2.《列宁选集》(1~4卷)，北京：人民出版社1995年版。

3.《毛泽东选集》(1~4卷)，北京：人民出版社1991年版。

4.《邓小平文选》 (1~3卷)，北京：人民出版社1993年、1994年版。

5.《江泽民文选》(1~3卷)，北京：人民出版社2006年版。

6.《建国以来毛泽东文稿》第6册，北京：中央文献出版社1992年版。

7.《毛泽东邓小平江泽民论思想政治工作》，北京：学习出版社2000年版。

8.《毛泽东、邓小平、江泽民论世界观人生观价值观》，北京：人民出版社1997年版。

9.《论“三个代表”》，北京：中央文献出版社2001年版。

10.《江泽民论有中国特色社会主义》(专题摘编)，北京：中央文献出版社2002年版。

11. 中华人民共和国教育部、中共中央文献研究室：《毛泽东邓小平江泽民论教育》，北京：中央文献出版社2002年版。

12.《教育年鉴》(1949—1981)，北京：中国大百科全书出版社1984年版。

13.《中国教育年鉴》编辑部：《中国教育年鉴(1982—1984)》，长沙：湖南教育出版社1986年版。

14.《中国教育年鉴》编辑部：《中国教育年鉴(1988—2006)》，北京：人民教育出版社出版。

15. 何东昌：《当代中国教育》（上、下册），北京：当代中国出版社 1996 年版。

16. 陈明县：《新中国五十年》，北京：北京理工大学出版社 1999 年版。

17. 靳德行：《中华人民共和国国史》，开封：河南大学出版社 1989 年版。

18. 谢忱：《中华人民共和国 50 年回顾与思考》（上、下），北京：新华出版社 1999 年版。

19. 张耀灿：《中国党产党思想政治教育史论》，北京：高等教育出版社 2006 年版。

20. 庞松：《毛泽东时代的中国》，北京：中共党史出版社 2003 年版。

21. 有林、郑新立：《中华人民共和国国史通鉴》（全四卷），北京：红旗出版社 1993 年版。

22. 中央教育科学研究所：《中华人民共和国教育大事记（1949—1982）》，北京：北京教育出版社 1984 年版。

23. 王照琨等：《爱国主义教育概论》，北京：高等教育出版社 1993 年版。

24. 梁琦：《中华传统文化与爱国精神》，西安：西北大学出版社 1995 年版。

25. 朱桂莲：《爱国主义教育研究》，北京：社会科学出版社 2008 年版。

26. 梅仲荪、段惠芬：《爱国主义情感教育心理学初探》，北京：人民教育出版社 1996 年版。

27. 齐振海等：《爱国主义教育概论》，北京：北京师范大学出版社 1985 年版。

28. 袁富善：《新时期爱国主义教育理论与实践》，广州：广东高等教育出版社 2002 年版。

29. 袁德成等：《爱国主义教育思想研究》，昆明：云南出版社 2002 年版。

30. 卓晴君、李仲汉：《中小学教育史》，海口：海南出版社

2000年版。

31. 吕型伟：《上海普通教育史（1949—1989）》，上海：上海教育出版社1994年版。

32. 李柏棠：《小学语文教材简史》，济南：山东教育出版社1985年版。

33. 郑谦：《被“革命”的教育》，北京：中国青年出版社1999年版。

34. 周全华：《“文化大革命”中的“教育革命”》，广州：广东教育出版社1999年版。

35. 定宜庄：《中国知青史》，北京：中国社会科学出版社1998年版。

36. 高奇：《新中国教育历程》，石家庄：河北教育出版社1996年版。

37. 梅仲荪、吴雅琴：《中小学爱国主义教育经验资料荟萃》，沈阳：辽宁师范大学出版社1994年版。

38. 胡孝红：《中华民族精神论纲》，北京：中国社会科学出版社2006年版。

39. 佘双好：《现代德育课程论》，北京：中国社会科学出版社2003年版。

40. 檀传宝：《学校道德教育原理》，北京：教育科学出版社2000年版。

41. 张耀灿等：《现代思想政治教育学》，北京：人民出版社2001年版。

42. 骆郁廷：《精神动力论》，武汉：武汉大学出版社2003年版。

43. 韩东才、房慧玲：《社会问题对高校思想政治理论课教学的影响研究》，广州：中山大学出版社2008年版。

44. 靳诺等：《新时期高校思想政治工作理论与实践》，北京：高等教育出版社2003年版。

45. 沈壮海：《新时期未成年人思想道德建设概论》，武汉：湖北科学技术出版社2005年版。

46. 扈中平：《教育目的论》，武汉：湖北教育出版社 2004 年版。

47. 赵晖：《社会转型与公民教育》，北京：人民教育出版社 2007 年版。

48. 杨韶刚：《道德教育心理学》，上海：上海教育出版社 2007 年版。

49. 杨韶刚：《西方道德心理学的新发展》，上海：上海教育出版社 2007 年版。

50. 汪凤炎：《中国传统德育心理学思想及其现代意义》，上海：上海教育出版社 2007 年版。

51. 教育部人事司组：《中小学德育专题》，南京：南京师范大学出版社 2005 年版。

52. 许新海：《美国小学教育考察》，南京：南京师范大学出版社 2001 年版。

53. 安桂清：《整体课程论》，上海：华东师范大学出版社 2007 年版。

54. 王茂胜：《思想政治教育评价论》，北京：中国社会科学出版社 2006 年版。

55. 陈正桂：《现代思想政治工作者角色塑造》，上海：学林出版社 2010 年版。

56. 高德胜：《知性德育及其超越——现代德育困境研究》，北京：教育科学出版社 2003 年版。

57. 朱小蔓：《情感教育论》，北京：人民出版社 2005 年版。

58. 李晓东：《小学生心理学》，北京：人民教育出版社 2006 年版。

59. 沈德立：《发展与教育心理学》，沈阳：辽宁大学出版社 1999 年版。

60. 张荣：《走进外国中小学教育——花朵是这样绽放的》，天津：天津教育出版社 2006 年版。

61. 张伟江：《教育评估标准汇编》，北京：高等教育出版社 2009 年版。

62. 王道俊、郭文安：《主体教育论》，北京：人民出版社 2005 年版。

63. 陈善卿、张炳生、辛国俊：《生活德育论》，长春：东北师范大学出版社 2005 年版。

64. 韩保江：《全球化时代》，成都：四川人民出版社 2000 年版。

65. 仇忠海，戚业国：《人文·德育——将德育植根于人文沃土》，上海：华东师范大学出版社 2007 年版。

66. 刘次林：《幸福教育论》，北京：人民教育出版社 2003 年版。

67. 文萍：《心理学理论与教育》，桂林：广西师范大学出版社 1999 年版。

68. 李文海：《中国近代爱国主义论纲》，北京：中国人民大学出版社 1991 年版。

69. 刘国强等：《道德与公民教育——东亚经验与前瞻》，香港：香港中文大学香港教育研究所 1996 年版。

70. 汤志钧：《章太炎政论选集》（上册），上海：中华书局 1977 年版。

71. 王德峰：《国性与民德——梁启超文选》，上海：上海远东出版社 1995 年版。

72. 石介：《中国论》，见《徂徕先生文集》，上海：中华书局 1984 年版。

73. 曹日昌：《普通心理学》（上、下册），北京：人民教育出版社 1980 年版。

74. 陶行知：《中国教育制改造》，上海：东方出版社 1996 年版。

75. 陶行知：《陶行知全集》（第 2 卷），成都：四川教育出版社 2005 年版。

76. 张耀灿：《思想政治教育学前沿》，北京：人民出版社 2006 年版。

77. ［美］埃利奥特·W. 艾斯纳：《教育想象——学校课程设

计与评价》，李雁冰主译，北京：教育科学出版社 2008 年版。

78. ［美］内尔·诺丁斯：《学会关心——教育的另一种模式》，于天龙译，北京：教育科学出版社 2003 年版。

79. ［美］马丁·L. 霍夫曼：《移情与道德发展》，杨韶刚、万明译，哈尔滨：黑龙江人民出版社 2003 年版。

80. ［美］约翰·杜威：《道德教育原理》，王承绪译，杭州：浙江教育出版社 2003 年版。

81. ［俄］乌申斯基：《人是教育的对象》（上），张佩珍等译，北京：人民教育出版社 1989 年版。

82. ［英］洛克：《教育漫话》，北京：人民教育出版社 1985 年版。

83. ［美］James A. Beane：《课程统整》，单文经等译，上海：华东师范大学出版社 2003 年版。

84. ［加］大卫·杰弗里·史密斯：《全球化与后现代教育学》，郭洋生译，北京：教育科学出版社 2000 年版。

85. ［美］莱因霍德尔·尼布尔：《道德的人与不道德的社会》，蒋庆等译，贵阳：贵州人民出版社 1998 年版。

86. ［西班牙］曼纽尔·卡斯特：《认同的力量》，夏铸九等译，北京：社会科学文献出版社 2003 年版。

87. ［美］沃纳丁·赛弗林等：《传播学的起源、研究与应用》，陈韵昭译，福州：福建人民出版社 1985 年版。

88. ［英］彼得斯：《道德发展与道德教育》，邬冬星译，杭州：浙江教育出版社 2003 年版。

89. ［加］马克斯·范梅南：《生活体验研究——人文科学视野中的教育学》，宋广文等译，北京：教育科学出版社 2009 年版。

90. ［法］卢梭：《爱弥儿——论教育》，李平沤译，北京：人民教育出版社 2001 年版。

91. ［美］梅尔文·德弗勒等：《大众传播学诸论》，杜力平译，北京：新华出版社 1990 年版。

92. ［美］约翰·杜威：《学校与社会·明日之学校》，赵祥麟等译，北京：人民教育出版社 1994 年版。

93. ［美］安东尼·D. 史密斯：《全球化时代的民族和民族主义》，龚维斌、良警宇译，北京：中央编译局2002年版。

94. ［俄］苏霍姆林斯基：《培养学生的爱国主义精神》，尹曙初、刘尚勋译，长沙：湖南教育出版社1984年版。

后　记

本书是国家社科基金青年项目《新时期我国中小学生爱国主义教育创新研究》（项目编号：2007CKS009）的结题成果。从课题审批下来到结题完成，其间发生了太多的事情，南方冰雪灾害，汶川地震，西藏“3·14”事件，奥运会，“神舟七号”上天，改革开放30年，新疆“7·5”事件，新中国成立60周年，国际金融危机，上海世博会，“嫦娥”探月，世界金融危机……每一次重大事件的发生，都激发了全国人民的爱国热情，也引发着我们对中小学生爱国主义教育的重新审视和思考。在多次的修改后，终形成本书稿。在此，非常感谢课题组成员崔华前、涂爱荣、汪宗田、王娟、李敏伦、徐良梅为课题的顺利完成所付出的劳动。

为了更好地了解中小学生爱国主义教育的现实情况，课题组在上海、湖北、湖南、安徽、吉林、山西、深圳、海南、银川、南京等地针对城市和农村小学三年级至高中三年级的学生发放了近万份问卷。这次问卷涉及的范围较广，得到了很多朋友的大力支持和帮助。他们是原新华社宁夏分社杜晓明先生，新华社江苏分社包永辉先生，新华社吉林分社翟景耀先生，原大公报山西办事处俞光先生，原华泰证券上海分公司关也渡先生，三江集团红阳九厂钟萍女士，深圳的陈志忠先生，上海华东师范大学陈正桂博士，上海华东师范大学第四附属中学吴慧女士，黄陂教育局陈嶝先生，中南大学贺才乐博士，海南大学李辽宁博士，荆州南门小学朱森林先生等。还有更多担负着具体分发、回收问卷工作的城乡中小学的老师们，在此，对他们的支持和帮助表示衷心的感谢！

也非常感谢中国地质大学马克思主义学院的全体师生，特别是172041班的全体学生。他们不仅为问卷的统计做了大量的工作，还利用暑期社会实践，对自己家乡所在地进行了把教师、家长纳入视野的中小学生爱国主义教育状况调研，带回了更多地区的信息资料，为我们更加全面客观地把握中小学生爱国主义教育的状况提供了有力的参考。

本书稿的写作参考了大量的关于爱国主义及其教育的文献，修改完善的过程中得到了专家评委的中肯指导和建议，在此，也对本书参考并引用的文献作者及各位评审专家表示诚挚的感谢！

本课题的研究虽然告一段落了，但与本课题相关的研究内容和结论，只是对此前中小学生爱国主义教育的梳理与总结，也只是对当前中小学生爱国主义教育的一种回应。爱国主义教育始终是一个常说常新的话题，是一个随时代变迁和社会发展在不断更新的课题，需要不断地深化和创新研究。关于中小学生爱国主义教育的研究不会停止，在中小学生爱国主义教育的深化研究上，仍然需要更多的同仁继续共同努力！

非常感谢为本书出版给予关心和支持的中国地质大学马克思主义学院的各位领导和武汉大学出版社的编辑。

本书出版获得中国地质大学马克思主义学院学术出版资金资助，在此一并感谢！

朱桂莲

2015年12月12日

